Kohlhammer

Die Autorin

Sabine Stark, Dipl.-Psych., ist als approbierte Psychologische Psychotherapeutin (Verhaltenstherapie) in eigener Privatpraxis in München mit dem Tätigkeitsschwerpunkt Hochbegabung im Erwachsenenalter niedergelassen. Zudem ist sie seit Jahren als Dozentin, Supervisorin und Lehrtherapeutin für mehrere psychotherapeutische und neuropsychologische Aus-, Fort- und Weiterbildungsinstitute tätig. Sie ist Teilnehmerin im ehrenamtlichen Netzwerk Münchner Zirkel Hochbegabung e. V. und Mitglied bei Mensa in Deutschland e. V.

Weitere Informationen unter: https://www.stark-psychotherapie.de

Sabine Stark

Hochbegabte Erwachsene in der Verhaltenstherapie

Ein Praxisleitfaden für die Integration
begabungsbezogener Aspekte

Verlag W. Kohlhammer

Meiner Familie

Dieses Werk einschließlich aller seiner Teile ist urheberrechtlich geschützt. Jede Verwendung außerhalb der engen Grenzen des Urheberrechts ist ohne Zustimmung des Verlags unzulässig und strafbar. Das gilt insbesondere für Vervielfältigungen, Übersetzungen, Mikroverfilmungen und für die Einspeicherung und Verarbeitung in elektronischen Systemen.

Pharmakologische Daten, d. h. u. a. Angaben von Medikamenten, ihren Dosierungen und Applikationen, verändern sich fortlaufend durch klinische Erfahrung, pharmakologische Forschung und Änderung von Produktionsverfahren. Verlag und Autoren haben große Sorgfalt darauf gelegt, dass alle in diesem Buch gemachten Angaben dem derzeitigen Wissensstand entsprechen. Da jedoch die Medizin als Wissenschaft ständig im Fluss ist, da menschliche Irrtümer und Druckfehler nie völlig auszuschließen sind, können Verlag und Autoren hierfür jedoch keine Gewähr und Haftung übernehmen. Jeder Benutzer ist daher dringend angehalten, die gemachten Angaben, insbesondere in Hinsicht auf Arzneimittelnamen, enthaltene Wirkstoffe, spezifische Anwendungsbereiche und Dosierungen anhand des Medikamentenbeipackzettels und der entsprechenden Fachinformationen zu überprüfen und in eigener Verantwortung im Bereich der Patientenversorgung zu handeln. Aufgrund der Auswahl häufig angewendeter Arzneimittel besteht kein Anspruch auf Vollständigkeit.

Die Wiedergabe von Warenbezeichnungen, Handelsnamen und sonstigen Kennzeichen in diesem Buch berechtigt nicht zu der Annahme, dass diese von jedermann frei benutzt werden dürfen. Vielmehr kann es sich auch dann um eingetragene Warenzeichen oder sonstige geschützte Kennzeichen handeln, wenn sie nicht eigens als solche gekennzeichnet sind.

Es konnten nicht alle Rechtsinhaber von Abbildungen ermittelt werden. Sollte dem Verlag gegenüber der Nachweis der Rechtsinhaberschaft geführt werden, wird das branchenübliche Honorar nachträglich gezahlt.

Dieses Werk enthält Hinweise/Links zu externen Websites Dritter, auf deren Inhalt der Verlag keinen Einfluss hat und die der Haftung der jeweiligen Seitenanbieter oder -betreiber unterliegen. Zum Zeitpunkt der Verlinkung wurden die externen Websites auf mögliche Rechtsverstöße überprüft und dabei keine Rechtsverletzung festgestellt. Ohne konkrete Hinweise auf eine solche Rechtsverletzung ist eine permanente inhaltliche Kontrolle der verlinkten Seiten nicht zumutbar. Sollten jedoch Rechtsverletzungen bekannt werden, werden die betroffenen externen Links soweit möglich unverzüglich entfernt.

1. Auflage 2024

Alle Rechte vorbehalten
© W. Kohlhammer GmbH, Stuttgart
Gesamtherstellung: W. Kohlhammer GmbH, Stuttgart

Print:
ISBN 978-3-17-042341-1

E-Book-Formate:
pdf: ISBN 978-3-17-042342-8
epub: ISBN 978-3-17-042343-5

Geleitwort

Im Laufe vieler Jahre als Hochschullehrer sind mir viele interessierte und wissenshungrige junge Menschen begegnet, das macht auch die Faszination dieses Berufes aus. Sabine Stark gehört zu diesen jungen Kolleginnen, die sich im Verlauf von Studium und der Ausbildung in Psychotherapie für unterschiedliche Bereiche engagiert und sich dort fundiertes Wissen angeeignet hat. Dazu gehören u. a. der Bereich Diabetes und Depression, das weite Feld der Neuropsychologie und ein vertieftes Repertoire an psychotherapeutischen Kompetenzen.

Dieses Wissen und die einschlägigen Kompetenzen kommen Betroffenen in der Praxis der Psychotherapie ebenso zugute wie den vielen Studierenden, die die Chance haben, Frau Stark als Dozentin und Supervisorin an der Universität und in verschiedenen Ausbildungsgängen zur Psychotherapie zu erleben.

Die Autorin stellt selbst dar, wie sie auf das Thema der Hochbegabung durch ihre praktische Tätigkeit gestoßen ist – es ist vielleicht auch kein Zufall, dass gerade diese Personen zu Frau Stark in die Praxis gekommen sind. Hochbegabung bei Erwachsenen und gerade auch psychische Störungen bei diesen Personen sind offenbar ein Rätsel für die Person selbst, hinsichtlich Identität und entsprechender Reflexion. Natürlich ist dies ein Spezialthema, aber deshalb genauso wichtig. Frau Stark leistet einen wichtigen Beitrag, um das Thema Hochbegabung stärker in den Fokus zu stellen, für Betroffene, Therapeutinnen und Angehörige. Grundlage dafür bildet eine genaue Beschreibung im Sinne eines fundierten verhaltenstherapeutischen Verständnisses – mit dem Ziel, die Problematik auch besser zu verstehen.

Frau Stark greift in der Analyse auf einen Ansatz zurück, der mich ein wissenschaftliches Leben lang begleitet hat: Selbstmanagement mit dem Augenmerk auf ein Menschenbild, das Autonomie und Selbstbestimmung in den Mittelpunkt stellt. Damit sollte den Betroffenen auf Augenhöhe begegnet werden, im Sinne von Verstehen als emotionaler Fähigkeit, ein rätselhaftes Ereignis oder einen Prozess auch nachvollziehen zu können.

Ich wünsche dem Buch viele interessierte Leserinnen und Leser, die dann das Phänomen der Hochbegabung bei Erwachsenen und auch psychische Störungen besser verstehen können.

Hans Reinecker

Vorwort und Danksagung

Hochbegabte Patienten[1] wünschen sich ein Gegenüber auf Augenhöhe. Das bedeutet nicht, dass nur ebenfalls hochbegabte Therapeuten dies bewerkstelligen können. Aus meiner Sicht ist vielmehr gemeint, einem ebenso interessierten Menschen gegenüberzusitzen, welcher bereit ist Aufwand auf sich zu nehmen, um Themen wirklich zu durchdringen – sich gemeinsam explorierend dem Verständnis der eigenen inneren Wahrnehmung zuzuwenden, um Lösungen zu generieren, welche die Weiterentwicklung ermöglichen.

Werner Heisenberg hat 1921 einmal zu Wolfgang Pauli – beides Ausnahmephysiker, welche die Quantenphysik am Beginn des 21. Jahrhunderts entscheidend mitentwickelt haben – bei einem gemeinsamen Ausflug in die bayerischen Berge während einer Diskussion über die Einstein'sche Relativitätstheorie gesagt, er habe die Theorie mit dem Kopf, jedoch noch nicht mit dem Herzen verstanden. »Die Fähigkeit zum Vorausberechnen wird oft eine Folge des Verstehens, des Besitzes der richtigen Begriffe sein, aber sie ist nicht einfach identisch mit dem Verstehen« (Heisenberg, 2017, S. 46). Um mich an diese Umschreibung von Verstehen anzulehnen, möchte ich mit diesem Buch einen Beitrag leisten, die Wahrnehmungswelt einer hochbegabten Person »mit dem Herzen« nachvollziehen zu können. Denn wahrscheinlich die meisten, wenn nicht alle Hochbegabten fühlen sich von anderen zuweilen nicht verstanden. Mir war es deshalb während des Entwicklungsprozesses des Buches wichtig, Ihnen als Leser sowohl die fachlichen Begriffe als auch einen fundierten Überblick über aktuelle Forschungsergebnisse zur Verfügung zu stellen, um anschließend darauf aufbauend die Innensicht Hochbegabter zu beschreiben – das hochbegabte Gegenüber in der Therapie also auch mit dem Herzen verstehen zu können, zumindest so gut es eben geht. Betrachten Sie die dargestellten Inhalte bitte nicht als absolute Wahrheit, sondern nutzen Sie diese, um mit hoffentlich passendem Rüstzeug gemeinsam mit Ihren Patienten deren Erleben sichten und sortieren zu können. Es geht in der Therapie mit hochbegabten Patienten nicht nur darum, einen störungsbezogenen, sondern eben einen individuellen Weg bei der Bewältigung bestehender Probleme zu finden, welcher das hochbegabungsspezifische Erleben angemessen einbezieht.

Ich mute Ihnen als Leser deshalb eine nicht leicht zu erklimmende Hürde in den ersten Kapiteln zu. Sie werden keine plakative, sondern eine differenzierte, auf wissenschaftlichen Ergebnissen beruhende Darstellung über Hochbegabung und

---

[1] Um einen ungestörten Text- und Lesefluss zu gewährleisten, wird in diesem Buch durchgehend das generische Maskulinum verwendet, das selbstverständlich für sämtliche Geschlechter steht (männlich, weiblich, divers).

hochbegabte Personen finden, bevor dieses Wissen in den nachfolgenden Kapiteln in die praktische verhaltenstherapeutische Arbeit übersetzt wird. Ziel dieses Buches ist, Ihnen einen fundierten Leitfaden an die Hand zu geben, wie Sie die Hochbegabung und die damit verbundenen Erlebens- und Verhaltensweisen eines Patienten in der Therapie berücksichtigen können. Das Gerüst, an welchem ich insbesondere den praktischen Teil des Buches entlang ausrichte, bildet das 7-Phasen-Modell des Selbstmanagement-Ansatzes (Kanfer, Reinecker & Schmelzer, 2012), welches ich durch Herrn Prof. em. Dr. Hans Reinecker selbst während meines Studiums und meiner Psychotherapeutenausbildung kennenlernen durfte.

An dieser Stelle möchte ich mich deshalb bei Herrn Prof. em. Reinecker[2] im besonderen Maß bedanken. Ich hatte das Glück, bei ihm in Bamberg zu studieren und die Ausbildung zur Psychologischen Psychotherapeutin zu absolvieren. Er ist für mich nicht nur ein fachlicher Lehrer, sondern stellt auch in persönlicher Hinsicht einen Mentor dar. Er vermittelt und »lebt« den therapeutischen Selbstmanagement-Ansatz und tritt jedem Individuum offen, interessiert, fördernd und unterstützend entgegen – sowohl im universitären und curricularen Rahmen den Studenten und Kollegen als auch im therapeutischen Kontext den Patienten und Ratsuchenden. Er stellt sich als Modell zur Verfügung, das aufrichtig am persönlichen Wachstum des Gegenübers interessiert ist. Mein verhaltenstherapeutisches Grundverständnis fußt deshalb auf dem Selbstmanagement-Ansatz, um einem Patienten auf Augenhöhe, wertschätzend und autonomiefördernd zu begegnen. Gerade deshalb möchte ich das Rahmenmodell des Selbstmanagement-Ansatzes als Heuristik in diesem Buch verwenden. Aus diesen Gründen freut es mich besonders, dass sich Herr Prof. em. Reinecker bereit erklärt hat, mein Buch mit einem Geleitwort zu unterstützen.

Ebenso möchte ich meinen Patienten einen großen Dank aussprechen, welche sich mit ihrer Hochbegabung und ihrem individuellen Erleben und Verhalten offen, zugewandt und interessiert in den Therapie- oder Beratungssitzungen eingebracht haben. Im Laufe meiner therapeutischen Tätigkeit wurde mir dadurch die Möglichkeit gegeben, immer präziser die im Zusammenhang mit der Hochbegabung stehenden therapierelevanten Aspekte zu erfassen, zu verstehen und durch gemeinsame vertiefte Auseinandersetzung in Konzepte zu übersetzen. In den vergangenen zehn Jahren haben sich die Inhalte immer konkreter verdichtet, welche sich nun in diesem Buch wiederfinden, um Kollegen eine Orientierung anzubieten und die Therapie mit hochbegabten Patienten maßgeschneidert zu gestalten.

Für einen sehr unterstützenden Austausch möchte ich zudem herzlich Benjamin Hildebrandt danken.

Bedanken möchte ich mich auch beim Kohlhammer Verlag. Gerade der Austausch mit Frau Dr. Carmen Rommel am Beginn des Buchprojektes war sehr konstruktiv und bestärkend. Ebenso möchte ich Herrn Dr. Ruprecht Poensgen und insbesondere Frau Anita Brutler für die umfassende Unterstützung danken. Die stets freundlich-interessierte, konstruktive und professionelle Zusammenarbeit mit Frau Brutler empfand ich über alle Phasen des Buchprojektes als gewinnbringend und

---

2 https://www.uni-bamberg.de/klinpsych/team/prof-em-dr-hans-reinecker/

bereichernd. Zudem möchte ich auch Herrn Julius Jansen für die äußerst differenzierte und hilfreiche Unterstützung zur Fertigstellung des Manuskriptes danken.

Und schließlich gilt mein besonderer Dank meinem Mann, der mich vor allem dazu ermutigt hat, dieses Projekt auf den Weg zu bringen.

München, im Frühjahr 2024
Sabine Stark

Inhalt

Geleitwort 5

Vorwort und Danksagung 7

Warum braucht es einen Fokus auf hochbegabte Erwachsene in
der Psychotherapie? 15

Teil I Hochbegabung erkennen und verstehen

1 **Hochbegabung – mehr als nur ein hoher IQ** **21**
   1.1 Der Blick auf das Konstrukt Intelligenz 21
   1.2 Verschiedene Konzepte von Hochbegabung 22
   1.3 Identifizierung Hochbegabter: Von IQ-Tests und
        Checklisten 26
   1.4 Neurokognitive Befunde zu Intelligenz und Hochbegabung 29
   1.5 Wie sind Hochbegabte? 32
        1.5.1 Laientheorien über Hochbegabte 32
        1.5.2 Empirische Befunde über Hochbegabte 34

2 **Hochbegabt ist nicht gleich hochbegabt** **38**
   2.1 Hochsensible Hochbegabte 38
        2.1.1 Overexcitability nach Dabrowski 38
        2.1.2 Hochsensibilität nach Aron & Aron 41
   2.2 Hochbegabte unterschiedlichen Geschlechts bzw. LGBTQ .. 43
        2.2.1 Geschlechtsunterschiede bei Hochbegabten 43
        2.2.2 Hochbegabt und LGBTQ 45
   2.3 Hochbegabte Underachiever 47
   2.4 Impostor-Selbstkonzept bei Hochbegabten 50
   2.5 Früh versus spät erkannte Hochbegabte 52
   2.6 »Twice exceptional« – zweifach außergewöhnlich 54
   2.7 Höchstbegabte 57

Teil II Hochbegabungsspezifisches Erleben und Verhalten erkennen, verstehen und einordnen

3	Hochbegabungsbezogenes Erleben und Verhalten	63
3.1	Ressourcen	64
	3.1.1 Komplexität	64
	3.1.2 Intensität	65
	3.1.3 Konnektivität	67
	3.1.4 Kompetenz	68
	3.1.5 Vielfältigkeit	70
3.2	Add-ons – aber nicht bei jedermann	71
3.3	Kehrseite der Medaille: Herausforderungen	74
3.4	Daraus resultierende Selbstwahrnehmung: Sich anders fühlen	81
3.5	Arbeitshypothese aus der Praxis: Motivprofil bei Hochbegabten	83

4	Biografische Lernerfahrungen von Hochbegabten und Auswirkungen auf das Selbstkonzept	87
4.1	Eine entwicklungspsychologische Perspektive übertragen auf Hochbegabte	87
4.2	Modifiziertes Modell der Doppelten Handlungsregulation übertragen auf Hochbegabte	90
	4.2.1 Authentische Handlungsregulation	90
	4.2.2 (Kompensatorische) Schemata	95
	4.2.3 Bewältigungsstrategien (Coping)	97
	4.2.4 Interaktionstests	99
4.3	Exkurs: »stigma of giftedness« und Auswirkung auf die Identitätsentwicklung	101
	4.3.1 Minoritätenstress-Modell übertragen auf Hochbegabte	101
	4.3.2 Cass-Identitätsentwicklungsmodell übertragen auf Hochbegabte	103
4.4	Zusammenfassende Schlussfolgerungen	105

5	Hilfestellungen für den klinisch-diagnostischen Prozess	108
5.1	Mögliche Fehlerquellen im klinisch-diagnostischen Prozess bei hochbegabten Patienten	109
5.2	Praktische Hinweise: Symptomatisch oder hochbegabungsspezifisch?	112
5.3	Exkurs: Diagnostische Abgrenzung bei Reizüberempfindlichkeit	115

Teil III Integration hochbegabungsbezogener Aspekte in die therapeutische Fallkonzeption

6 Allgemeine Rahmenbedingungen für die Therapie mit Hochbegabten 119
 6.1 Wünsche hochbegabter Patienten an Psychotherapeuten 119
 6.2 Häufige Themen Hochbegabter in der Psychotherapie 122
 6.3 Praxistipp: Hilfreiche psychotherapeutische Grundhaltung .. 124
  6.3.1 Komponenten der therapeutischen Haltung 125
  6.3.2 Bezug zur psychotherapeutischen Arbeit mit hochbegabten Patienten 126

7 Spezifische Therapiekonzeption anhand des 7-Phasen-Modells des Selbstmanagement-Ansatzes 130
 7.1 Phase 1: Schaffen günstiger Ausgangsbedingungen 131
  7.1.1 Aufbau einer tragfähigen therapeutischen Beziehung bei hochbegabten Patienten 131
  7.1.2 Adaption der problembezogenen Informationssammlung 140
  7.1.3 Klären der Rahmenbedingungen 143
 7.2 Phase 2: Aufbau von Änderungsmotivation und vorläufige Auswahl von Änderungsbereichen 145
  7.2.1 Motivationsklärung und -aufbau bei hochbegabten Patienten 145
  7.2.2 Auswahl von Änderungsbereichen 147
 7.3 Phase 3: Erarbeiten eines Hypothetischen Funktionalen Bedingungsmodells 148
  7.3.1 Berücksichtigung der Hochbegabung im SORK-Modell 148
  7.3.2 Hochbegabungsspezifische Anamneseerhebung 152
  7.3.3 Berücksichtigung der hochbegabungsspezifischen Lernerfahrungen in der Makroanalyse 153
  7.3.4 Exkurs: Plananalyse bei hochbegabten Patienten 156
 7.4 Phase 4: Vereinbarung therapeutischer Ziele bei hochbegabten Patienten 159
 7.5 Phase 5: Planung, Auswahl und Durchführung von Methoden und Techniken 164
  7.5.1 Inhaltliche Erweiterung des störungsspezifischen Behandlungsplans 165
  7.5.2 Adaption der Durchführung von Methoden und Techniken 168
 7.6 Phase 6: Evaluation der Fortschritte und der Integration hochbegabungsspezifischer Aspekte 171
 7.7 Phase 7: Abschluss der Therapie und Katamnese bei hochbegabten Patienten 174

	7.8	Abweichung vom Idealfall: Nutzen des rekursiven Vorgehens	176
		7.8.1 Patient offenbart sich mit der Hochbegabung erst im Therapieverlauf	177
		7.8.2 Therapeut und/oder Patient vermuten im Therapieverlauf eine Hochbegabung	179
		7.8.3 Twice Exceptionality wird erst im Therapieverlauf erkannt	180
8	**Anlaufstellen und Vernetzungsmöglichkeiten**		**183**
	8.1	Hochbegabten-Vereine und Beratungsstellen	183
		8.1.1 Vereine und Plattformen	183
		8.1.2 Beratungsstellen	184
	8.2	Berufliche Netzwerke sowie Ansprechpartner für Therapie, Beratung und Diagnostik	185
	8.3	Bibliotherapie und Informationsmaterialien	186

Teil IV Ausblick

9	**Der Blick in die Zukunft: Ein Paradigmenwechsel?**	**189**

Teil V Verzeichnisse

Literatur	**195**
Stichwortverzeichnis	**213**

Warum braucht es einen Fokus auf hochbegabte Erwachsene in der Psychotherapie?

Das Konzept Intelligenz stößt als Forschungsfeld der Psychologie anhaltend auf großes Interesse und stellt einen »der wenigen ›Dauerbrenner‹ dieser Disziplin« dar (Schweizer, 2006a, S. 2). Auch das öffentliche und mediale Interesse an der weit überdurchschnittlich ausgeprägten Intelligenz, der Hochbegabung, stieg in den letzten Jahren stetig an. Dies geht auch mit einer Zunahme der Publikationen in der psychologischen Hochbegabungsforschung einher (Preckel & Krampen, 2016). Jedoch ist das Themenfeld leider noch nicht ausreichend in seiner Breite untersucht. Deutsch- und englischsprachige Publikationen zwischen 1980 und 2014 beziehen sich zu 80% auf hochbegabte Schüler, während Studien zu Erwachsenen, je nach Datengrundlage, mit 9% bzw. 23% der Fachliteratur aus den deutschsprachigen Ländern stark unterrepräsentiert sind; hierbei herrscht leider ein besonders ausgeprägter Mangel für die Bereiche Beruf, Freizeit sowie soziale Beziehungen (Preckel & Krampen, 2016). Erwähnenswert ist weiter, dass sich wenige Studien zu psychischen Störungen bei Hochbegabten finden lassen (Dai et al., 2011). Dies überrascht, da dieses Thema doch kontrovers betrachtet wird und sich das Stereotyp des verrückten Genies weiterhin hartnäckig zu halten scheint. Frau Prof. T. G. Baudson diskutierte einst mit dem Plenum in einem Vortrag auf der Jahrestagung von MinD[3], ob sich ein Hochbegabter – zumindest nach empirischer Datenlage – überlegen solle, wann er sich bei wem in welchem Kontext oute (persönliche Kommunikation, 28.04.2017). Sie machte hierbei unter anderem auch auf aktuelle Suchmaschinen-Vorschläge aufmerksam: Gibt man in Google »Hochbegabte sind …« ein (Stand November 2023), wird eine Liste vieler Stereotype in der Suchleiste angeboten, wie »seltsam«, »verhaltensauffällig«, »gut in der Schule« und »Einzelgänger«. Sichtet man die populärwissenschaftlichen Ratgeber, finden sich Darstellungen mit einer großen inhaltlichen Variationsbreite und einem leider oft sehr defizitorientierten Blickwinkel: Sei man doch durch die *Besonderheit* Hochbegabung *besonders* belastet und leide deswegen an vielen zusätzlichen Problemen. Oftmals werden auch (Einzel-)Befunde für die gesamte Gruppe *der* Hochbegabten übernommen, ohne dies kritisch zu diskutieren, was zur Aufrechterhaltung von Vorurteilen verleiten kann (bspw. *jeder* Hochbegabte sei hochsensibel[4]). Auch bereits die bloße Reduktion des

---

3 Der Hochbegabtenverein Mensa in Deutschland e.V. (MinD) (▶ Kap. 8.1).
4 Dabei scheint insbesondere das Attribut »hochsensibel« sowohl alltagssprachlich deskriptiv als auch im originären Sinne des Konzepts nach Aron und Aron (▶ Kap. 2.1.2) verwendet zu werden, was unreflektiert zur Folge haben kann, Hochbegabung und Hochsensibilität gleichzusetzen oder beide Konzepte als unweigerlich verbunden anzunehmen. Kurzum: Jeder Hochbegabte ist zwar auf eine gewisse Art und Weise hochsensibel, jedoch ist nicht jeder Hochbegabte hochsensibel nach der Konzeptualisierung von Aron und Aron.

Konzepts Hochbegabung auf einen IQ ≥ 130 scheint vor dem Hintergrund heterogener Hochbegabungsmodelle oft zu kurz gegriffen. Somit lässt sich konstatieren, dass eine hochbegabte Person Gefahr läuft, in ihrem begabungsbezogenen Erleben und Verhalten nicht umfassend verstanden zu werden.

Es kann darüber hinaus auch nicht davon ausgegangen werden, dass jeder Hochbegabte selbst über seinen weit überdurchschnittlich ausgeprägten IQ informiert ist. Denn erst mit dem Beginn der 1980er Jahre erhielt die schulische Hochbegabtenförderung in Deutschland einen Aufschwung, wobei die Identifizierung und Förderung hochbegabter Kinder selbst in den 1990er Jahren nicht flächendeckend erfolgte (Fels, 1999). Weinschenk (1979, zitiert nach Fels, 1999, S. 67) bezeichnete den Hochbegabten sogar als »bundesdeutsche Unperson«. Etliche heute Erwachsene wissen demnach nicht, dass sie hochbegabt sind, und haben die eigene Begabung und das damit verbundene Erleben oft noch nicht in ein stimmiges biografisches Narrativ im Identitätskonzept integriert.

Dies kann einen Anlass für das Aufsuchen einer Therapie darstellen. Denn ein weit überdurchschnittlicher IQ ist nach Brackmann (2012) für die Person mit »*mehr von allem:* mehr denken, mehr fühlen und mehr wahrnehmen« (S. 19) verbunden und stellt einen wesentlichen Aspekt des Selbstkonzeptes dar (Blut, 2020; Brackmann, 2020b). Bleibt dieser auch in der Therapie unberücksichtigt, können Hochbegabte selbst in diesem geschützten Setting, das vor allem korrigierende Erfahrungen im Vergleich zum Alltag ermöglichen soll, erneut ein Nicht-gesehen-Werden in einem wesentlichen Teil ihrer Identität erleben. Betrachtet der Therapeut die geschilderten Beschwerden nicht unter einem begabungs- und ressourcenorientierten Blickwinkel, kann es sogar zu Missverständnissen, Frustration oder schlimmstenfalls Therapieabbrüchen kommen. Werden Fehldiagnosen gestellt (vgl. Webb et al., 2020) oder wesentliche der Hochbegabung immanente Aspekte (bspw. kritisches Denken) fälschlich pathologisiert, läuft der Therapeut Gefahr, die oftmals gelernten Copingstrategien Hochbegabter (bspw. sich an andere anzupassen) dysfunktional zu verstärken, statt mit den Patienten nach individuellen Lösungen für das Authentischsein zu suchen.

Das Seltenheitsargument, nach dem per definitionem ca. 2 % der Bevölkerung hochbegabt sind und somit ein Therapeut statistisch selten mit hochbegabten Patienten in Berührung kommt, relativiert nicht die Notwendigkeit, entsprechende Expertise vorzuhalten. Gerade hochbegabte Erwachsene reflektieren sehr genau ihre Situation, möchten aufkommenden Herausforderungen problemlösend begegnen, die dahinterliegenden Beweggründe verstehen und suchen deshalb – nach langjähriger Erfahrung der Autorin – häufig eine Beratung oder Psychotherapie auf. Leider fallen jedoch im Psychologiestudium oder in der Psychotherapieausbildung die Berührungspunkte mit dem Thema eher spärlich aus und Fortbildungen hierzu für bereits approbierte Kollegen werden selten oder auf wenige Standorte in Deutschland begrenzt angeboten. Demnach sind Fachpersonen oft nicht über Anlaufstellen zu Testdiagnostik, Beratungs-, Vernetzungs- oder Fördermöglichkeiten informiert, um einem hochbegabten Patienten weiterhelfen zu können.

Insgesamt soll dieses Buch einen Beitrag leisten, um den hochbegabten Patienten in der Therapie in einem wesentlichen, im Alltag oft zurückgehaltenen Aspekt seines Selbst verstehen und diesem eine maßgeschneiderte Fallkonzeption anbieten zu können. Inhaltlich ist der erste Teil des Buches dem differenzierten Verständnis von Hochbegabung und Hochbegabten unter wissenschaftlichen Gesichtspunkten gewidmet. Es werden Konzepte sowie für die Therapie relevant erscheinende Aspekte, wie bspw. Underachievement, Hochsensibilität oder Neurodiversität, vorgestellt. Im zweiten Teil wird der Fokus auf das Erkennen, Verstehen und Einordnen hochbegabungsspezifischen Erlebens und Verhaltens gelegt, sowohl auf die damit verbundenen Ressourcen als auch die Herausforderungen. Zudem werden biografische Lernerfahrungen Hochbegabter und deren Auswirkungen auf das Selbstkonzept systematisiert erarbeitet – als Grundlage für eine spezifische Anamneseerhebung in der Therapie. Ebenso erfolgen Hilfestellungen für den klinisch-diagnostischen Prozess, um Fehldiagnosen zu vermeiden. Im dritten Teil des Buches werden die dargestellten Inhalte systematisch in die therapeutische Fallkonzeption übersetzt. Es werden relevante Rahmenbedingungen für die Therapie mit Hochbegabten vorgestellt, insbesondere, was sie sich von Psychotherapeuten wünschen und welche therapeutische Grundhaltung hilfreich erscheint. Im Herzstück des Buches wird schließlich mithilfe des in Theorie und Praxis etablierten rekursiven Strukturierungsmodells für den diagnostisch-therapeutischen Prozess in der Verhaltenstherapie – das 7-Phasen-Modell des Selbstmanagement-Ansatzes (Kanfer et al., 2012) – die Integration begabungsbezogener Aspekte in die therapeutische Fallkonzeption ermöglicht. Es dient dabei als Meta-Konzept für die Therapieplanung, ohne jedoch die Anwendung bestimmter Methoden oder Techniken für den Anwender vorzuschreiben. Ergänzend werden praktische Tipps für Anlaufstellen und Vernetzungsmöglichkeiten für Patienten, deren Angehörige sowie für Therapeuten genannt. Und schließlich soll im vierten Teil des Buches ein kurzer Ausblick auf einen Paradigmenwechsel gegeben werden, welcher eine alternative Sichtweise für das Erkennen, Offenbaren und Ausleben der Hochbegabung ermöglichen kann.

Teil I Hochbegabung erkennen und verstehen

Im Rahmen eines deduktiven Vorgehens soll zuvorderst ein allgemeines theoretisches Verständnis für Hochbegabung erarbeitet werden (► Kap. 1). Nachfolgend wird eine differenzierte Sichtweise auf hochbegabte Personen eingenommen, so dass von übergreifenden Annahmen über alle Hochbegabten im Mittel hinweg der Blick auf verschiedene Merkmalsgruppen geleitet wird (► Kap. 2). Es wurden insbesondere diese ausgewählt, welche für den therapeutischen Kontext relevant erscheinen. Für das Verständnis eines hochbegabten Patienten braucht es nicht nur die übergeordnete, sondern auch die differenzielle Perspektive – um schließlich im weiteren Verlauf des Buches zu einer individuellen therapeutischen Fallkonzeption zu gelangen und den Hochbegabten vor dem Hintergrund seines persönlichen Lebenskontextes verstehen (► Teil II) und ihm passgenau helfen zu können (► Teil III).

1 Hochbegabung – mehr als nur ein hoher IQ

Die Hochbegabungsforschung hat seit der Antike eine lange Geschichte aufzuweisen, so dass vielfältiges Wissen zum Aufbau eines Verständnisses für Hochbegabung zur Verfügung steht (Preckel & Baudson, 2013). Dieses interdisziplinäre Forschungsfeld zeichnet sich jedoch durch diverse Interessensgruppen und Fragestellungen aus und lässt sich (noch) nicht zu einem einheitlichen Gebiet bündeln (Dai, 2009). Das Konzept selbst ist zudem immer unter einem größeren Kontext – dem sog. Zeitgeist – zu verstehen (Robinson & Clinkenbeard, 2008) und hat sich im Laufe der Geschichte konstruiert, dekonstruiert und rekonstruiert (Dai, 2009).

1.1 Der Blick auf das Konstrukt Intelligenz

Intelligenz spielt in den meisten Hochbegabungsmodellen eine zentrale Rolle und somit erscheint deren Verständnis notwendig, möchte man sich mit der Bedeutung von Hochbegabung auseinandersetzen. Zu betonen ist, dass es sich bei Intelligenz um ein wissenschaftliches Konstrukt handelt, welches nicht als phänotypische Ausgestaltung direkt beobachtet werden kann, sondern indirekt untersucht und unterschiedlich definiert wird (Preckel & Vock, 2021). Dies bedeutet nicht, dass Psychologen »sich sowieso nicht auf eine einheitliche Definition einigen« (Stern & Neubauer, 2016, S. 3), sondern dass die Bestimmung des Begriffs vor dem Hintergrund der jeweiligen Intelligenzmodelle und Fragestellungen der unterschiedlichen Wissenschaftsdisziplinen betrachtet werden muss. Als Arbeitsdefinition zum damaligen Stand der Forschung wurde angenommen, dass Intelligenz »involves the ability to reason, plan, solve problems, think abstractly, comprehend complex ideas, learn quickly and learn from experience« (Nisbett et al., 2012, S. 2). Je nach Forschungsansatz werden unterschiedliche Facetten des Konstrukts fokussiert: Während die Kognitive Psychologie und Neuropsychologie den Zusammenhang mit Informationsverarbeitungsgeschwindigkeit, Arbeitsgedächtnis oder funktionellen und strukturellen Merkmalen des Gehirns untersuchen, beschäftigt sich die Differenzielle Psychologie mit der Struktur der Intelligenz und deren Teilfaktoren (Preckel & Vock, 2021). Zentrale Fragestellung ist hierbei, inwieweit Intelligenz homogen ist oder sich Teilfacetten unterscheiden lassen (▶ Tab. 1.1).

Tab. 1.1: Beispiele für Intelligenzstrukturmodelle (Preckel & Vock, 2021; Schweizer, 2006a)

Art	Modell
Nicht-hierarchische Modelle	Zwei-Faktoren-Theorie (g- und s-Faktoren) nach Spearman (1904)
	Primärfaktorenmodell nach Thurstone (1938)
	Structure-of-Intellect (SI) Model nach Guilford (1966)
Hierarchische Modelle	Modell der kristallinen und fluiden Intelligenz nach Cattell (1963)
	Berliner Intelligenz-Strukturmodell (BIS) nach Jäger (1982)
	CHC-Modell (Cattell-Horn-Carroll-Modell) modifiziert nach Alfonso, Flanagan & Radwan (2005)

Neben diesen Intelligenzstrukturmodellen existieren noch weitere Konzepte zur Erweiterung von Intelligenz. Jedoch wird der Einbezug solcher »multiplen Intelligenzen« als Verwässerung des Intelligenz- und Begabungsbegriffes verstanden (Rost, 2008). Van Rooy und andere (2006) diskutierten das Multiplizieren von Intelligenzen, insb. der emotionalen, praktischen oder sozialen Intelligenz, als den Versuch, zwischen allgemeiner Intelligenz und ihren spezifischen Facetten hinsichtlich des prädiktiven Erfolgs zu unterscheiden. Die Attraktivität solcher Konstrukte erscheint nach Gottfredson (2003) als »tapping the popular preference for an egalitarian plurality of intelligences (everyone can be smart in some way) and a distaste for being assessed, labeled, and sorted by inscrutable mental tests« (S. 329). Heute hat sich jedoch der gemeinsame Faktor – die allgemeine Intelligenz nach Spearman (1904) – als sog. *g-Faktor* etabliert und vielfach als bester Prädiktor für die Bewältigung des Alltags, den Schul- und Berufserfolg gezeigt (Gottfredson, 1997; Kuncel et al., 2004). Auch die Messbarkeit der Intelligenz kann heute auf eine lange Geschichte zurückblicken: Von Binet und Simon über William Stern hin zu Wechsler, welcher das Maß für den IQ als *Abweichungs-Intelligenzquotienten* festgelegt und somit in Bezug auf die zugrundeliegende Population einer bestimmten Altersgruppe normiert hat (Schweizer, 2006b). Die Formel ist bis heute gültig und wird auch modernen IQ-Tests zugrunde gelegt (▶ Kap. 1.3).

1.2 Verschiedene Konzepte von Hochbegabung

Ebenso wie das Konstrukt Intelligenz wird *Hochbegabung* je nach wissenschaftlichem Kontext uneinheitlich verwendet. Einigkeit besteht darin, dass eine weit überdurchschnittliche Intelligenz als zentraler Faktor in vielen Hochbegabungsmodellen angenommen wird (Preckel & Vock, 2021). Wie bei jeder psychologischen Variablen braucht es jedoch Operationalisierungen, um das Konstrukt messbar zu machen, wofür vor allem Leistungssituationen herangezogen werden (Rost et al., 2006).

1 Hochbegabung – mehr als nur ein hoher IQ

»Intellektuelle Hochbegabung kennzeichnet ein extrem hoch ausgeprägtes leistungsbezogenes Entwicklungspotenzial für Leistungsbereiche, in denen Informationsverarbeitung, Lernen, Wissensaneignung, abstraktes Denken sowie Problemlösen und die Entwicklung neuer Ideen relevant sind. Damit ist intellektuelle Hochbegabung ein sehr breites Konstrukt, denn es gibt kaum einen Bereich, in dem Lernen, abstraktes Denken oder Problemlösen keine Rolle spielen« (Preckel & Vock, 2021, S. 15).

Die intellektuelle Hochbegabung steht demzufolge nicht allein für sich, sondern wird in einen Bezug gesetzt respektive konzeptualisiert (▶ Abb. 1.1).

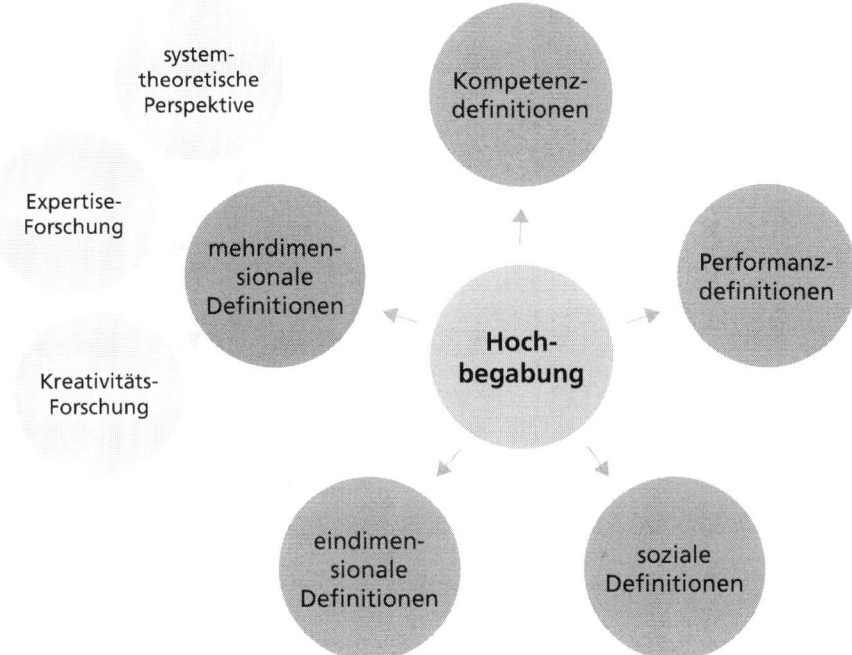

Abb. 1.1: Unterteilung von Hochbegabungsdefinitionen (angelehnt an Preckel & Vock, 2021)

In sog. *Performanzdefinitionen* findet sich dieser Bezug zu Leistungssituationen sehr deutlich, denn Hochbegabung wird ausschließlich nach der gezeigten außergewöhnlichen Leistung beurteilt (Preckel & Baudson, 2013). Sternberg und Zhang (1995) erweiterten diesen Blickwinkel noch um eine soziale Komponente. In ihrer Theorie formulierten sie fünf Kriterien zur Beurteilung von Hochbegabung (als außergewöhnliche Leistung) und führen neben »Exzellenz«, »Seltenheit«, »Produktivität« und »Beweisbarkeit« eben auch »Wert« an: »*the person must show superior performance in a dimension that is valued for that person by his or her society*« (S. 90). Dies lässt sich als Beispiel für sog. *soziale Definitionen* von Hochbegabung anführen. Auch Baudson (2017d) bezieht sich auf diese Art von Definition und zitiert in einem Onlinebeitrag William Stern, der Begabung nicht als Verdienst, sondern als Verpflichtung beschrieben haben soll, und regt zu einer spannenden Diskussion an.

Der Blickwinkel auf Highperformance wird bei sog. *Kompetenzdefinitionen* hingegen nicht eingenommen, nach denen Hochbegabung als hohes Entwicklungspotenzial verstanden und rein über Intelligenztests operationalisiert wird (Preckel & Vock, 2021).

Wird Hochbegabung in sog. *eindimensionalen Definitionen* jedoch nur auf den IQ reduziert, erscheint es gerade unter einem pädagogisch-psychologischen Blickwinkel zu kurz gegriffen. Es wird heute unumstritten angenommen, dass (nicht-)kognitive Aspekte (bspw. Motivation, Interesse) mit der Lernumwelt (bspw. Eltern, Lehrer, Peers) zusammenwirken, damit exzellente Leistungen entstehen können (Müller-Oppliger, 2021). Genau solche multifaktoriellen Bedingungen werden in sog. *mehrdimensionalen Hochbegabungsmodellen* abgebildet, welche sich seit dem Beginn des sog. Drei-Ringe-Modells von Renzulli stetig weiterentwickelt haben (▶ Abb. 1.2).

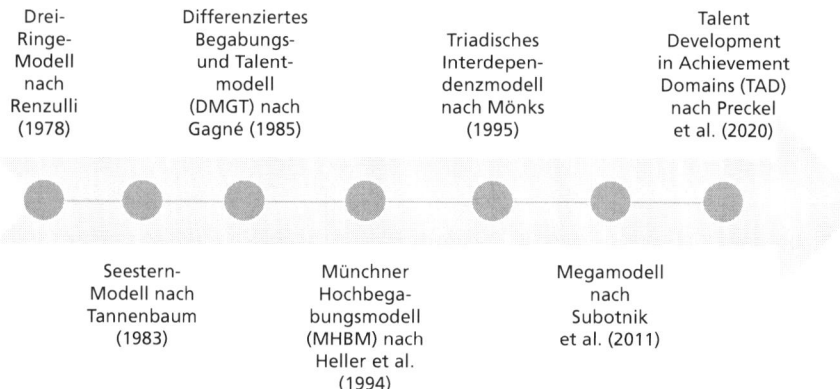

Abb. 1.2: Chronologische Beispiele für mehrdimensionale Hochbegabungsmodelle (Müller-Oppliger, 2021; Preckel & Vock, 2021)

Diese Hochbegabungsmodelle können darüber hinaus noch mit *multidimensionalen systemtheoretischen Modellen* ergänzt werden. Hierbei wird die Bedeutung der Handlungsmöglichkeiten der Person (statt der Intelligenz als basaler Grundausstattung) und ihre Wechselwirkungen mit soziokulturellen und gesellschaftlichen Faktoren bei der Ausbildung überdurchschnittlicher Leistungen betrachtet (Müller-Oppliger, 2021). Ebenso erweitern Annahmen aus der *Expertiseforschung* den Blick auf die Leistungsexzellenz im Zusammenspiel mit Begabungs- und Umweltfaktoren (Hambrick et al., 2018). Diese kann sich nur entwickeln, wenn zielgeleitete langjährige Übung als hoch organisierte Lernaktivität, die sog. *deliberate practice*, stattfindet (Ericsson et al., 1993). In vielen multidimensionalen Modellen wird schließlich noch *Kreativität* als Variable aufgeführt, ohne bedauerlicherweise oftmals das Konstrukt selbst oder die Art des Zusammenhangs mit Intelligenz präzise zu definieren (Rost et al., 2006).

Preckel und Vock (2021) vermerken in Bezug auf die mannigfachen Hochbegabungsmodelle, dass diese aufgrund ihrer Komplexität, der vielfältigen Variablen und der nicht spezifizierten Zusammenhänge kaum mehr operationalisierbar oder überprüfbar seien. Es lässt sich sogar besonders drastisch ausdrücken: »Sie sind kaum mehr als umfangreiche und teilweise arbiträre Auflistungen pädagogisch-psychologischer Variablengruppen, grafisch in Kreise, Ellipsen, Dreiecke oder kleine Kästchen gesetzt, mehr oder weniger beliebig mit Strichen verbunden« (Rost et al., 2006, S. 195). Dennoch lässt sich an dieser Stelle festhalten, dass diese – trotz ihrer Kritik – eine wichtige Rolle für die pädagogische Begabungsförderung, insb. im schulischen Kontext, spielen (Müller-Oppliger, 2021).

Im Vergleich dazu ist das aktuell publizierte TAD-Rahmenmodell (Talent Development in Achievement Domains) als gelungener Versuch anzusehen, die Komplexität der Variablen wieder zu reduzieren (Preckel et al., 2020). Aus psychologischer Sicht ist dies besonders interessant, da das Modell sich auf überprüfbare personenbezogene Merkmale fokussiert. Es lassen sich dadurch bei der individuellen Diagnostik und Einschätzung der Talententwicklung zielführende Fragen stellen, bspw.: »Wo liegen […] die individuellen Stärken einer Person? Zeigen sich diese auch im Selbstbild eigener Fähigkeiten? Passen sie zu den Interessen und Werten einer Person?« (Preckel, 2021, S. 285). Auch Umwelteinflüsse werden aus der Sicht des Individuums einbezogen: »Welche Option sieht eine Person für sich in ihrem Alltag? Wer wird als besonders unterstützend wahrgenommen und warum?« (Preckel & Vock, 2021, S. 42).

> Dieses integrative Modell scheint deshalb auch für den therapeutischen Kontext geeignet, um hochbegabte Erwachsene in Fragen der eigenen Begabungsentwicklung, Stärken, der aktuellen Person-Umwelt-Passung oder des eigenen Selbst- und Wertekonzepts zu beraten.

Um abschließend die Vielfalt an Modellen besser nachvollziehen zu können, kann es helfen, sich die dahinterliegenden Paradigmen der Begabungsförderung im Wandel der Zeit bewusst zu machen (Dai & Chen, 2013). Zu Beginn stand das »Paradigma des hochbegabten Kindes« mit der Annahme, dass Begabung eine allgemeine Fähigkeit ist, welche mit IQ-Tests messbar ist. Später erweiterte in den 1980/90er Jahren das »Paradigma der Talententwicklung« den Blick auf die individuelle Potenzialentwicklung in unterschiedlichen spezifischen Domänen. Die IQ-basierte Sichtweise reichte demnach nicht mehr aus, denn Begabungen sind vielfältig, bereichsspezifisch und veränderbar. Und schließlich liegt im aktuellen »Differenzierungs-Paradigma« der Fokus auf der Passung mit der Lernumwelt sowie der flexiblen Anpassung der Förderung. Der Blick verschiebt sich folglich von einer allgemeinen, statischen Ansicht hin zur Individualität und Kontextabhängigkeit (Dai & Chen, 2013; Lo & Porath, 2017).

1.3 Identifizierung Hochbegabter: Von IQ-Tests und Checklisten

Um Hochbegabte zu identifizieren und die Ergebnisse einer Testung sinnvoll interpretieren zu können, müssen zwei Fragen beantwortet werden (Preckel, 2010): Was genau wird gemessen und wozu wird getestet? Diagnostik steht nicht isoliert für sich, sondern ist mit einer spezifischen Fragestellung für das Individuum verbunden, bspw. statusorientiert, ob überhaupt eine Hochbegabung vorliegt, oder entwicklungsorientiert, welche Prognose für die weitere Leistungsentwicklung abgegeben werden kann (Ziegler, 2018). Aber selbst bei der Statusdiagnostik braucht es einen individuellen Auftrag, wozu getestet wird, denn die bloße Frage, ob hochbegabt oder ob nicht, reicht nicht aus (Preckel & Vock, 2021).

> Zu Recht fragen manche Patienten, was ihnen ein Test und das Wissen um die Begabung überhaupt bringe. Solange sich hierauf keine stimmige Antwort vor dem Hintergrund des eigenen Lebenskontextes finden lässt, ist eine Messung als nicht zielführend anzusehen. Ein positives Testergebnis kann weitreichende persönliche Konsequenzen haben. Es stellt nicht in jedem Fall ein entlastendes Ereignis dar, sondern kann auch zu einer Destabilisierung bezüglich des eigenen Selbstkonzeptes führen und tiefgreifende Emotionen auslösen (bspw. Wut, Traurigkeit, Angst, Scham, Schuld, Stolz, Freude).

Für die Diagnostik wird meist die klare Konzeption der Hochbegabung als sehr hohe Ausprägung der allgemeinen Intelligenz zugrunde gelegt, so dass Intelligenzstrukturtests als Mittel der Wahl gelten, die ein breites Spektrum an kognitiven Teilfertigkeiten erfassen und damit ein individuelles Begabungsprofil ermöglichen (Preckel & Vock, 2021). Die Auswahl geeigneter Tests[5] ist jedoch nicht nur von der jeweiligen Fragestellung abhängig, sondern unterliegt noch anderen Eingrenzungen:

- *Alter:* IQ-Tests sollten erst ca. ab dem fünften Lebensjahr eingesetzt werden, da nach Studienlage beginnend ab dem Schulalter von einer ausreichenden sog. Strukturstabilität der Intelligenz, und damit der Hochbegabung, über mehrere Jahre hinweg ausgegangen werden kann (Rost, 2010; Tideman & Gustafsson, 2004).
- *Profil:* Um unterschiedliche Begabungsschwerpunkte erfassen zu können, sollten mehrdimensionale Intelligenzstrukturtests eingesetzt werden (Preckel, 2010). Eindimensionale Tests, bspw. nonverbale Intelligenztests mit ausschließlich figuralem Material, erfassen lediglich ein sehr reduziertes Bild der kognitiven Fähigkeiten (Lohman, 2005).

---

5 Im Fachportal Hochbegabung stehen online umfassende Testrezensionen zu allen aktuellen Verfahren zur Verfügung: https://www.fachportal-hochbegabung.de/intelligenz-tests/

- *Normierung*: Um sog. Deckeneffekte zu vermeiden (d. h. durch den Mangel an genügend schwierigen Aufgaben wird eine ausreichende Differenzierung im oberen Begabungsbereich verhindert), sollten Tests eingesetzt werden, die auch an Hochbegabtenstichproben normiert wurden (Preckel, 2010). Die Normierung von Tests spielt zudem vor dem Hintergrund des sog. Flynn-Effekts eine weitere wichtige Rolle (Schweizer, 2006b). Testleistungen bleiben über längere Zeiträume nicht stabil, sondern es kommt zu einem Anstieg – ca. einen halben IQ-Punkt pro Jahr (Rost, 2010); würden dieselben Normen zugrunde gelegt, käme es folglich nach zehn Jahren zu einer deutlichen Überschätzung des Intelligenzwertes (Flynn, 1999).
- *Objektivität*: Schließlich sollten nur solche Tests verwendet werden, für welche der Testleiter ausreichend ausgebildet ist, um die entsprechende Durchführungsobjektivität zu gewährleisten und ein valides Ergebnis zu erzielen (Lipsius et al., 2008).

> **Testtheoretischer Exkurs**
>
> Spearman wies 1904 die Existenz des g-Faktors durch die positiven Korrelationen zwischen Intelligenztests nach und stellte 1927 fest, dass die Interkorrelationen zwischen Tests bei höherem IQ immer kleiner werden. Er formulierte dies als Analogie zu einem Grundprinzip der Ökonomie mittels des »law of diminishing returns« (Gesetz vom abnehmenden Ertragszuwachs)[6], d. h., die g-Sättigung der einzelnen Fähigkeitstests nimmt mit zunehmender Intelligenz ab (Blum & Holling, 2017). Die Gesamtpunktzahlen im IQ-Test sind bei Hochbegabten erheblich weniger »g-belastet« und stärker durch Nicht-g-Faktoren beeinflusst als bei niedrigeren Punktwerten, welche durchschnittlich Begabte erreichen (Jensen, 2003). Folglich finden sich bei durchschnittlich Begabten, bei welchen die Subtests höher miteinander korrelieren und weniger von ausdifferenzierten Faktoren abhängig sind, häufiger flache, ausgeglichene Begabungsprofile (bezogen auf verbale, numerische oder figurale Inhalte) (Preckel & Vock, 2021). Auch wenn Hochbegabte im Durchschnitt in IQ-Tests einen höheren Test-Score erreichen als durchschnittlich Begabte, bedeutet dies jedoch nicht, dass Hochbegabte gleichermaßen gut in allen spezifischen Leistungsbereichen abschneiden (Lang et al., 2019). Tatsächlich finden sich lediglich bei 39.8 % der Hochbegabten (Lohman et al., 2008) bzw. 58 %, wenn die räumlichen Fähigkeiten für die Beurteilung nicht mit einbezogen werden, ausgeglichene Begabungsprofile als sog. *Multipotenzialität* (Achter et al., 1997). Begabungsschwerpunkte bilden sich bereits im Kindesalter heraus und sind relativ stabil (Lubinski, 2016), so dass durch die Begabungsmuster auch gute Prognosen für die berufliche Leistung erstellt werden können (Makel et al., 2016).

---

6 Übertragen auf Eigenschaften von Schiffsmotoren – angelehnt an Spearmans industrielle Metapher – bedeutet dies, dass keine Verdopplung der Geschwindigkeit erreicht wird, indem die Kohle im Kessel verdoppelt wird, weil eben noch andere Faktoren eine Rolle spielen (Deary & Pagliari, 1991).

> Liegt bei einem hochbegabten Patienten bereits ein IQ-Befund vor, sollte dieser vor dem Hintergrund der zugrundeliegenden Fragestellung, der Art und der Aktualität des eingesetzten Verfahrens sowie der fachgerechten Durchführung betrachtet werden. Das individuelle Begabungsprofil kann für eine persönliche Stärkenanalyse genutzt werden.

Für die Auswertung der Testergebnisse werden schließlich Cut-off-Werte festgesetzt. Zugrunde gelegt wird die sog. Standardnormalverteilung der Intelligenz (▶ Abb. 1.3).

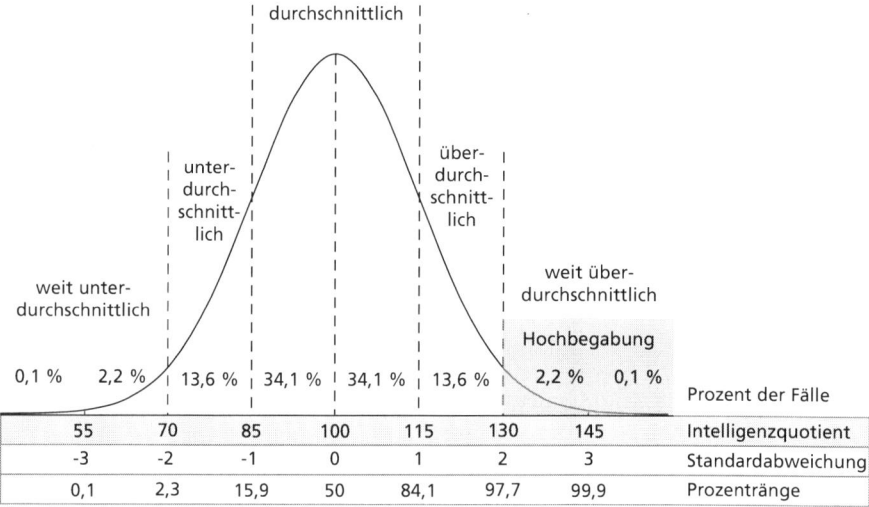

Abb. 1.3: Standardnormalverteilung der Intelligenz

Der Intelligenzwert wird als sog. Abweichungs-Intelligenzquotient angegeben, d. h. relativ zur Intelligenz anderer Personen derselben Altersklasse, mit einem Mittelwert von 100 und einer Standardabweichung von 15. Die gängige Konvention ist, dass Hochbegabung ab einem IQ-Wert von ≥ 130 beginnt, d. h., ca. 2 % der Bevölkerung sind hochbegabt oder mittels des Prozentrangs ausgedrückt, ein Hochbegabter ist intelligenter als ca. 98 % der Bevölkerung. Zu bedenken ist jedoch, dass jede Testung auch von einer gewissen Messungenauigkeit betroffen ist und daher die reine Cut-off-Setzung beim Einzelfall problematisch sein kann. Demnach sollte gerade bei der individuellen Testung das sog. Vertrauensintervall angegeben werden, in dem je nach gewählter Sicherheit 95 bzw. 99 % der wahren Werte liegen (Preckel & Vock, 2021). Die Festlegung des Cut-off-Wertes ist in diesem Fall willkürlich, denn inhaltlich begründet (Preckel & Vock, 2021). Hochbegabte und nicht Hochbegabte unterscheiden sich graduell und weisen *keine* qualitativen Unterschiede hinsichtlich der kognitiven Prozesse auf (Rost, 2010). Preckel und Baudson (2013) empfehlen, dies auch im Sprachgebrauch zu berücksichtigen. Anstatt von Normalbegabten sollte eher von nicht Hochbegabten oder durchschnittlich Begabten gesprochen werden, um nicht fälschlich zu suggerieren, dass Hochbegabte eben nicht normal wären.

Auch wenn der IQ-Test das aktuelle Mittel der Wahl zur Identifizierung von Hochbegabten ist, erfreuen sich im pädagogisch-psychologischen Kontext jedoch noch sog. *Checklisten* großer Beliebtheit, die vor allem für die Nominierung von hochbegabten Kindern/Jugendlichen von Lehrern und Eltern verwendet werden (Perleth, 2010). Aus wissenschaftlicher Sicht sind solche Checklisten für eine eindeutige Diagnostik kaum brauchbar: Zum einen sind die aufgeführten Merkmale nicht alleinig typisch für Hochbegabte, zum anderen sind die Items bzw. die Quantifizierung oftmals zu vage formuliert (Preckel & Vock, 2021). Beispiele wie »hat in einzelnen Bereichen ein sehr hohes Detailwissen«, »hat für sein Alter einen ungewöhnlichen Wortschatz«, »erkennt sehr schnell zugrundeliegende Prinzipien«, »ist individualistisch« oder »kann sich in andere hineinfühlen« (Perleth, 2010, S. 77 f.) verdeutlichen dies sehr gut. Studien zu deren psychometrischen Güte zeigen keine zufriedenstellenden Ergebnisse; sie sind nicht geeignet, um zwischen Hochbegabten und nicht Hochbegabten eindeutig zu differenzieren (Jarosewich et al., 2002; Perleth, 2010). Die Beurteilung via Checkliste stimmte mit den testdiagnostischen Befunden am ehesten noch bei denjenigen Items überein, welche die allgemeine Intelligenz operationalisierten. Diese sind meist konkreter auf beobachtbares Verhalten bezogen als rein abstrakte Formulierungen (Perleth, 2010). Auch bei der vergleichenden Einschätzung von Lehrern und Eltern mittels Checklisten fand sich eine hohe Übereinstimmung für intellektuelle und eine geringere für kreative und soziale Fähigkeiten (Machts et al., 2016; Sommer et al., 2008). Checklisten stellen folglich kein absolutes Diagnoseinstrument dar, sondern können lediglich für Merkmale von Hochbegabung sensibilisieren (Preckel & Vock, 2021).[7]

1.4 Neurokognitive Befunde zu Intelligenz und Hochbegabung

Neben der klassischen psychometrischen Herangehensweise an die Intelligenz (mittels IQ-Messung) untersuchen die Neurowissenschaften, welche strukturellen,

---

[7] *Selbstnominierungen* erscheinen ebenfalls als nicht geeignet, um Hochbegabte zu identifizieren; sie sind bspw. von Geschlechtsstereotypen beeinflusst, d. h., Frauen geben ein stärkeres Selbstkonzept für sprachliche, Männer hingegen für mathematische/naturwissenschaftliche Domänen an (Ackerman et al., 2002). Daneben zeigt sich bei der Selbsteinschätzung auch eine Abhängigkeit von der Akzeptanz der jeweiligen Umwelt sowie von der Fähigkeit, eigene Leistungen und Fähigkeiten angemessen einschätzen zu können (Preckel & Vock, 2021). Freund und Kasten (2012) kamen in ihrer Metaanalyse zu einem ähnlichen Ergebnis wie Mabe und West (1982) 30 Jahre zuvor: Es zeigte sich lediglich eine mittlere Korrelation von r=.33, so dass Selbsteinschätzungen und IQ-Testbefund nur schwach miteinander zusammenhängen.

aber auch funktionellen Zusammenhänge im Gehirn bei hoch intelligenten Menschen zu finden sind.

> **Exkurs: Positive Mannigfaltigkeit**
>
> Es ist an dieser Stelle notwendig, zwischen dem g-Faktor als psychometrisches und psychologisches Konstrukt zu unterscheiden. Aus psychometrischer Sicht ist dieser das Ergebnis von Faktorenanalysen und wird als allgemeiner Faktor erster Ordnung im Vergleich zu spezifischen untergeordneten Faktoren angenommen (van der Maas et al., 2006). Im psychologischen Sinn ist g hingegen ein zusammenfassendes Konstrukt zur sog. *positiven Mannigfaltigkeit (»positive manifold«)*, d. h., die unterschiedlichen Teilaufgaben in einem Intelligenztest korrelieren typischerweise positiv miteinander, so dass »people who perform well in one domain also tend to perform well in the others« (Deary et al., 2010, S. 201). Es wird hierfür eine hierarchische Struktur von kognitiven Variablen angenommen, bspw. werden logisches Denken, räumliches Vorstellungsvermögen, Gedächtnis, Verarbeitungsgeschwindigkeit und Wortschatz als Teilfähigkeiten des g-Faktors postuliert (Salthouse, 2004). Während g psychometrisch als allgemeiner Intelligenzfaktor etabliert ist, wird jedoch unter der neurokognitiven Perspektive stark bezweifelt, dass ein »neuro-g« eben nur *ein* anatomisches Substrat aufweist (Haier et al., 2009). Es gibt unterschiedliche Bemühungen, diese positive Mannigfaltigkeit zu erklären. Van der Maas und andere (2006) vergleichen ihre Herangehensweise mit der mathematischen Untersuchung eines Ökosystems von Seen; würden unterschiedliche Daten in Bezug auf diese Seen gesammelt und eine positive Mannigfaltigkeit angenommen, würden »gute« Seen besser in allen gemessenen Aspekten sein. Als Erklärung für den Neuro-g-Faktor wird ein mathematisches multivariates dynamisches System abgeleitet: Die positive Mannigfaltigkeit ist hierbei ein Nebenprodukt der positiven Wechselwirkungen zwischen verschiedenen kognitiven Prozessen. Diese gingen eine Art von vorteilhafter und erleichternder Beziehung im Sinne eines Mutualismus ein und unterstützen sich gegenseitig in der Entfaltung, was schließlich zu positiven Korrelationen führt (Van der Maas et al., 2006). An anderer Stelle wird hingegen Intelligenz als ein Netzwerk von zusammenhängenden kognitiven Fähigkeiten und Wissensbestandteilen konzeptualisiert und als verdrahtete Intelligenz (»wired intelligence«) bezeichnet (Savi et al., 2019). Dieses erklärt sowohl die positive Mannigfaltigkeit als auch die hierarchische Struktur der Intelligenz. Neben dieser statischen, »verdrahteten« Sicht wird noch ein »dynamischer« Aspekt angenommen: ein sich entwickelndes Netzwerk, in dem neue Fakten und Prozesse miteinander verknüpft werden (»wiring intelligence«) (Savi et al., 2019).

Hirnstrukturelle Befunde

Es kommt wohl doch auf die Größe an: Intelligenz korreliert positiv mit Kopfgröße (r=.20) und intrakraniellem Volumen (r=.40) (Deary et al., 2010). Die *kortikale* Dicke, insbesondere im Präfrontalkortex und in den Temporallappen, hängen positiv (r=.14–.27) mit allgemeiner Intelligenz zusammen (Colom et al., 2006). Hinsichtlich *subkortikaler* Strukturen zeigt sich, dass das Volumen des Striatum (inkl. Nucleus Caudatus und Putamen) als Teil der Basalganglien positiv mit Intelligenz im Zusammenhang steht. Auch die Dicke des Corpus Callosum (insb. das Splenium) korreliert positiv mit Intelligenz (Deary et al., 2010; Kuhn et al., 2021).

Hirnstrukturell treten zudem Geschlechtsunterschiede auf: Bei Männern ist Intelligenz stärker mit dem Volumen der fronto-parietalen grauen Substanz korreliert, bei Frauen mit Volumen der weißen und grauen Substanz im Broca-Areal. Die Dicke von frontalen Regionen korreliert bei Frauen stärker mit Intelligenz, hingegen bei Männern die Dicke im temporal-occipitalen Bereich. Dies erscheint interessant, da Frauen und Männer sich in der Gehirngröße und der Struktur unterscheiden, jedoch nur vernachlässigbare Unterschiede in der Intelligenz zu finden sind (Haier et al., 2005). Deary und andere (2010) drückten es treffend aus, dass »*many neuronal roads to intelligence*« anzunehmen sind (S. 208).

Bei vielen dieser Gehirnstrukturen zeigt sich außerdem eine starke genetische Komponente, wie für die Volumina der grauen und weißen Substanz im Corpus Callosum, in Bereichen des frontalen und temporalen Kortex, im Broca-Areal und in Bezug auf das gesamte Hirnvolumen (Deary et al., 2010).

Hirnfunktionelle Befunde

Hirnfunktionell zeigt sich ebenfalls ein starker genetischer Einfluss, bspw. auf exekutive Funktionen oder die Verarbeitungsgeschwindigkeit (Posthuma et al., 2001). Insbesondere wird auch eine hohe Heritabilität hinsichtlich lokaler und globaler Netzwerke im Gehirn angenommen (Smit et al., 2008).

Intelligenz lässt sich vor allem durch eine *hirnfunktionelle Konnektivität* neuronaler Netzwerke beschreiben, anstatt nur durch eine isolierte kognitive Funktion. Dies wird als »*small-world-network*« bezeichnet, welches durch ein hohes Maß an Clusterbildung zwischen Knotenpunkten (Informationsverarbeitung im Kortex und in subkortikalen Strukturen) und kurzen Pfaden (Nervenfasern der weißen Substanz) gekennzeichnet ist und den für die hohe Intelligenz erforderlichen ungestörten Informationsfluss zwischen den beteiligten Hirnstrukturen ermöglicht (v. a. frontal, bilaterale untere Parietalregionen sowie linker oberer Temporallappen und unterer frontaler Gyrus[8]) (Li et al., 2009; van den Heuvel et al., 2009). Bei intelligenteren Menschen findet eine effizientere Informationsübertragung statt: Ein höherer IQ entspricht folglich einer höheren globalen Effizienz des anatomischen Netzwerkes. Außerdem lassen sich signifikant kürzere Pfadlängen in den Clustern bei höherer Intelligenz finden (Li et al., 2009). Gleichzeitig existieren

---

8 Besonders die frontalen und parietalen Gehirnregionen finden sich auch in dem »*default-mode-network*«, welches zentral für die Integration kognitiver und emotionaler Prozesse, dem Monitoring der Außenwelt und für das »*mind wandering*« ist (Raichle et al., 2001). Unter mind wandering versteht man einen Zustand des Gehirns in Abwesenheit von Aufgaben – im Sinne einer Baseline –, in welchem von einem Gedanken zum anderen »gewandert« wird (Mason et al., 2007).

mehrere Langstreckenverbindungen, welche ebenso eine starke globale Kommunikationseffizienz über das Netzwerk hinweg gewährleisten und Informationen zwischen verschiedenen Regionen des Gehirns integrieren; diese effizienten funktionellen Netzwerke sind folglich auf eine hohe Verarbeitungsgeschwindigkeit ausgelegt (van den Heuvel et al., 2009). Es gibt mittlerweile eine Vielzahl an Theorien, die sich von der Annahme, eine Gehirnregion sei wesentlich für die allgemeine Intelligenz, hin zu funktionellen Netzwerk-Theorien entwickelt haben, bspw. Parieto-Frontal Integration Theory (P-FIT) (Jung & Haier, 2007), Process Overlap Theory (POT) (Kovacs & Conway, 2016) oder Network Neuroscience Theory (NNT) (Barbey, 2018). Hohe Intelligenz hängt also nicht direkt mit der Ebene der lokalen Informationsverarbeitung oder der Gesamtzahl an funktionellen Verbindungen zusammen, sondern damit, wie effizient die globalen Verbindungen des Gehirns organisiert sind (Neubauer & Fink, 2009).

> Die neurokognitive Sicht kann für Patienten, die sich bisher wenig mit ihrer Hochbegabung auseinandergesetzt haben oder sie auf den reinen IQ-Wert reduzieren, als Perspektivenerweiterung für die Art des Denkens genutzt werden.

1.5 Wie sind Hochbegabte?

Die bisher dargestellten Inhalte sind Teil der sog. *expliziten Theorien*, mit klar operationalisierten Variablen auf Basis von theoretischen Modellen (Baudson, 2021b). Im Vergleich dazu stellen sog. *implizite Theorien (Laientheorien)* alltägliche Annahmen dar, welche zumeist erst dann überprüft werden, wenn danach gefragt wird (Sternberg & Zhang, 1995).

1.5.1 Laientheorien über Hochbegabte

In Laientheorien finden sich gehäuft kategoriale Auffassungen über Hochbegabte, d. h. die Annahme, sie unterscheiden sich qualitativ von durchschnittlich Begabten und würden demnach eine »Outgroup« darstellen (Baudson, 2021b).

Bei der sozialen Wahrnehmung, der Einschätzung anderer Personen, spielen zwei Dimensionen eine besondere Rolle: das individuelle Potenzial, also die (intellektuelle) Kompetenz einer Person und deren Umsetzung (»agency«/»competence«), sowie das soziale Miteinander, im Sinne einer Zugewandtheit oder Wärme, inwieweit die Person sich integriert und empathisch zeigt (»communion«/»warmth«) (Abele & Wojciszke, 2007). Diese beiden Dimensionen finden sich im sog. *Stereotype Content Model* (Cuddy et al., 2009), welches sich auch auf die Einschätzung Hochbegabter übertragen lässt. Da die Zuschreibung von hoher intellektueller Kompetenz und hohem Leistungspotenzial von Hochbegabten auch in Laientheorien unumstritten ist, verbleibt bei Stereotypen über Hochbegabte noch die divergierende

1 Hochbegabung – mehr als nur ein hoher IQ

Einschätzung bzgl. sozialer und emotionaler Kompetenzen (Baudson, 2021b). Folgt man dem Befund von Imhoff und Koch (2017), besteht zwischen »agency« und »communion« sogar eine kurvilineare Beziehung, so dass bei überdurchschnittlicher intellektueller Kompetenz eine niedrige Zugewandtheit anzunehmen wäre; dies entspräche der sog. *Disharmoniehypothese*. In der Literatur findet sich hierzu auch eine entgegengesetzte Annahme, die sog. *Harmoniehypothese*. Die offene Frage bleibt, inwieweit diese durch empirische Befunde wider- oder belegt werden können (▶ Abb. 1.4).

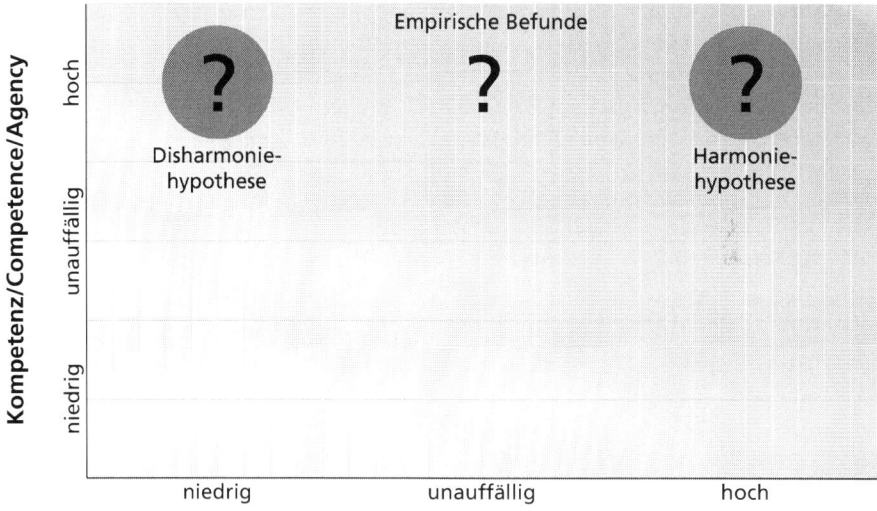

Abb. 1.4: Annahmen über Hochbegabte unter der Disharmonie- und der Harmoniehypothese entsprechend des Stereotype Content Models (angelehnt an Baudson, 2017b)

Gerade das Klischee des »verrückten Genies« hat eine lange Geschichte. Im 19. und beginnenden 20. Jahrhundert wurde im Rahmen der psychiatrisch-medizinischen Genieforschung angenommen, dass Hochbegabung mit maladaptiven Merkmalen, bspw. einem Mangel an sozial-emotionalen Fähigkeiten bis hin zu psychischen Auffälligkeiten, einhergehe (Preckel & Baudson, 2013). Obwohl heute fundierte wissenschaftliche Befunde die Disharmoniehypothese widerlegen, werden oft uneinheitliche Ergebnisse aus Studien – vor dem Hintergrund von terminologischen und methodischen Problemen – als Beleg für diese veraltete Annahme herangezogen (Preckel & Vock, 2021). Bergold und andere (2021) stellen auch heute noch fest, dass bedauerlicherweise in dieser Hinsicht »empirically based evidence does not necessarily become public knowledge« (S. 75). Sowohl bei Eltern (Friedl & Hoyer, 2014) und bei Lehrkräften (Baudson & Preckel, 2013/2016) als auch in einer repräsentativen deutschen Stichprobe (Baudson, 2016) lässt sich das Stereotyp des unangepassten und sozial-emotional problematischen Hochbegabten finden. Dies gilt besonders für männliche Schüler (Preckel et al., 2015). Als mögliche Erklärung wird auf die Darstellung von Hochbegabten in den Medien verwiesen: In Filmen, TV-Sendungen oder in der Belletristik werden zumeist äußerst begabte männliche Protagonisten[9] dargestellt, die wenige Freunde oder mangelhafte soziale Kompetenz haben, einzelgängerisch, missverstanden oder unsportlich sind (Bergold et al., 2021; Friedl & Hoyer, 2014).

Im Gegensatz dazu wird unter der Harmonieperspektive angenommen, dass Hochbegabte deutlich »psychisch stabiler, glücklicher, erfolgreicher und gesünder als durchschnittlich Begabte« seien (Preckel & Vock, 2021, S. 102). Diese Sicht wurde vor allem durch Ergebnisse der Längsschnittstudie von Terman[10] verstärkt; hierbei wird eine generelle Überlegenheit Hochbegabter postuliert, demnach auch im emotionalen und sozialen Bereich (Terman & Oden, 1959). In der aktuellen Literatur werden jedoch keine Hinweise für das stark harmonische Stereotyp (im Sinne eines »superhero bias« oder »saint bias« (Baudson, 2016, S. 7)) gefunden.

1.5.2 Empirische Befunde über Hochbegabte

Leistungsbezogene Merkmale

Im Durchschnitt erzielen Hochbegabte bessere Noten und sind schulisch sowie beruflich erfolgreicher[11]; dieser positive Zusammenhang ist vielfach belegt (Roth et al., 2015; Schlegler, 2022). In den Top-1%- und Top-0.5%-Stichproben der SMPY-Studie (vgl. Fußnote 10) erreichten 90% der Männer und 92% der Frauen einen Bachelor- (Basisrate in der Bevölkerung: 23%), 39% vs. 37% einen Masterabschluss (Basisrate: 7%) und 28% vs. 24% einen Doktorgrad (Basisrate: 1%) (Benbow et al., 2000). Für die Top-0.01%-Stichprobe galt, dass 93% im Alter von 23 Jahren einen Bachelorabschluss und sogar 31% bereits einen Master abgeschlossen hatten; 56% der Teilnehmer strebten einen Doktortitel an und 12% hatten diesen bereits im Alter von 23 Jahren erworben (Lubinski et al., 2001). Damit unterscheiden sich Hochbegabte auch innerhalb des oberen Prozents noch hinsichtlich ihrer akademischen Leistung. Es ist zu ergänzen, dass sich Leistung auf höchstem Niveau natürlich nur unter förderlichen Bedingungen entfalten kann. So zeigen Hochbegabte

---

9 Diskutiert werden hierbei die Film-Klassiker wie bspw. »Good Will Hunting (1997)« oder »A Beautiful Mind (2001)« (Friedl & Hoyer, 2014; aktuell ließen sich sicherlich noch die Figuren des »autistischen Nerds« Sheldon aus der TV-Serie »The Big Bang Theory (2007–2019)«, Sherlock Holmes aus der TV-Serie »Sherlock (2010–2017)« sowie der exzentrische William Sidis, die Romanfigur des Buches »Das Genie (2017)«, anführen. Im Film »Begabt (2017)« wird hingegen der Fokus auf die weibliche Grundschülerin Mary gelegt, wobei auch hier vermittelt wird, dass ein normales, sozial-integriertes Leben durch die außergewöhnliche mathematische Begabung nicht möglich erscheint.

10 Lewis Terman startete 1921/22 an der Stanford University in Kalifornien/USA die erste groß angelegte Längsschnittstudie mit Hochbegabten. Die Terman-Studie, die Study of Mathematically Precocious Youth (SMPY) und das Marburger Hochbegabtenprojekt gelten als wegweisende Längsschnittuntersuchungen von Hochbegabten (Preckel & Vock, 2021).

11 Wobei an dieser Stelle Untersuchungen zu sog. Underachievern (▶ Kap. 2.3) nicht berücksichtigt werden.

mit überdurchschnittlichen Leistungen auch eine erhöhte Selbstwirksamkeit und Gewissenhaftigkeit (Schneider & Preckel, 2017), haben ein deutlich positives, leistungsbezogenes Selbstkonzept im Vergleich zu durchschnittlich Begabten (Rost & Hanses, 2009) und positivere leistungsbezogene Kognitionen, wie bspw. hinsichtlich der Einschätzung eigener Fähigkeiten oder der Kontrolle über schulische Leistungen, wohingegen in Bezug auf die Leistungsmotivation sich keine Unterschiede zu nicht Hochbegabten ergeben (Schütz, 2009).

Sozial-emotionale Merkmale

Es lässt sich übergeordnet feststellen, dass Hochbegabte nicht sozial-emotional ungeschickter als durchschnittlich Begabte sind (Neihart et al., 2021). Im Gegenteil, hochbegabte Kinder werden als reifer und freundlicher eingeschätzt und lösen Konflikte häufiger verbal (Stapf, 2010). In Bezug auf Anzahl von Freunden, Zugehörigkeit zu einer Clique und Existenz eines guten Freundes fanden sich in der Marburger Hochbegabtenstudie (vgl. Fußnote 10) keine Gruppenunterschiede. Hinsichtlich Kontaktbereitschaft schätzten beide Begabungsgruppen das Item »Freunde zu haben ist mir sehr wichtig« sehr positiv ein, gleichzeitig war der Anteil der Hochbegabten deutlich höher, welche zudem das Item »Man sollte nicht zu viele Freundschaften haben« positiv bewerteten (Schilling, 2009). Dies wird im Zusammenhang mit einem reiferen Freundschaftskonzept diskutiert. Es wäre dabei anzunehmen, dass hochbegabte Personen das zeitliche und emotionale Engagement für enge freundschaftliche Beziehung im Sinne einer Kosten-Nutzen-Analyse berücksichtigen und mehr Wert auf tiefgreifende, qualitativ hochwertige Freundschaften legen (Schilling, 2009). Hochbegabte waren außerdem genauso empathisch und fähig zur Perspektivenübernahme wie die Vergleichsgruppe; insgesamt konnte ein unauffälliges bis sogar leicht positives Bild der sozialen-emotionalen Fähigkeiten hochbegabter Personen belegt werden (Freund-Braier, 2009).

Persönlichkeitspsychologische Merkmale

Bei der Einschätzung nach dem Big-Five-Modell[12] zeigte sich bei Hochbegabten eine signifikant höhere *Offenheit für Erfahrungen* und z.T. geringere Ausprägung bei *Neurotizismus*, demnach eine tendenziell höhere emotionale Stabilität; keine Unterschiede ergeben sich für *Gewissenhaftigkeit*, *Extraversion* und *Verträglichkeit* (Limont et al., 2014; Zeidner & Shani-Zinovich, 2011). In einer aktuellen Studie, in welcher Mensa-Mitglieder mit anderen Stichproben verglichen wurden, wird das sog. HEXACO-Modell zugrunde gelegt, welches die fünf Faktoren um einen sechsten Faktor »honesty-humility« erweitert, der insb. Aufrichtigkeit, Fairness, Ehrlichkeit und Demut erfasst (Fries et al., 2022). Während sich die Ergebnisse für die anderen fünf Faktoren weitgehend früheren Befunden gleichen, zeigte sich bei Hochbegabten der sechste Faktor der *Aufrichtigkeit/Fairness* höher ausgeprägt.

---

12 Siehe bspw. in Laux (2003).

Interessanterweise weist der Faktor Offenheit konzeptionelle Ähnlichkeit mit dem Motiv »*need for cognition*« (Cacioppo & Petty, 1982) auf, welches ebenfalls im Zusammenhang mit Hochbegabung diskutiert wird (Fleischhauer et al., 2010). Dieses Persönlichkeitsmerkmal lässt sich als »Wissensdurst« übersetzen, als Freude am Denken und Problemlösen. Es ist verbunden mit dem Aufsuchen von kognitiven Herausforderungen, höherer intrinsischer Motivation und zeigt sich stärker ausgeprägt bei Hochbegabten (Meier et al., 2014).

Schließlich soll die Persönlichkeitseigenschaft des *Perfektionismus* an dieser Stelle nicht unerwähnt bleiben. Denn in etlichen Einzelstudien oder populärwissenschaftlicher Literatur finden sich Aussagen wie: »Perfectionism is the most noteworthy personality characteristic associated with giftedness« (Silverman, 2007, S. 236). Die Studienlage hierzu ist jedoch inkonsistent, zumal sich die Untersuchungen darin unterscheiden, wie Perfektionismus definiert und gemessen wird (Neihart et al., 2021). Es ist ein multidimensionales Persönlichkeitskonstrukt, welches in eine adaptive und eine maladaptive Form aufgeteilt werden kann (Frost et al., 1993). Zum einen können perfektionistische Sorgen unterschieden werden, die mit der Angst vor Fehlern, Zweifel an den eigenen Fähigkeiten oder der wahrgenommenen Diskrepanz zwischen den eigenen Standards und den Leistungen einhergehen. Diese Form ist assoziiert mit Neurotizismus, akademischem Misserfolg, Prokrastination oder Burnout. Zum anderen gibt es die Manifestation der perfektionistischen Standards, welche mit hohen Erwartungen an sich selbst, Gewissenhaftigkeit, psychischer Anpassung, akademischer Leistung und Lebenszufriedenheit verbunden ist (Stricker et al., 2020). In zwei aktuellen Metaanalysen zeigte sich, dass Hochbegabte und durchschnittlich Begabte sich *nicht* signifikant hinsichtlich des maladaptiven Perfektionismus unterscheiden und Hochbegabte nur hinsichtlich der adaptiven Form leicht erhöhte Werte erzielen (Stricker et al., 2020; Ogurlu, 2020). Demnach ist Perfektionismus kein reiner hochbegabungsspezifischer Faktor oder ein problembehaftetes Merkmal Hochbegabter (Preckel & Vock, 2021).

Gesundheitsbezogene Merkmale

In der Prävalenz *psychischer Störungen* bei Hochbegabten im Vergleich zu durchschnittlich Begabten lassen sich *keine* Unterschiede feststellen (Freund-Braier, 2009). Hochbegabung gilt sogar als protektiver Faktor für die Entwicklung von internalisierenden und externalisierenden psychischen Problemen im Kindesalter (Francis et al., 2016). Allerdings unterliegen die Einzelbefunde etlichen nennenswerten Einschränkungen, u. a. divergierende Definition von Hochbegabung, Mangel an einer adäquaten Vergleichsstichprobe und unterschiedliche Messinstrumente für das Vorliegen von psychischen Störungen (Martin et al., 2010). Eine aktuelle Studie vergleicht Gruppen mit weit überdurchschnittlichem (> 2 SD), durchschnittlichem (innerhalb 2 SD) und weit unterdurchschnittlichem IQ (< 2 SD) miteinander (Williams et al., 2022): Auch hier zeigte sich keine erhöhte Prävalenz psychischer Störungen für Hochbegabte.

Hinsichtlich der *physischen Gesundheit* gibt es einige Hinweise, dass ein hoher IQ mit einer niedrigeren Mortalitätsrate im mittleren und hohen Lebensalter assoziiert ist, bspw. vermittelt über ein stärker ausgeprägtes Gesundheitsverhalten, wobei unterschiedliche Erklärungswege angenommen werden können und die Ergebnisse vorsichtig zu interpretieren sind (Batty et al., 2007).

Fazit

Die eingangs gestellte Frage, wie Hochbegabte sind, lässt sich nun differenziert beantworten. Empirische Befunde belegen keine qualitativen, sondern *quantitative* Unterschiede zwischen hochbegabten und durchschnittlich begabten Menschen. Um Stern und Neubauer (2016) aufzugreifen, sind Hochbegabte eben keine »Aliens« (S. 11), die sich in persönlichkeitspsychologischen Merkmalen gänzlich von anderen unterscheiden. Empirisch zeichnet sich – neben dem Beleg für die weit überdurchschnittlichen kognitiven Kompetenzen – ein ausgeglichenes Bild ab. Und obwohl negative Stereotype noch vielfältig zu kursieren scheinen, konnte Baudson (2016) immerhin zeigen, dass wenigstens ein Drittel der deutschlandweiten Repräsentativstichprobe Hochbegabte gemäß der empirischen Befundlage einschätzt. Sie fordert zudem an anderer Stelle eindrücklich auf, dass »Menschen, die Begabungen erkennen und fördern wollen, […] folglich nicht nur eine große Aufgeschlossenheit gegenüber den vielfältigen Manifestationsformen von (hoher) Begabung mitbringen [müssen], sondern auch die Bereitschaft, die eigenen Auffassungen und Ansichten immer wieder kritisch zu hinterfragen« (Baudson, 2021b, S. 129).

> In der Therapie sollte auch der Patient nach seinen eigenen impliziten Vorurteilen gegenüber Hochbegabten gefragt (▶ Kap. 4.3.1) und über die oftmals in den Medien favorisierte disharmonische Darstellung von Hochbegabten aufgeklärt werden. Es ist empfehlenswert, einen Überblick über die empirische Befundlage zu vermitteln, um den Patienten in der Auseinandersetzung mit der eigenen Begabung, der Akzeptanz dieser oder der Entscheidung, wem gegenüber er sich als hochbegabt »outen« möchte, zu unterstützen.

2 Hochbegabt ist nicht gleich hochbegabt

Es gibt also weder *die* typische Hochbegabungspersönlichkeit noch *die* typische hochbegabte Person. Im Folgenden werden unterschiedliche Aspekte, welche bei einigen Hochbegabten zutreffen können und für den therapeutischen Kontext als relevant eingeschätzt werden, unter wissenschaftlich fundierter Perspektive vorgestellt. Anschließend wird im weiteren Voranschreiten des Buches der Fokus auf den individuellen Erlebens- und Erfahrungskontext gerichtet (▶ Teil II).

2.1 Hochsensible Hochbegabte

Während in der englischsprachigen Literatur vornehmlich beim Thema Hochsensibilität das Konzept der Overexcitability (OE) nach Dabrowski im Zusammenhang mit Hochbegabung herangezogen wird (bspw. Daniels & Piechowski, 2008), so findet sich in deutschsprachigen Büchern eher der Bezug zur Hochsensibilität nach Aron und Aron (bspw. Germann-Tillmann et al., 2021). Im Folgenden werden deshalb beide Konzepte ausführlich beschrieben.

2.1.1 Overexcitability nach Dabrowski

Das Konzept der OE, der sog. »Übererregbarkeit«, entstammt der Theorie der Positiven Desintegration (1964) des polnischen Psychologen und Psychiaters Kazimierz Dabrowski (Dabrowski, 2016). Während seine Theorie die Persönlichkeitsentwicklung im Allgemeinen beschreibt und sich explizit nicht nur auf intellektuell Hochbegabte bezieht, wird an manchen Stellen das Konzept der OE oftmals mit Hochbegabung gleichgesetzt; das bloße isolierte Betrachten der OE als atheoretisches Konstrukt kann allerdings dazu führen, dass die originäre Einbettung verwässert (Mendaglio, 2010/2012).

Dabrowski beschreibt den Entwicklungsprozess einer Person als positive Desintegration, durch die eine höhere Persönlichkeitsstruktur eine niedrigere ersetzt (Ackerman, 2009). Dabei nehmen Emotionen eine besondere Rolle ein und innerpsychische Konflikte in der Auseinandersetzung mit sich und der Umwelt sind notwendig für das innere Wachstum (Dabrowski, 2016). Er skizziert demnach eine alternative Sicht auf psychische Störungen, denn Enttäuschung, Wut, Angst oder depressive Symptome können Zeichen für die persönliche Weiterentwicklung sein (Webb, 2020). Die Persönlichkeitsentwicklung verläuft hierbei in fünf Stufen; bei deren letzter ist die innere psychische Transformation erfolgt, die Person handelt authentisch, autonom, lebt in Harmonie mit dem Idealselbst, übernimmt Eigenverantwortung und Verantwortung für andere (Ackerman, 2009). Für diese Entwicklung ist das Vorhandensein der OE unabdingbar (Mendaglio, 2010). Dabrowski stellte fest, dass einige Menschen konsistent mit starker Intensität auf externale und internale Reize reagieren. Diese unverhältnismäßige Reaktion im Vergleich zum vorliegenden Reiz gehe auf eine erhöhte Erregbarkeit des zentralen Nervensystems zurück und stelle ein ererbtes Merkmal dar (Ackerman, 2009; Mendaglio, 2010). Sie äußert sich in fünf Formen mit charakteristischen Erlebens- und Verhaltensweisen (▶ Tab. 2.1).

Tab. 2.1: Die fünf Formen der Overexcitability nach Dabrowski

Bezeichnung	Beschreibung (Mendaglio, 2010; Piechowski & Wells, 2021)
psychomotorisch	Äußert sich in einem Überschuss an Energie, in Bewegungsdrang, Impulsivität, schnellem Sprechen, aber auch nervösen Angewohnheiten; es entspricht einer erhöhten Energie im neuromuskulären System.
sensorisch	Zeigt sich durch besondere Freude an sinnlichen und ästhetischen Eindrücken, wie bspw. durch das Berühren von Objekten/Texturen, das Hören von Musik/Tönen oder das Schmecken von Essen; es kann aber auch mit unangenehmen Gefühlen einhergehen.
imaginativ	Äußert sich in starker Vorstellungskraft, Assoziation von Bildern, Denken in Metaphern oder klarer Visualisierung; es kann sich auch in detaillierten (Alb-)Träumen oder Angst vor dem Unbekannten manifestieren und ist mit einer niedrigen Toleranz für Langeweile verbunden.
intellektuell[13]	Zeichnet sich durch eine hohe kognitive Aktivität aus, dem Drang, Fragen zu stellen, Dingen auf den Grund zu gehen, Beschäftigung mit Problemen, Wissensdurst oder Neugier.
emotional	Zeigt sich in intensiven Gefühlen, beinhaltet die Kapazität für intensive Beziehungen zu anderen oder Objekten/Orten, aber auch Sorge um andere, Mit- und Verantwortungsgefühl; es kann sich bspw. auch in Depression, einem hohen Sicherheitsbedürfnis oder Schüchternheit äußern.

In einer Meta-Studie untersuchten Winkler und Voight (2016), ob es nun statistisch signifikante Gruppenunterschiede zwischen Hoch- und durchschnittlich Begabten in einer oder mehreren OEs gibt. Insgesamt erzielte die Hochbegabtengruppe in allen fünf Formen höhere Werte. Auch wenn diese Ergebnisse einen Zusammenhang zwischen OE und Hochbegabung zeigen, ist es »not clear what this entails for the gifted population« (S. 251), denn die Befundlage ist über etliche Studien hinweg

---

13 Diese Form der OE darf nicht mit Hochbegabung gleichgesetzt werden; es geht um die gesteigerte Erregbarkeit, jedoch nicht um die intellektuelle Funktionsfähigkeit (Mendaglio, 2012).

eher heterogen denn einheitlich (Winkler & Voight, 2016). Dennoch reagieren und erleben sich viele Hochbegabte intensiv und setzen sich mit Dingen um sich herum eindringlich auseinander (Daniels & Piechowski, 2008). Sind OEs höher ausgeprägt und wird demnach bereits auf Reize reagiert, welche nicht hochbegabte Personen (noch) nicht wahrnehmen, oder fällt die Reaktion auf Reize intensiver aus, können Hochbegabte abweichend von anderen wahrgenommen werden (Szymanski & Wrenn, 2019).

> **Exkurs: Hyper Brain/Hyper Body Theory**
>
> Karpinski und andere (2018) beziehen sich in ihrer Untersuchung auf die erhöhte Reagibilität des zentralen Nervensystems im Rahmen der OE bei Hochbegabten. Sie nehmen an, dass *alle* Hochbegabten auf normale Stimuli physisch und psychisch intensiver reagieren würden, was zu chronischem Stress via Sympathikusaktivierung führen könne und eine Immundysregulation nach sich ziehe. Allerdings verweisen die Autoren lediglich auf drei Untersuchungen aus den Jahren 1966, 1985 und 1986 und ergänzen nicht, dass – nach aktueller Recherche – keine weitere zwischenzeitliche Publikation hierzu zu finden ist. Zudem beschreiben sie ebenfalls signifikant erhöhte Auftretensraten für Affektive und Angststörungen, ADHS und Autismus, was sich in der Literatur jedoch nicht eindeutig belegen lässt (▶ Kap. 1.5). Sie stellen ihre Hyper-Brain-/Hyper-Body-Theorie vor, in welcher sie einen vermittelnden Zusammenhang von Hochbegabung über »rumination« und »worrying« hin zu sog. »psychological OEs« sehen. Diese würden über eine chronisch aktivierte Stressachse zu sog. »physiological OEs« (neuroinflammatorischen/autoimmunen Erkrankungen) führen, wobei auch letztere auf psychische Erkrankungen verstärkend rückwirken. Sie beziehen sich dabei auf Untersuchungen, welche einen Zusammenhang zwischen Autoimmunerkrankungen oder Allergien mit ADHS und Autismus aufzeigen (Kaas et al., 2021). Auch auf den nachgewiesenen Zusammenhang zwischen erhöhtem ruminativem Verhalten und Depression oder Generalisierter Angststörung (GAS) wird verwiesen (Karpinski et al., 2018). Im Vergleich dazu zeigen Segerstrom und andere (2017) auf, dass zwar intelligentere Menschen ein erhöhtes Auftreten von »*repetitive thoughts*« (worry, planning, processing, reflection, rumination) haben, dieses erhöhte kognitive Engagement jedoch mit einer Bandbreite an regulatorischen Strategien einherzugehen scheint, was sowohl die psychische als auch die physische Gesundheit begünstigt. Sie fanden interessanterweise heraus, dass »individuals with higher IQ had lower levels of IL-6, a proinflammatory cytokine that is associated with health risk in older adults« (S. 761). Aktuell wurde die Diskussion um »Hyper Brain/Hyper Body« sogar im Rahmen der Covid-19-Pandemie wieder aufgegriffen[14]. Würde diese Hypothese

---

14 Hull und andere (2021) beziehen sich u. a. auf die o. g. Ergebnisse und beschreiben eine potenzielle psychoneuroimmunologische Vulnerabilität bei hochbegabten Kindern, insbesondere für PIMS (Pediatric Inflammatory Multisystem Syndrome) als Folge einer SARS-CoV-2-Infektion. Dieses Erkrankungsbild hat am Beginn der Pandemie in der Berichterstattung für Schlagzeilen gesorgt.

zutreffen, müssten Hochbegabte *allgemein* ein erhöhtes Risiko für Allergien und Immunerkrankungen zeigen. In einer aktuellen Untersuchung zeigen sich jedoch nur erhöhte Prävalenzen für *einige* Allergien, bspw. Nahrungsmittel, jedoch nicht für Heuschnupfen oder Asthma (Williams et al., 2022). Nach aktuellem Stand bedarf es noch weiterer Studien, um die Hyper-Brain-/Hyper-Body-Theorie zu prüfen.

Möglichkeit der Erfassung der OE

Rost und andere (2014) entwickelten die deutschsprachige Version des Overexcitability Questionnaire-II (OEQ-D), welcher ursprünglich von Falk und anderen (1999) (OEQ-II) konzipiert wurde. Anhand von mehreren Studien, allerdings mit Jugendlichen der 9.–11. Jahrgangsstufe, wurden nicht geeignete Items aus der originären 50-Item-Version eliminiert und die fünf Skalen (entsprechend den fünf OEs) konnten repliziert werden. Jedoch korrelieren einige Skalen miteinander, so dass der Fragebogen wohl nicht die von Dabrowski postulierten fünf unabhängigen Konstrukte in Reinform erfasst und die Bildung eines Gesamtwertes wenig Sinn ergibt (Rost et al., 2014).

Unter dem ressourcenorientierten Blickwinkel nach Dabrowski gewinnt eine erlebte Intensität bei Hochbegabten eine andere Konnotation. Auch wenn einige Hochbegabte intensivere Gefühle oder mehr innere Konflikte erleben, verstärkt über den Sinn reflektieren, mit Desillusionierung und Enttäuschung zu kämpfen haben (vgl. auch Webb, 2020), kann dies Teil einer persönlichen Weiterentwicklung sein. Vielleicht ist es vergleichbar mit dem »Zahnen bei kleinen Kindern« oder mit »Steinen auf dem Weg zu einem höheren Ziel«. Es ist ein notwendiger Schritt im persönlichen Prozess, welcher auch mit seinen Herausforderungen der Person nicht abgenommen werden kann/sollte. Oftmals ist »nur« eine angemessene Begleitung hilfreich, um Mut zu machen, durch diese Schwierigkeit hindurchzugehen und vor dysfunktionaler Entwicklung zu schützen.

2.1.2 Hochsensibilität nach Aron & Aron

Der Begriff der »*highly sensitive person*« (HSP) mit dem zugrundeliegenden Temperamentsmerkmal »*sensory-processing sensitivity*« wurde von Aron und Aron geprägt und eingeführt (Aron & Aron, 1997). Diese Hochsensibilität drückt sich als Wahrnehmung von Feinheiten bei Reizen sowie als Potenzial aus, von zu starken Reizen überwältigt zu werden (Aron, 2014, S. 25 f.), bspw.: Hochsensible …

- »… ziehen es vor, sich eine Zeit lang am Rande einer Situation zu halten, ehe sie sich hineinstürzen […].«
- »… nehmen Feinheiten und kleine Veränderungen wahr.«

- »… möchten jedes Detail und jede mögliche Folge bedenken, ehe sie handeln […].«
- »… haben bei einer ungünstigen Umgebung in der Kindheit oder im Erwachsenenalter größeren Schaden erlitten […].«
- »… empfinden ungewöhnlich großen Stress bei Veränderungen.«

Hochsensibilität geht mit einer intensiveren zentralnervösen Verarbeitung von internen und externen Stimuli und damit einer stärkeren Erregbarkeit einher (Blach & Egger, 2014). Es ist ein angeborenes Wesensmerkmal, welches bei ca. 15–20 % aller Personen vorkommt (Aron, 2014); neuere Ergebnisse zeigen sogar einen Anteil von 20–31 % (Herzberg et al., 2022).

Aron und Aron (1997) entwickelten einen Fragebogen, die Highly Sensitive Person Scale (HSPS), und gingen von einem 1-faktoriellen-Modell aus. Es wurden auch Belege für 2-faktorielle-Modelle gefunden (Evans & Rothbart, 2008), ebenso wie für 3- und 4-faktorielle-Modelle (Konrad, 2015). Blach und Egger (2014) haben die HSPS ins Deutsche übersetzt (»Fragebogen zur Feinfühligkeit«) und gingen in ihrer Evaluierung von 6 Faktoren aus[15]. Zusammenfassend lässt sich auch bei diesem Konzept eine Multidimensionalität feststellen, welche im Original (noch) nicht vermutet wurde.

Nach eingehender Recherche findet sich lediglich eine Studie, in der explizit das Konstrukt mittels der HSPS in der Originalversion im Zusammenhang mit Hochbegabten untersucht wird. Rinn und andere (2018) zeigten für eine Hochbegabten-Stichprobe eine 2-Faktor-Lösung, korrelierten die Skalen sogar mit der Skala der sensorischen OE aus dem OEQ-II. In ihrer abschließenden Diskussion wiesen sie jedoch selbst darauf hin, dass es deutlich mehr Forschung bedarf, um vor allem die beiden Konstrukte – Hochsensibilität und Overexcitability – zu trennen und für die Gruppe der Hochbegabten fundierte Aussagen treffen zu können. Einen aussagekräftigen Wert, wie viele Hochbegabte auch zudem hochsensibel sind, scheint es aktuell nicht zu geben. Umso verwunderlicher ist es, dass im deutschen Sprachraum Bücher veröffentlicht werden, die für Hochbegabte und Hochsensible *gleichermaßen* geschrieben und deren Inhalte leider nicht mehr für die jeweiligen Gruppen (die Hochbegabten, die Hochsensiblen oder die hochsensiblen Hochbegabten) differenziert werden. Dadurch wird vereinfacht angenommen, dass sich jemand mit vorliegender Hochsensibilität (nach Aron & Aron) auch mit allen Facetten im Zusammenhang mit Hochbegabung und vice versa identifizieren kann/soll, was beide Konzepte mehr als verwässert[16]. Und dennoch lässt sich annehmen: Sind ca. 20 % aller Menschen hochsensibel, gibt es folglich auch Hochbegabte, für die dieses Merkmal zutrifft.

---

15 Konrad und Herzberg (2017) erstellten eine eigene deutschsprachige Fassung – German version of the Highly Sensitive Person Scale (HSPS-G) – mit einer 3-Faktoren-Struktur. Satow (2022) entwickelte einen gänzlich neuen Fragebogen zur Hochsensibilität.

16 Für interessierte Leser sei auf das Phänomen des »concept creep« hingewiesen, welches von Haslam (2016) beschrieben wurde. Psychologische Konzepte erleben eine Art semantische Inflation, wodurch sie schließlich auf ein breiteres Spektrum als ursprünglich definiert bezogen werden.

Krampen und van Randenborgh (2023) weisen in ihrem jüngst erschienenen Artikel darauf hin, dass das Temperamentsmerkmal als unabhängiges Phänomen zu betrachten ist und die wissenschaftlichen Befunde einen klaren Beleg hierfür geben. Oftmals werde aktuell dieses Konzept durch die Vielzahl an Ratgebern mit teils esoterisch-spiritueller Sichtweise eher als unwissenschaftlich abgestempelt. Die Autoren sprechen sich jedoch bei hochsensiblen Patienten für eine individualisierte Wahrnehmung von Psychopathologie und Lernerfahrungen sowie die angemessene Berücksichtigung in der Psychotherapie aus: »Wir empfehlen, beim Einbezug von Hochsensitivität in die Psychotherapie unbedingt ressourcenorientiert – mit Betonung von Kreativität, Empathie und Offenheit – sowie entpathologisierend vorzugehen« (S. 145). Diese Entwicklung ist äußerst begrüßenswert, lehnt sie sich doch an die moderne Sichtweise einer evidenzbasierten individualisierten Psychotherapie an, in welcher die Auswahl geeigneter Interventionen nicht ausschließlich störungsorientiert erfolgt, sondern vor allem die individuellen Patientenmerkmale berücksichtigt werden (Brakemeier & Herpertz, 2019).

> Weder OE noch Hochsensibilität sind psychische Störungen und bedürfen erst einmal keiner Behandlung. Gehört ein Hochbegabter jedoch dieser Gruppe an, ist es für das Erfassen der subjektiven Erfahrungen (bspw. im Rahmen der Anamneseerhebung oder beim Erstellen eines SORK-Modells) durchaus zielführend, intensive Reaktionen nicht vorschnell zu pathologisieren und in einen nachvollziehbaren theoretischen Kontext zu setzen. Trotz aller testtheoretischer Einschränkungen ist auch ein Screening mit einem jeweiligen Fragebogenverfahren empfehlenswert.

2.2 Hochbegabte unterschiedlichen Geschlechts bzw. LGBTQ

Gleichwohl Geschlechtsunterschiede in Bezug auf Hochbegabung häufig untersucht werden und die Fragestellung in Studien eine lange Tradition hat, wird der Genderaspekt oder die sexuelle Identität oft nur geringfügig bis gar nicht beleuchtet (Hutcheson & Tieso, 2014). Im Folgenden werden deshalb beide Perspektiven berücksichtigt.

2.2.1 Geschlechtsunterschiede bei Hochbegabten

Hyde (2005) publizierte in ihrer Meta-Studie Belege für die sog. *Gender-Similarity-Hypothese*. Beide Geschlechter unterscheiden sich demnach kaum in den meisten psychologischen Variablen: 30 % der Effektstärken sind $d \leq .10$, liegen folglich nahe null, und 48 % sind nur klein zwischen $d = .11 - .35$ (Hyde, 2005). Insbesondere für kognitive Fähigkeiten und die allgemeine Intelligenz können keine bedeutsamen Geschlechtsunterschiede nachgewiesen werden, d. h., es gibt ungefähr gleich viele hochbegabte Frauen und Männer (Endepohls-Ulpe, 2012). Viele Merkmale zeigen bei Männern im Allgemeinen jedoch eine größere Varianz (*Greater-Male-Variability-Hypothese*), weshalb diese an den Rändern einer Merkmalsverteilung überrepräsentiert sind; allerdings werden in den letzten Jahrzehnten die Unterschiede im weit überdurchschnittlichen IQ-Bereich kleiner und die Geschlechtsunterschiede scheinen von soziokulturellen Faktoren abhängig zu sein (Bergold et al., 2017). In einer Meta-Studie aus dem Jahr 2010 wurden Gesamtvarianzverhältnisse von gerade einmal 1.07 und 1.09 zugunsten der männlichen Schüler für den Bereich Mathematik gefunden, so dass nicht von einer übergreifenden größeren männlichen Variabilität in diesem Bereich ausgegangen werden kann (Lindberg et al., 2010). Vielleicht spielt die Wahl der Art des IQ-Tests eine Rolle, warum in manchen Untersuchungen ein Ungleichgewicht zwischen den Geschlechtern gefunden wird. Mädchen/Frauen lehnen Wettbewerbssituationen eher ab und schneiden durch mehr Gründlichkeit und Genauigkeit bei zeitbegrenzten Aufgaben tendenziell schlechter ab (Endepohls-Ulpe, 2012). Dementsprechend konnte gezeigt werden, dass es Geschlechtsunterschiede hinsichtlich der Identifizierung Hochbegabter in Abhängigkeit von den Bewertungskriterien gibt (Petersen, 2013).

In Bezug auf Interessen zeigen sich hingegen auch bei hochbegabten Personen die in der Literatur belegten deutlichen Geschlechtsunterschiede, welche sich auf der sog. *People-versus-Things-Dimension* einsortieren lassen (Preckel & Vock, 2021). Gerade Frauen sind in den STEM-Disziplinen (dt. MINT-Disziplinen)[17] weiterhin unterrepräsentiert: Es finden sich hinsichtlich der Interessen für spezifische Wissenschaftsdomänen Geschlechtsunterschiede bei Physik (d=.56), Mechanik und Elektronik (d=1.21) und Ingenieurwesen (d=.83) zugunsten der Jungen und bei medizinischem (d=-.40) und sozialem Dienst (d=-.33) zugunsten der Mädchen, wohingegen sich kein signifikanter Unterschied in Biologie und Medizin zeigte (Su & Rounds, 2015). Männer haben zudem mehr realistische und investigative Interessen, welche eher in MINT-Disziplinen verwirklicht werden können; Frauen zeigen im Vergleich dazu mehr künstlerische oder soziale Interessen (Su et al., 2009). Hinsichtlich der Interessensvielfalt erreichen hochbegabte Mädchen höhere Werte, sind folglich vielseitiger interessiert (Hoberg & Rost, 2009).

Da für die spätere Berufswahl Interessen und Werte gleichermaßen wichtig sind, könnten diese Interessensunterschiede eine Erklärung dafür darstellen, dass sogar mathematisch begabte Frauen sich andere Tätigkeitsfelder als MINT suchen (s. a. Theorie der Rollenkongruenz nach Diekman[18]), um ihre Bedürfnisse mit anderen zusammenzuarbeiten oder anderen zu helfen, ausleben zu können (Ferriman et al., 2009; Keller et al., 2022). Diese Interessensunterschiede sind altersstabil und bilden

---

17 STEM steht als Akronym für »science«, »technology«, »engineering« und »mathematics«; im Deutschen wird dieser Bereich als MINT bezeichnet und meint als Akronym »Mathematik«, »Informatik«, »Naturwissenschaften« und »Technik«.
18 Nach der sog. *role congruity theory* beeinflussen die Geschlechterrollen in einer Gesellschaft die entsprechenden Ziele der jeweiligen Individuen; d. h., soziale Rollen werden eingenommen, um die entsprechenden beruflichen und/oder familiären Ziele zu erfüllen (Diekman et al., 2010).

sich bereits in jungen Jahren heraus (Su et al., 2009). Die Wahl des Studienfachs erfolgt ebenso stark geschlechterstereotypisiert und zwischen den einzelnen MINT-Fächern lassen sich ferner Unterschiede erkennen (Quaiser-Pohl, 2012): Während in Chemie und Mathematik zunehmend mehr Frauen vertreten sind, präsentieren sich Physik und Astronomie noch als die »männlichsten« Fächer. Weibliche »MINT-Rollenmodelle« (S. 77) werden zudem kaum in den Medien abgebildet und stellen somit leider noch eine große Ausnahme dar (Heilemann et al., 2012).

Gegebenenfalls wirkt auch noch ein weiterer Aspekt hinein: (Hochbegabte) Mädchen und Frauen werden hinsichtlich ihrer Identität und ihrer Selbstwahrnehmung mehr von sozialen Aspekten geleitet und heben bei Selbstbeschreibungen eher Verbundenheit mit anderen denn Unabhängigkeit betonende Eigenschaften für den Charakter hervor (Endepohls-Ulpe, 2012). Dieses Bedürfnis nach Eingebundensein – im Sinne einer sozialen Bezogenheit – kann nach Silverman und Miller (2009; zit. nach Endepohls-Ulpe, 2012) dazu führen, dass Mädchen sich eher an Peers anpassen – quasi »unsichtbar« (S. 114) werden – und sich nicht trauen, ihr Leistungspotenzial auszuschöpfen. Sie wollen andere nicht verletzen oder zu aggressiv erscheinen. Auch wenn das Bedürfnis nach Eingebundensein vorhanden ist, gibt es gleichzeitig Hinweise, dass Frauen unter diesem Stereotyp leiden und sich in ihrer Entwicklung eingeengt fühlen, sie folglich ein Spannungsfeld zwischen sozialem Eingebundensein und Entfaltung ihres intellektuellen Potenzials erleben (Reis & Sullivan, 2009). Aber auch bei hochbegabten Jungen kann sich in Bezug auf das Einnehmen der Genderrolle ein Konflikt zeigen: Um die Männlichkeit in einer Peergroup zu erfüllen, sich als »ein typischer Junge zu verhalten«, zeigen sie schlechtere Leistungen im Verhältnis zu ihrem Leistungspotenzial (Kerr & Multon, 2015).

Resümierend lässt sich festhalten, dass sich Frauen und Männer in Bezug auf die Hochbegabung selbst eher gleichen denn unterscheiden. Neihart und andere (2021) schlagen vor, »to view gifted boys and girls as gifted *individuals* […] rather than overly emphasize male-female dualities« (S. 24).

2.2.2 Hochbegabt und LGBTQ

Auch bei Hochbegabten ist relevant, inwieweit bei welcher sexuellen oder Geschlechtsidentität welche Genderrollen eingenommen werden und wie traditionell, d. h. heteronormativ[19], oder wie breit diese angelegt sind und welche Unterschiede sich daraus ergeben können (Kerr & Multon, 2015). In der sog. Millennial-Generation (Geburtsjahrgänge 1980–1994) werden Geschlechtsidentität oder sexuelle Identität im Vergleich zu früheren Generationen fluider und veränderlicher wahrgenommen und es zeigt sich eine größere Toleranz gegenüber der Vielzahl von Kombinationen; als Beispiel führen Kerr und Multon (2015) einen 20jährigen Studenten an, dessen biologisches Geschlecht männlich ist, der eine Geschlechts-

---

19 »Heteronormativität beschreibt die (weitgehend) unreflektierte gesellschaftliche Norm des ausschließlich gegengeschlechtlichen Begehrens (Heterosexualität), die als naturgegeben angesehen wird« (Landeshauptstadt München, Glossar, 2021, S. 5).

identität als Frau hat (möchte als »sie« angesprochen werden) und bisexuell ist. Nach einer aktuellen Infografik von Statista (Zandt, 2022) identifizieren sich 7 % der ab 1995 geborenen volljährigen Deutschen als homo- oder bisexuell und 3 % als pansexuell[20], asexuell[21] oder queer[22], so dass von ca. 10 % LGBTIQ[23] in dieser Generation ausgegangen werden kann. In zurückliegenden Generationen lag dieser Anteil noch geringer (bspw. in der Generation ab Jahrgang 1946–1964 bei insg. 3 %).

Für die LGBTQ-Gruppe wurden höhere Prävalenzen für psychische Störungen mehrfach belegt (Cochran et al., 2003; Liu et al., 2019). Transgender und genderdiverse Personen sind zudem ca. 3- bis 6-mal häufiger autistisch im Vergleich zu Cis-Personen[24] und weisen eine erhöhte Prävalenz für neurologische und psychiatrische Erkrankungen auf (bspw. ADHS, Depression, Zwangsstörung) (Warrier et al., 2020). Auch Rutkovsky (2021) gibt auf der Internetseite SENG (Supporting Emotional Needs of the Gifted) den Hinweis, dass neurodivergente Personen sich häufiger als LGBTQ identifizieren als neurotypische (zu den Begriffen »neurotypisch« und »-divergent« ▶ Kap. 2.6). Es findet sich in der Literatur auch das Argument, hochbegabte Jugendliche würden sich weniger »klassisch« an soziale Normen anpassen und mehr Ambiguität und Diversität akzeptieren als ihre Peers (Wexelbaum & Hoover, 2014).

Hochbegabte Personen, die zudem noch LGBTQ sind, unterscheiden sich in diversen Aspekten von ihren Peers, so dass es sinnvoll erscheint, die Interaktion beider Merkmale zu betrachten (Hutcheson & Tieso, 2014). Jedoch dürfen die im Folgenden dargestellten Inhalte aufgrund der spärlichen Studienlage nicht unreflektiert verallgemeinert werden (Dunne, 2023). In einem aktuellen Literaturreview (»gifted and LGBTQ«) fasst Dunne (2023) zusammen, dass vor allem Themen der Identitätsfindung und -entwicklung, die Beziehung zu den Peers und die Auswirkung von sozialer Unterstützung (seitens Eltern, Lehrer, Peers etc.) besonders relevant erscheinen. Wird die spezifische Gruppe von hochbegabten LGBTQ-Personen näher untersucht, ist häufig die Frage, inwieweit die Hochbegabung einen positiven

---

20 Bezeichnet eine sexuelle Identität, bei welcher Personen sich sexuell, emotional, romantisch oder spirituell zu anderen hingezogen fühlen in Unabhängigkeit vom biologischen Geschlecht oder der Geschlechtsidentität, d. h., dazu gehören auch trans- oder intersexuelle Personen (Rice, 2015).
21 Asexuelle Menschen fühlen sich von anderen nicht sexuell angezogen, können aber durchaus romantische Beziehungen eingehen oder nehmen an sexuellen Aktivitäten teil (Brunning & McKeever, 2021).
22 Queer wird als Sammelbegriff für alle nicht-heterosexuellen und cis-geschlechtlichen (die empfundene Geschlechtsidentität stimmt mit dem geburtlichen Geschlecht überein) verwendet (Landeshauptstadt München, Glossar, 2021)
23 LGBTIQ steht als internationale Abkürzung für Lesben, Schwule, Bisexuelle, trans-, interund queere Menschen, wobei oftmals auch noch der sog. Genderstern (LGBTIQ*) hinzugefügt wird, um die Vielzahl an Möglichkeiten für sexuelle und geschlechtliche Identitäten zu symbolisieren (Landeshauptstadt München, Glossar, 2021). Im Folgenden wird jedoch die Abkürzung LGBTQ verwendet, da sich die Studien mit Hochbegabten vornehmlich auf lesbische, schwule, bisexuelle, trans- und queere Personen beziehen. Die im Folgenden beschriebenen Ergebnisse sollten demnach nicht unreflektiert auf intergeschlechtliche hochbegabte Menschen übertragen werden.
24 Personen, bei denen die Geschlechtsidentität mit dem bei der Geburt zugewiesenen Geschlecht übereinstimmt (Landeshauptstadt München, Glossar, 2021).

Effekt auf die Bewältigung von emotionalen Anforderungen als Folge der komplexen Identitätsfindung und der bedauerlicherweise häufig vorkommenden Ausgrenzungs- und Mobbingerfahrungen darstellt (Hutchenson & Tieso, 2014). In qualitativen Studien wurde aufgezeigt, dass die hochbegabten LGBTQ-Personen sich zwar genauso isoliert und stigmatisiert fühlen, wie von nicht hochbegabten LGBTQ-Personen berichtet wird, sie jedoch verschiedene soziale Copingstrategien anwenden, bspw. sich zugewandte Freundschaftsgruppen zu suchen, an extracurricularen Aktivitäten teilzunehmen oder sich differenzierter mit der eigenen sexuellen oder geschlechtlichen Identität auseinanderzusetzen (Hutcheson & Tieso, 2014; Lo et al., 2022). Es wird folglich angenommen, dass die Hochbegabung als eine Art Resilienzfaktor wirken könne. Wobei sich diese nicht übergreifend positiv auf den eigenen Auseinandersetzungsprozess auszuwirken scheint. In einer explorativen Studie hat sich nämlich gezeigt, dass sich die Hochbegabtengruppe ihres LGBTQ-Status deshalb nicht früher als die Gruppe der nicht Hochbegabten bewusst wurde und sie – ähnlich wie die durchschnittliche LGBTQ-Gruppe – mit den Herausforderungen des Coming-out-Prozesses zu kämpfen hatte (Tuite et al., 2021). Hochbegabte LGBTQ-Personen »may feel torn between balancing various aspects of their identity« (Dunne, 2023, S. 60). Gerade ohne unterstützendes soziales Umfeld können Personen dieser Gruppe vielfältige Herausforderungen erleben, bspw. ob, in welchem Ausmaß und in welchen sozialen Beziehungen sie sich mit den diversen Identitätsaspekten zeigen oder anpassen (im Sinne eines »masking«), was wiederum Auswirkungen auf die psychische Gesundheit hat (Dunne, 2023). Resümierend lässt sich festhalten, dass es sowohl im Jugend- als auch im Erwachsenenalter adäquate Unterstützung und geschulte Therapeuten braucht[25].

> Die dargestellten Befunde lassen zwar erste Aussagen über hochbegabte LGBTQ-Personen zu, beruhen jedoch fast ausschließlich auf selektiven, kleinen Stichproben mit vorwiegend Jugendlichen oder retrospektiven Einschätzungen von Erwachsenen (Dunne, 2023). Therapeuten sollen dennoch für diese Gruppe von Hochbegabten sensibilisiert werden, die in zweifacher Hinsicht einer Minorität angehören und spezifische Erfahrungen über die Lebensspanne sammeln können (▶ Kap. 4.3).

2.3 Hochbegabte Underachiever

Liegt die gezeigte Leistung einer Person über längere Zeiträume hinweg niedriger als aufgrund des intellektuellen Potenzials zu erwarten wäre, spricht man von sog. *hochbegabten Underachievern* (Greiten, 2021). Hierbei geht es nicht nur um das nicht

---

25 Insbesondere engagiert sich die National Association for Gifted Children (NAGC) hierbei vielfältig und hat eine Bibliografie mit umfassenden Literaturempfehlungen für Interessierte erstellt (Treat & Whittenburg, 2006).

Ausschöpfen des Potenzials, welches gerade in einer leistungsorientierten Gesellschaft mit entsprechenden Erwartungen verbunden ist, sondern vor allem um die psychosozialen Belastungen, die aus diesem Underachievement resultieren können (Baudson, 2021a).

Problematisch in der Erfassung dieses Phänomens ist, dass die Beschreibungen oft deutlich voneinander abweichen, bspw. hinsichtlich der Dauer und des Ausmaßes der anhaltenden Minderleistung oder inwieweit diese bereichsübergreifend oder -spezifisch auftritt, so dass die Zahlen zur Häufigkeit kaum vergleichbar sind (Reis & McCoach, 2000). In einem aktuellen Literaturreview variieren die Prävalenzen zwischen 9–23 % bzw. 16–28 %, wobei sogar eine Angabe von 49 % noch einmal deutlich abweicht (White et al., 2018). Der Fokus wird hierbei meist auf minderleistende männliche Schüler gelegt, welche 2- bis 3-mal häufiger betroffen sind (Kerr & Multon, 2015). Jedoch darf nicht vergessen werden, dass besonders im MINT-Bereich mehr Mädchen/Frauen Minderleistungen zeigen (Quaiser-Pohl, 2012).

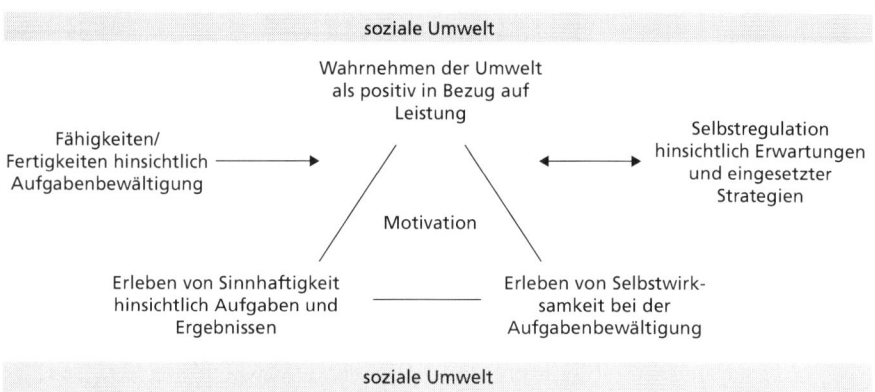

Abb. 2.1: Achievement Orientation Model nach Siegle und McCoach (angelehnt an Siegle et al., 2014; eigene Übersetzung)

Ätiologisch wird von einem komplexen multifaktoriellen Wirkungsgeschehen ausgegangen, wobei nicht alle Aspekte gleichermaßen bei jedem zu finden sind, so dass immer der Einzelfall betrachtet werden sollte (Greiten, 2021; Sparfeldt et al., 2006). Zumeist werden Underachiever erstmals am Ende der Grundschulzeit auffällig (Preckel & Vock, 2021), indes der Prozess bereits früher beginnt, sobald das hochbegabte Kind mit dem schulischen Alltag konfrontiert ist; es stellt sich im Verlauf der Schulzeit eine Art Spirale der Enttäuschung hinsichtlich der Erwartungen, Motivation oder Handlungsbereitschaft ein (Wieczerkowski & Prado, 1993). Nach dem *Achievement Orientation Model* (Siegle & McCoach, 2005) wirken drei Aspekte zusammen, um gute Leistung zu erbringen: Erfolgreiche Schüler nehmen ihr schulisches Leben als *sinnhaft* wahr und erleben Freude an den Ergebnissen ihrer Anstrengung, sie fühlen sich *selbstwirksam* und *vertrauen ihrer Umwelt*, dass sie in ihr erfolgreich sein können und dürfen. Sind diese drei Bereiche positiv ausgeprägt, kann das Kind realistische Erwartungen an sich selbst stellen und geeignete Strategien zur Zielerreichung einsetzen (Saring, 2018). Das Engagement für das Erbringen einer Leistung ist demnach von diesem Wechselspiel abhängig – im Positiven wie im Negativen (▶ Abb. 2.1).

Mofield und Parker Peters (2019) konnten zeigen, dass auch das Mindset bzgl. Hochbegabung eine Rolle in der Motivationsentwicklung spielt. Die Überzeugung, dass Hochbegabung eine feste Entität ist, welche nicht veränderbar ist, impliziert häufig die Annahme, dass sich kluge Menschen nicht anstrengen müssten, um Erfolg zu haben. Folglich können schlechte Leistungen nicht angemessen innerpsychisch verarbeitet oder integriert werden und dysfunktionale Annahmen, bspw. »es bringt eh nichts, anscheinend bin ich nicht intelligent, wenn es mir nicht leicht von der Hand geht«, bilden sich aus. Dies lässt sich auch als *fixed (statt growth) mindset* (nach Dweck) bezeichnen, dass der Erfolg auf die stabile Eigenschaft IQ und nicht auf Anstrengung oder die eingesetzte Lernstrategie zurückgeführt wird (Mofield & Parker Peters, 2019). Auch die oftmals aus dem persönlichen Umfeld des betroffenen Kindes stammenden »Aufmunterungen«, es solle sich einfach mehr anstrengen, denn schließlich sei es ja intelligent genug dafür, sind vor dem Hintergrund dieser komplexen Entwicklung dementsprechend in keiner Weise hilfreich (Baudson, 2021a). Zudem spielt auch die soziale Herkunft eine nicht zu vernachlässigende Rolle: Bspw. werden Kinder aus Familien mit niedrigem sozioökonomischem Status, Migrationshintergrund oder Bildungssystemferne weniger in der schulischen Entwicklung unterstützt, da oftmals bei den Eltern selbst eine geringe Erwartungshaltung in Bezug auf schulische Leistung vorhanden ist (Olszewski-Kubilius & Corwith, 2018).

Werden hochbegabte Underachiever mit hochbegabten Achievern ab der 3. Grundschulklasse über mehrere Jahre miteinander verglichen, zeigt sich folgendes Bild (▶ Tab. 2.2):

Tab. 2.2: Vergleich hochbegabter Underachiever mit hochbegabten Achievern im Verlauf (Sparfeldt et al., 2006)

Variable	Anteil aus der hochbegabten Underachiever-Gruppe	Anteil aus der hochbegabten Achiever-Gruppe	Signifikanz
Besuch Gymnasium	61 %	94 %	p = .04
abgeschlossenes Abitur	67 %	94 %	p = .09
Beginn Studium	50 %	75 %	p = .17 n.s.
Anteil an Studierenden unter den Abiturienten	75 % (aus 67 %)	80 % (aus 94 %)	p = .99 n.s.

Es finden sich in beiden Gruppen vergleichbare Anteile an Studierenden; jedoch eben nur prozentual und nicht absolut (Underachievergruppe: 75 % aus 67 % Abiturienten; Achievergruppe: 80 % aus 94 % Abiturienten). Wurde folglich die »Hürde« des Abiturs geschafft, beginnen also prozentual ähnlich viele Probanden aus der Underachiever- sowie der Achievergruppe ein Studium. Bezogen auf die gesamte Underachiever- und Achievergruppe, starten jedoch nur 50 % der Underachiever im Vergleich zu 75 % der Achiever in ein Studium. Dementsprechend ist es nicht ratsam, bei vorliegender Minderleistung während der Schulzeit einfach abzuwarten und zu hoffen, dass es sich »auswächst«.

Auch wenn sich die Ursachen und Symptome von Underachievement vielfältig zeigen, sind eine adäquate schulische Förderung, psychosoziale Beratung oder – bei bereits vorhandenen Sekundärfolgen (bspw. Depression) – eine Psychotherapie indiziert (Steenberger-Hu et al., 2020). Die Bemühungen um eine Verbesserung der Leistungsergebnisse und damit eine Reduktion der psychosozialen Belastungen im Rahmen des Underachievements sind zudem wirkungsvoller, je früher sie im Rahmen der Grundschule beginnen (Snyder et al., 2019).

> Liegen in der Therapie bei einem hochbegabten Patienten Hinweise auf ein Underachievement vor, ist eine Exploration der schulischen Erfahrungen mit Unterforderung, dem »System« Schule, den Erwartungen der Eltern bzw. eigenen Einstellungen bzgl. Leistung, Intelligenz oder Anstrengung, dem Erwerb von Lernstrategien, des Selbstkonzeptes etc. im Rahmen der Anamneseerhebung empfehlenswert.

2.4 Impostor-Selbstkonzept bei Hochbegabten

Die Beschreibung des sog. Hochstaplersyndroms (Impostor-Syndrom) geht auf Clance und Imes (1978) zurück; sie haben sehr erfolgreiche Frauen untersucht, welche trotz ihrer Verdienste und Auszeichnungen ihren Erfolg nicht wahrhaben konnten. Im Gegenteil, sie nahmen an, sie seien nicht intelligent, es wäre nur Glück gewesen und sie würden als Betrügerinnen entlarvt (Clance & Imes, 1978). Auch wenn es keine klinische Diagnose darstellt, geht das Impostor-Syndrom häufig mit generalisierter Angst, Mangel an Selbstbewusstsein, depressiver Symptomatik und Frustration, den eigenen Leistungsstandards nicht gerecht zu werden, einher (Bravata et al., 2020; Sakulku & Alexander, 2011). Es wird vorgeschlagen, besser von einem Impostor-Selbstkonzept zu sprechen denn von einem Syndrom. Die damit verbundenen Denk- und Verhaltensweisen lassen sich auf einem Kontinuum einsortieren, wobei es nur in seiner Extremausprägung zu klinisch bedeutsamen Symptomen führen kann (Rohrmann et al., 2020).

Baudson (2017c) fasst die typischen Gedankeninhalte des Impostor-Selbstkonzeptes treffend zusammen:

> »Wenn ich das kann, dann kann das jeder. Ich habe nichts geleistet, ich hatte nur Glück. Jemand muss bei meiner Einstellung einen schrecklichen Fehler gemacht haben. [...] Das war nur Zufall – ich war zur rechten Zeit am rechten Ort. Ich habe Angst vor dem Moment, an dem der ganze Schwindel auffliegt und jemand merkt, dass ich eigentlich gar nichts kann. [...] Ich verstelle mich die ganze Zeit. Wenn die anderen sehen würden, wie ich wirklich bin, wäre alles aus. Eigentlich habe ich das alles nicht verdient.« (S. 9)

Anfänglich als weibliches Phänomen beschrieben, zeigten nachfolgende Untersuchungen jedoch, dass Männer und Frauen gleichermaßen davon betroffen sein können (Bravata et al., 2020). Darüber hinaus findet es sich altersübergreifend und ist nicht auf einen beruflichen Sektor beschränkt, wobei Personen mit höherem Bildungsniveau und hoch qualifizierten Abschlüssen besonders betroffen sind (Rohrmann et al., 2020). Gerade im akademischen Bereich, insbesondere bei Promovierenden, ist das Phänomen weit verbreitet (Klinkhammer, 2012), vor allem auch in den MINT-Disziplinen (Chakraverty, 2020).

Ätiologisch wird ein Teufelskreis angenommen, durch den sich das Impostor-Selbstkonzept aufrechterhält (Sakulku & Alexander, 2011): Auf leistungsbezogene Anforderungen wird mit Angst, Selbstzweifel und Sorgen reagiert, was wiederum eine Überkompensation oder eine Prokrastination auslöst. Wird die Aufgabe dann bewältigt, entsteht zwar ein Gefühl von Erleichterung, der Erfolg wird jedoch im Falle der Überkompensation auf besondere Anstrengung und im Falle der Prokrastination auf Glück zurückgeführt, so dass die dysfunktionalen Überzeugungen weiter aufrechterhalten werden. Es handelt sich folglich um einen ungünstigen Attributionsstil bei Erfolg, insb. external-variabel bzw. internal-variabel statt internal-stabil (s. a. fixed mindset (▶ Kap. 2.3)). Darüber hinaus besteht ein Zusammenhang mit Perfektionismus, so dass die hohen Ansprüche an sich selbst die innere Dynamik aufrechterhalten. Es zeigt sich auch eine Angst vor Versagen verbunden mit Schamgefühlen, wenn bspw. die Person in ihrer Biografie gelernt hat, besonders und erfolgreich sein zu *müssen*. Auf der anderen Seite kann der Erfolg per se aversiv besetzt sein, bspw. wenn die Person die erste aus der Familie ist, welche hohe akademische Leistung zeigt, können sich Schuldgefühle gegenüber anderen Familienmitgliedern ob des Erfolges einstellen (Sakulku & Alexander, 2011). Gleichzeitig spielen auch äußere Rahmenbedingungen, bspw. ob Erwartungsdruck ausgeübt wird, eine Rolle, inwieweit Impostor-Gefühle bei einer Person reaktiviert oder verstärkt werden (Klinkhammer, 2012).

Zusammenfassend könnte sich demnach ein solches Selbstkonzept bei hochbegabten Personen entwickeln, die sich von anderen in ihrer Familie durch die mit der Hochbegabung verbundenen Kompetenzen unterscheiden und in ihrem Erfolg nicht angemessen bestärkt sowie in ihrem Erleben nicht angemessen validiert wurden. Ebenso können Lernerfahrungen eine Rolle spielen, dass mit der Hochbegabung ein Erwartungsdruck verbunden ist, durch die hohe Intelligenz immer hervorragende Leistungen zeigen zu können/müssen unabhängig von der Anstrengung. Die Angst vor Versagen, aber auch die Angst vor Erfolg kann sich einstellen (Sakulku & Alexander, 2011).

> Auch wenn es – nach eingehender Recherche – keine belegbaren Zahlen gibt, wie viele Hochbegabte vom Impostor-Phänomen oder dessen negativen Auswirkungen bis hin zu psychischen Störungen betroffen sind, soll dennoch für diese Gruppe sensibilisiert werden. In der Praxis zeigt sich, dass gehäuft diejenigen Hochbegabten, denen über die Lebensspanne die Bewältigung von Anforderungen besonders leichtgefallen ist, von einem Impostor-Selbstkonzept berichten. Ihnen scheint die Referenz zu fehlen, was in der Folge zur Ausbildung

> dysfunktionaler Schemata führen kann, bspw.: »Da es nicht wirklich anstrengend war, kann es ja gar nicht besonders schwer gewesen sein. Den Erfolg kann ich mir also nicht zuschreiben.« Um die Ausprägung eines Impostor-Selbstkonzeptes in der Therapie zu objektivieren, kann der Impostor-Selbstkonzept-Fragebogen (ISF) von Rohrmann et al. (2020) eingesetzt werden.

2.5 Früh versus spät erkannte Hochbegabte

Nicht jeder heute Erwachsene weiß um seine Hochbegabung. Wie Fels (1999) in seiner Untersuchung über die damalige Situation der Identifizierung und Förderung Hochbegabter in den Schulen für Deutschland aufzeigte, gab es selbst in den 1990er Jahren nicht in allen Bundesländern eine spezialisierte psychologisch-schulpädagogische Beratungsstelle. Es waren lediglich acht Beratungsangebote im gesamten Bundesgebiet zu verzeichnen. Dies steht im Kontrast zur heutigen Fördersituation für hochbegabte Kindergarten- und Schulkinder. Aktuell werden in der Übersicht des Karg-Fachportals[26] insgesamt 112 spezialisierte Beratungsangebote für Deutschland aufgeführt. Erfreulicherweise existiert zudem eine große Bandbreite an Konzepten der Begabtenförderung. Diese lassen sich zu drei großen Bereichen zusammenfassen (Preckel & Vock, 2021; Vock & Jurczok, 2019):

- *Innere Differenzierung im Unterricht:* Dies kann im Regelunterricht erfolgen, ohne dass spezielle separate Angebote bereitgestellt werden müssen; bspw. können verschiedene Aufgabenstellungen – variiert in Bearbeitungszeit oder Schwierigkeit – von den Schülern in ihrer Geschwindigkeit, auf ihrem Niveau oder mit selbst gewählten Methoden umgesetzt werden.
- *Klassenstufenbezogene Akzeleration*: Die Schüler können das reguläre Curriculum schneller durchlaufen, indem sie früher eingeschult werden oder eine/mehrere Klassenstufen überspringen. Als Variante können sie auch nur in bestimmten Fächern am Unterricht in höheren Klassen teilnehmen.
- *Enrichment*: Unterschieden werden hierbei das vertikale, die Vertiefung curricularer Inhalte, und das horizontale Enrichment, Anreicherung des Lernstoffs in seiner Breite durch zusätzliche Themen. Dies kann sowohl innerhalb als auch außerhalb der Schule (bspw. Teilnahme an Wettbewerben oder Schülerferienakademien) umgesetzt werden.

Dabei stellen sowohl *spezielle Klassen und Schulen* als auch das Konzept des *Frühstudiums* eine Kombination aus Akzeleration und Enrichment dar. Hochbegabtenklassen oder -schulen sind die intensivste Form der Förderung und deren Förderangebot kann oft erst nach umfangreicher Bewerbungsprozedur wahrgenommen

---

26 https://www.fachportal-hochbegabung.de/beratungsstellen/

werden. Beim Frühstudium können Schüler der Sekundarstufe bereits an Vorlesungen an der Universität teilnehmen und sich diese Inhalte bspw. in einem späteren Studium anrechnen lassen (Preckel & Vock, 2021; Vock & Jurczok, 2019).

Trotz dieser vielfältigen Ansätze wird jedoch auch heute noch ein Teil der Hochbegabten nicht erkannt und nicht gefördert; insbesondere Minoritäten oder Kinder aus sozial schwachen Familien sind häufig unterrepräsentiert (Vock & Jurczok, 2019). Um die Situation zu verändern, haben Bund und Länder in Deutschland 2016 eine gemeinsame Initiative zur Begabungs- und Leistungsförderung gestartet[27].

Im Vergleich zu jüngeren Generationen wissen etliche heute Erwachsene aus den Jahrgängen bis in die 1990er Jahre oft nicht, dass sie hochbegabt sind oder nehmen erst im Erwachsenenalter an einem IQ-Test teil. Da es, wie eingangs erwähnt, kaum Studien zu hochbegabten Erwachsenen gibt, können leider auch nach eingehender Recherche keine wissenschaftlichen Untersuchungen zu sog. *spät erkannten Hochbegabten* angeführt werden. Harvey Sallin (2016) fasste in einem Onlinebeitrag die Erfahrungen bei der therapeutischen Begleitung von spät erkannten hochbegabten Erwachsenen sehr eindrücklich zusammen: »Learning as an adult that you are gifted has sometimes been likened to having a bomb explode in your life«. Sie beschreibt den Prozess der Auseinandersetzung mit der neu entdeckten Hochbegabung in sieben Phasen, einer Kombination aus den Trauerphasen (Kübler-Ross) sowie Phasen der Positiven Desintegration (Dabrowski) (▶ Kap. 2.1.1): Verleugnung, Aufregung, Ärger, Depression/Panik, Akzeptanz, Neubildung und Kreativität.

Während sich spät erkannte Erwachsene zum einen rückblickend (bspw. mit verpassten Chancen) und zum anderen nach vorne gerichtet (bspw. mit Neuausrichtung) auseinandersetzen (Fietze, 2019), erleben sich (junge) Erwachsene, die früh als hochbegabt identifiziert wurden, oftmals auf eine andere Weise. Jugendliche, die an einem spezifischen Förderprogramm teilnahmen, nannten als positive Aspekte, welche sie mit dem Label verbanden, vor allem die akademischen Vorteile, wie bspw. ein differenziertes Curriculum zu erhalten oder bessere Lehrer zu haben. Die negativen Aspekte umfassten den wahrgenommenen Druck bzw. die höheren Erwartungen, es besonders gut zu machen – von sich selbst, den Eltern und den Lehrern (Berlin, 2009). Auch Freeman (2010) zeigte in ihrer Längsschnittstudie, dass die Kinder mit dem Etikett Hochbegabung im Vergleich zur Kontrollgruppe von den Eltern und Lehrkräften anders behandelt wurden und der Druck sehr stark sein konnte; jedoch muss dies nicht automatisch mit psychosozialen Problemen einhergehen. Insbesondere die Umweltbedingungen, bspw. das familiäre Umfeld, stellten hierbei einen entscheidenden Faktor dafür dar, ob und wie sich die Kinder den Herausforderungen stellten, diese meisterten oder mit emotionalen Problemen reagierten. Insgesamt lassen sich weder negative noch positive Etikettierungseffekte durchgängig in der Literatur belegen (Rinn & Bishop, 2015). Coleman und andere (2015) stellten in ihrem Resümee über die Auswirkungen des Labels scharfsinnig

---

27 Der Forschungsverbund LemaS (https://www.leistung-macht-schule.de) zielt hierbei mit seinem vom Bundesministerium für Bildung und Forschung (BMBF) geförderten Projekt auf eine theorie- und evidenzbasierte Entwicklung und Verbesserung von Strategien, Konzepten und Strukturen der Talentförderung ab.

fest: »To better understand the impact of labeling, research is needed on children's awareness of giftedness before being labeled« (S. 372).

> Auch wenn für diesen Bereich noch wenige Forschungsergebnisse existieren, soll auf die unterschiedlichen Erfahrungswelten eines früh oder spät erkannten hochbegabten Erwachsenen aufmerksam gemacht werden. Hochbegabt ist nicht gleich hochbegabt! In der Therapie erscheint es zielführend, offen die Erfahrungen mit oder ohne Label bzw. Förderung zu explorieren, um die Auswirkungen auf das Selbstkonzept (▶ Kap. 4) zu erfassen.

2.6 »Twice exceptional« – zweifach außergewöhnlich

Sog. »*twice exceptional*«*(2e)-Personen* sind in zweifacher Hinsicht außergewöhnlich: Sie haben einerseits weit überdurchschnittliche kognitive Fähigkeiten im Rahmen der Hochbegabung und andererseits liegen eine oder mehrere Beeinträchtigungen vor, bspw. durch eine Autismus-Spektrum-Störung (ASS), Aufmerksamkeitsdefizit-/Hyperaktivitätsstörung (ADHS) oder Dyslexie. Dementsprechend können gleichzeitig auch Probleme beim Lesen, Schreiben, Lernen, Fokussieren der Aufmerksamkeit oder Verstehen sozialer Hinweise existieren (Baum & Schader, 2021; Harder, 2009). Das Konzept von sog. 2e-Lernenden (also Schüler mit unterschiedlichen Bedürfnissen in Bezug auf den Lernstoff und das Lernen per se) ist vergleichsweise jung; der Beginn wird auf die frühen 1980er Jahre datiert (Baldwin et al., 2015). Da oft einheitliche Definitionen fehlen, finden sich in der Literatur noch irrige Ansichten, dass eine simultane Beeinträchtigung *und* Hochbegabung als inkompatibel anzusehen wären[28]. Mittlerweile rückt die Gruppe der 2e-Personen zwar mehr in den wissenschaftlichen Fokus, jedoch herrscht immer noch ein Mangel an umfassenden empirischen Daten, insbesondere für die verschiedenen Gruppen (Foley Nicpon et al., 2011).

Es ist leicht nachvollziehbar, dass aufgrund der gleichzeitig bestehenden Kombination aus kognitiven, sozialen, emotionalen oder körperlichen Symptomen und den damit verbundenen besonderen, paradox anmutenden, Bedürfnissen eine frühe Identifizierung und entsprechende Förderung schwierig umzusetzen sind (Reis et al., 2014). Überdies benötigen Betroffene oftmals auch sozial-emotionale Unterstützung bei vorliegender asynchroner Entwicklung (Harder, 2009). Ein Schüler fasste in einer Studie die Asynchronizität in deutlichen Worten zusammen: »Mentally I'm probably 2 or 3 years ahead of most kids my age, but socially I'm probably 2 or 3 years behind. So I'm stuck in this sort of weird time-warp thing

---

28 Bspw. fasst Gyseler (2021) hingegen die aktuelle Datenlage für ADHS adäquat zusammen und zeigt auf, dass ca. 5 % der Hochbegabten durchaus von ADHS betroffen sind.

where I'm at the same time younger and older than kids my age« (Baum et al., 2014, S. 320). Betroffene erleben oft stark ausgeprägte Angst, Depression, haben ein niedriges Selbstwertgefühl oder geringe Selbstwirksamkeitserwartung aufgrund der oftmals vorhandenen Diskrepanz zwischen dem, was sie sehr gut können, und dem, womit sie Schwierigkeiten haben (Foley Nicpon et al., 2011; Reis et al., 2014). Die Folgen, die sich aus der Kombination aus Hochbegabung und Beeinträchtigung ergeben können, sind vielfältig (Baldwin et al., 2015; Baum & Schader, 2021):

- Die Fähigkeiten können in den ersten Schuljahren noch zu guten Noten führen und die *Beeinträchtigungen verbergen.* Meist wird übersehen, dass die Kinder sehr viel Zeit und Aufwand auf sich nehmen, häufig mit Nachhilfe, um die entsprechende Leistung zu zeigen. Die gleichzeitig vorhandene Einschränkung wird spät erkannt, wenn bereits sozial-emotionale Probleme entstanden sind.
- Die Lernbeeinträchtigungen überwiegen und die gleichzeitig vorhandene *Hochbegabung wird nicht erkannt.* Die Kinder erreichen in einem klassischen IQ-Test aufgrund der Beeinträchtigungen unterschiedlich ausgeprägte Subtest-Werte, so dass ein niedriger Gesamt-IQ-Wert errechnet wird. Sie erhalten ggf. sonderpädagogische Förderung, jedoch werden die ebenfalls vorhandenen Bedürfnisse nach kognitiver Herausforderung gemäß der Hochbegabung nicht berücksichtigt, was ebenfalls zu sozial-emotionalen Problemen führen kann.
- Die Begabungen und die Beeinträchtigungen *wiegen sich gegenseitig auf*, was zur Konsequenz hat, dass weder das eine noch das andere adäquat erkannt wird. Auch in dieser Gruppe können sich sozial-emotionale Probleme oder Verhaltensauffälligkeiten entwickeln.

Es wäre folglich zu simplifizierend anzunehmen, dass die bestehende Hochbegabung die Einschränkungen »einfach« kompensiert; sowohl für hochbegabte Autisten als auch für hochbegabte ADHS-Betroffene zeigen sich Gruppenunterschiede im Vergleich zu durchschnittlich Begabten hinsichtlich der Funktionseinschränkung (Brown et al., 2009; Doobay et al., 2014). Aus einer klinischen Perspektive sind deshalb eine frühe Diagnostik und eine abgestimmte Förderung äußerst empfehlenswert (Neihart et al., 2021).

> Besteht in der Therapie der Verdacht auf 2e, sollten qualifizierte diagnostische Anlaufstellen in Anspruch genommen werden, bspw. Fachambulanzen für ADHS oder ASS, um eine angemessene Differenzialdiagnostik einleiten zu können.

An dieser Stelle sei mit besonderem Augenmerk auf das Konzept der *Neurodiversität* hingewiesen. Die Neurodiversitäts-Bewegung entstand in den 1990er Jahren auf Initiative von autistischen Menschen (Jaarsma & Welin, 2012), um mehr Akzeptanz in der Gesellschaft zu erzeugen, wobei der Begriff erstmals von Judy Singer[29] in ihrer

---

29 Singer (2017) hat ihre Bachelorarbeit mit dem Titel »Odd people in. The birth of community amongst people on autistic spectrum. A personal exploration of a new social movement based on neurological diversity« aus drei Perspektiven geschrieben: »the daughter

Bachelorarbeit 1998 eingeführt wurde (Singer, 2017). Das Konzept ersetzt das Krankheitsparadigma (medizinisches Modell) mit einer Diversitäts-Perspektive, so dass Menschen mit neurodivergenten Gehirnen, bspw. Autisten oder ADHS-Betroffene, unter dem Blickwinkel ihrer Stärken und Schwächen in der jeweiligen Varianz gesehen werden (Armstrong, 2015). Es geht nicht darum, Erkrankungen zu verleugnen, sondern »disorder« von »disability« zu unterscheiden und die Phänomene differenzierter zu betrachten. Eine autistische oder ADHS-betroffene Person bspw. profitiert von bestimmten Umgebungsnischen, in denen sie ihre Stärken optimal nutzen kann und die Dysfunktion sich nicht oder kaum mehr bemerkbar macht, gleichwohl eine Beeinträchtigung dennoch vorliegt (Baron-Cohen, 2017). Dabei werden folgende Termini unterschieden (Pellicano & den Houting, 2022):

- *neurotypisch:* Bezeichnet eine Person, deren neurologische Entwicklung als typisch, entsprechend der Norm, angesehen wird.
- *neurodivergent*: Bezeichnet eine Person, deren neurologische Entwicklung außerhalb des typisch zu erwartenden Bereichs liegt, also abweicht.
- *neurodivers:* Bezeichnet als Sammelbegriff Gruppen mit gemischter neurologischer Entwicklung (bspw. eine neurodiverse Gruppe autistischer und neurotypischer Personen).

Mittlerweile werden einige neurologische Entwicklungsbedingungen neben Autismus unter dem Schirm der Neurodiversität zusammengefasst, wie ADHS, Dyslexie, Dyspraxie, Dyskalkulie, Synästhesie und weitere (Baron-Cohen, 2017). Wie Singer (2017) passend resümierte, »›Neurotypical‹ is not the only way to be, or even the best way« (S. 68), so kann die Neurodiversitäts-Perspektive eine ressourcenorientierte therapeutische Grundhaltung gegenüber nicht-neurotypischen Personen fördern. Dies beginnt bereits bei der sprachlichen Einbettung; anstatt von Defiziten kann von Herausforderungen oder Schwierigkeiten gesprochen werden, welche die entsprechende Person zu bewältigen hat (Brown et al., 2021).

> In der therapeutischen Arbeit erscheint es hilfreich, eigene neurotypische Annahmen zu überprüfen. Schließlich geht es darum, dem Individuum als Ganzes in seiner Varianz zu begegnen und das Neurodivergentsein als Teil der eigenen Identität anzuerkennen und zu fördern. Therapeuten »schauen dem Patienten – so wohlwollend wie möglich – zu, wie er sein In-der-Welt-Sein neu entdeckt und sein Selbstbild neu ausrichtet« (Riedel & Clausen, 2023, S. 151).

---

of a mother on the spectrum, the mother of a daughter on the spectrum, and a person somewhere on the spectrum myself« (S. 14).

2.7 Höchstbegabte

Liegt der IQ-Wert einer Person ≥ 2 Standardabweichungen über dem Mittelwert (IQ ≥ 130), gilt diese Person als hochbegabt. Dabei scheint es im deutschsprachigen Raum kaum einen Unterschied zu machen, ob diese Person moderat hochbegabt (IQ = 130–144) oder höchstbegabt (IQ ≥ 145) ist, d.h. der IQ-Wert ≥ 3 Standardabweichungen höher liegt (Brackmann, 2020a). Auch im deutschen Sprachgebrauch kommen weniger Differenzierungen im Vergleich zum Englischen vor (▶ Tab. 2.3).

Tab. 2.3: Stufen der Hochbegabung (nach Brackmann, 2020a; Fietze, 2019; Gross, 2004)

Bezeichnung im Deutschen	Bezeichnung im Englischen	IQ-Range
—	mildly or basically gifted/bright	115–129
hochbegabt	moderately gifted	130–144
höchstbegabt	highly gifted	145–159
extrembegabt	exceptionally gifted	160–174
—	profoundly gifted	≥ 175

Gross (2004) untersuchte prospektiv 15 australische extrembegabte Kinder (IQ ≥ 160) hinsichtlich ihrer frühkindlichen Entwicklung, familiärer Faktoren, Freizeitverhalten, Förderung, Underachievement, sozial-emotionalen und moralischen Entwicklung mittels Fragebogen, Interviews oder Tagebuchaufzeichnungen der Eltern. Nach der Ersterhebung 1993 wurden die Teilnehmer noch einmal nach zehn Jahren befragt. Die Probanden erreichten insgesamt hohe akademische Grade und waren beruflich sehr erfolgreich. Eindrücklich beschreibt sie die intellektuellen Besonderheiten:

> »The family quickly realized, however, that Hadley's abilities went far beyond anything they could have imagined. He was a child of truly phenomenal mathematical ability. By 18 months of age he was already fascinated by the math programs […] on the family's home computer. He delighted in simple addition problems. He would squat on the floor working out the answer to a question with plastic beads and then joyously key it into the computer, laughing with delight when the response was verified. He taught himself to read before age 1½ and by his second birthday he had his own library of small books, which he read with great enjoyment. […] Hadley's IQ was 178« (Gross, 2004, S. 1f.).

Höchstbegabte Kinder zeigen einen erheblichen Entwicklungsfortschritt sowohl in der kognitiven als auch in der neurosensorisch-motorischen Reifung, was sich nicht nur in der (loko-)motorischen Entwicklung bemerkbar macht, sondern auch in der Augen-/motorischen Koordination, den Aufmerksamkeitsfähigkeiten sowie der höheren Verarbeitungsgeschwindigkeit (Vaivre-Douret, 2011)[30]. Während durch-

---

30 Die oftmals in diesem Zusammenhang genannte *asynchrone Entwicklung* von Höchstbegabten, d.h., dass die kognitive im Vergleich zur biologischen, psychomotorischen oder

schnittlich begabte Kleinkinder mit ca. zwölf Monaten zu sprechen beginnen, äußern Hochbegabte durchschnittlich zwei Monate früher die ersten Worte, Höchstbegabte bereits mit ca. neun Monaten (Gross, 1999). Zudem zeigt sich ein – selbst im Vergleich zu Hochbegabten – stark erhöhtes Bedürfnis nach kognitiver Stimulation und Förderung (Heil, 2022; Lovecky, 1994). Leta Hollingworth stellte daher bereits 1942 stark pointiert fest, »that in the regular elementary classroom moderately gifted children wasted almost half their time and exceptionally gifted children almost all their time« (zit. nach Lovecky, 1994, S. 120). Werden die Bedürfnisse höchstbegabter Kinder nicht berücksichtigt, kann es passieren, dass diese den Eindruck haben, etwas stimme im Vergleich zu anderen nicht mit ihnen, und sie können in der Folge sogar beschämt ob ihrer eigenen Talente sein (Lovecky, 1994). Gerade die frühreife Entwicklung der Sprache, der Motorik – bspw. sitzen und laufen höchstbegabte Kleinkinder deutlich früher – und des Lesens sind nach außen hin sichtbar und werden dementsprechend vom Umfeld kommentiert (Gross, 1999).

Heil (2021b) befragte in Deutschland 72 höchstbegabte Mensa-Mitglieder im Alter zwischen 20 und 66 Jahren (M=45.54, SD=12.47) mit einem Gesamt-IQ zwischen 145 und 170 (M=147.95, SD=4.69). Interessant war hierbei, dass die Teilnehmer zum Zeitpunkt des IQ-Tests zwischen 4 und 59 Jahre alt waren (M=36.56, SD=15.39), so dass der Anteil der spät erkannten Höchstbegabten überwog (> 75 %) und ca. 89 % keine spezielle Förderung erhalten hatten. Demnach sind die Aussagen zu begabungsbezogenem Erleben und Verhalten noch einmal anders zu bewerten als bei rein in der frühen Kindheit getesteten Probanden (wie bspw. in der Untersuchung von Gross, 2004). Die Einschätzung der zutreffendsten Erlebens- und Verhaltensmerkmale variierte unter den Probanden, was verdeutlicht, dass auch bei Höchstbegabten jede Person als Einzelfall betrachtet werden muss. Es wurde außerdem erhoben, inwieweit die Teilnehmer die mit der Höchstbegabung verbundenen Merkmale als Ressource oder als Belastung wahrnahmen. Dabei überwog der Gesamtwert der aufsummierten Ressourcen deutlich den der Belastungen; die Differenz war zudem statistisch signifikant. Das Ressourcen- und Belastungserleben war überdies nicht miteinander korreliert, so dass ein Merkmal durchaus sowohl positiv als auch negativ bewertet werden konnte. Besonders hervorzuheben ist, dass der Gesamtwert der Ressourcen signifikant negativ mit dem Anteil durchschnittlich Begabter im engen sozialen Umfeld, nahezu signifikant positiv mit dem Anteil an Hochbegabten und signifikant positiv mit dem Anteil an Höchstbegabten korrelierte. Das positive Ausschöpfen des Potenzials bzw. das Ausleben typischer Merkmale in Verbindung mit der Höchstbegabung ist vor allem in einem bzgl. der Begabung ähnlichem Umfeld möglich. Als begabungsbezogene Schwierigkeiten werden vor allem das Gefühl des Andersseins sowie nicht verstanden zu werden genannt, gefolgt von Unterforderung im Beruf und Langeweile bei Routineaufgaben des Alltags (Heil, 2021b).

---

emotionalen Entwicklung beschleunigt verläuft, ist unter empirischer Betrachtung folglich umstritten (Preckel & Vock, 2021).

> Es zeigt sich sehr eindrücklich, dass die mit der Höchstbegabung verbundenen Denk- und Verhaltensmöglichkeiten besondere individuelle Erlebenswelten schaffen, welche durchschnittlich Begabte nicht derartig erleben. Damit stellt sich sicherlich für Höchstbegabte noch einmal mehr als für moderat Hochbegabte eine wahrgenommene Abweichung von anderen ein. Gerade in der Therapie ist dieses Verständnis für die individuelle Fallkonzeption besonders wichtig.

Teil II Hochbegabungsspezifisches Erleben und Verhalten erkennen, verstehen und einordnen

Nachdem nun in ▶ Teil I das Konstrukt Hochbegabung im Allgemeinen und die Gruppe der Hochbegabten differenzierter betrachtet wurden, soll im Folgenden auf die Innensicht einer hochbegabten Person, also darauf, wie sie ihre Welt betrachtet und darin agiert, übergeleitet werden. ▶ Teil II des Buches bildet mit einer personenbezogenen Perspektive demzufolge das Bindeglied vom allgemeinen Verständnis von Hochbegabung hin zur Berücksichtigung begabungsbezogenen Erlebens- und Verhaltens in der therapeutischen Fallkonzeption (▶ Teil III).

Hochbegabte machen mit ihrer weit überdurchschnittlichen kognitiven Leistungsfähigkeit, dem damit verbundenen Erleben und Verhalten Lernerfahrungen, die von durchschnittlich Begabten nicht gleichermaßen geteilt werden. Insbesondere die Erfahrung, dass fast alle Menschen in der unmittelbaren sozialen Umgebung eben nicht hochbegabt sind, kann zu der Wahrnehmung führen, anders zu sein oder nicht verstanden zu werden. In der populärwissenschaftlichen Literatur wird dieses »Anderssein« oftmals als plakative Eigenschaft dem Hochbegabten zugeschrieben, ohne zu differenzieren, dass der Hochbegabte erst einmal »nur« ein Mensch ist, welcher sich aufgrund seiner besonderen Fähigkeiten mit der Umwelt auf eine bestimmte Art auseinandersetzt. Aus der therapeutischen Erfahrung heraus möchten hochbegabte Erwachsene von anderen nicht als nicht normal betrachtet werden und reagieren – nachvollziehbarerweise – eher abweisend, wenn ihnen das Etikett der »Anders*artigkeit*« zugewiesen wird. Es geht vielmehr darum, in der individuellen Wahrnehmungswelt validiert und emotional abgeholt zu werden – für viele nicht oder spät erkannte hochbegabte Erwachsene kann der therapeutische Rahmen sogar der erste Ort sein, an dem dies möglich wird.

Für das Gesamtverständnis erscheint es deshalb unabdingbar, die spezifischen Erlebens- und Verhaltensweisen zu skizzieren, welche mit Hochbegabung einhergehen können (▶ Kap. 3). Anschließend werden mögliche damit verbundene biografische Lernerfahrungen abgeleitet, um die daraus resultierenden Prägungen besser nachvollziehen zu können (▶ Kap. 4). Schließlich soll der Bezug zur klinischen Differenzialdiagnostik hergestellt werden, um in der Therapie Hochbegabte nicht vorschnell zu pathologisieren oder gar Fehldiagnosen zu vergeben (▶ Kap. 5).

3 Hochbegabungsbezogenes Erleben und Verhalten

Um die verschiedenen Facetten des Denkens und die damit verbundenen Aspekte Hochbegabter sortiert darstellen zu können, wurde eine Einteilung in fünf Überbegriffe vorgenommen (▶ Abb. 3.1), welche jedoch nicht als disjunkt zu betrachten sind.

Komplexität	Intensität	Konnektivität	Kompetenz	Vielfältigkeit
alle Perspektiven betrachten/Sinn für Gerechtigkeit	detailreiche Wahrnehmung/ hohe Aufmerksamkeit	Zusammenhänge, Muster, Regeln erkennen/ in Bildern denken	weitreichendes Wissen/ Gedächtnis/ sprachliche Skills	divergentes, kreatives, lebhaftes Denken/ imaginative Fähigkeit
Probleme erkennen und Lösungen generieren	hohe Verarbeitungsgeschwindigkeit	Metaebene betrachten	schnelles Lernen mit wenig Übung	vielfältiges Beschäftigen/ Abwechslung suchen
Hinterfragen/ kritisches Denken/ existenzielle Themen	hohes Energielevel/hohes Pensum bewältigen	Assoziationen herstellen	Freiheit suchen zur eigenen Entfaltung	Herausforderung/ Anforderung/ Gestaltungsspielraum suchen
abstrakt-logisches Denken	Inhalte durchdringen/ tiefgreifend verstehen/intensiv fühlen	vorausschauendes Denken/ Schlussfolgern	hohe Ansprüche an sich entwickeln/ hohes moralisches Empfinden	viele Ideen generieren/breite Interessen haben

Abb. 3.1: Übersicht hochbegabungsbezogenen Erlebens und Verhaltens

Für die Erfassung hochbegabungsbezogenen Erlebens und Verhaltens kann diese Einteilung als eine Strukturierungshilfe dienen, sie stellt jedoch keine »standardisierte« Checkliste dar.

3.1 Ressourcen

3.1.1 Komplexität

> Der erste Überbegriff soll das vielschichtige, allseitige, anreichernde sowie hinterfragende, logische, problemlösende Denken Hochbegabter umfassen.

Werden hochbegabte Erwachsene gebeten, ihre Art zu denken zu beschreiben, äußern sehr viele spontan: »Ich denke immerzu!« Heil (2021b) beschreibt dies als einen Prozess, »der automatisch abläuft und an sich als etwas ganz Natürliches empfunden wird« (S. 9). Gerade wenn sich Hochbegabte auf komplexe Sachverhalte konzentrieren können, empfinden sie es als sehr angenehm: »*Es entspannt mich auch und erfüllt mich. Ich brauche täglich die Gelegenheit[,] mindestens einmal meinem Kopf schnelles und komplexes Denken zu ermöglichen*« (Heil, 2021a, S. 11).

In Diskussionen oder auch bei Denkprozessen werden in der Regel alle Perspektiven nacheinander, manchmal sogar simultan oder im Wechsel betrachtet, um schließlich zu einer stimmigen, fundierten Antwort zu kommen. Erst dann wird die Lösung als komplettiert wahrgenommen.

> Ein hochbegabter Patient berichtete während einer Therapiesitzung, wenn er jemandem eine Frage stelle, frage er nach der ersten Antwort so lange nach, bis er keinen Zweifel mehr am Ergebnis habe. Er könne sich nur dann gewiss sein, dass auch das Gegenüber alle Facetten berücksichtigt habe und die Antwort für ihn mit hoher Wahrscheinlichkeit »sicher« sei.

Dadurch zeigen Hochbegabte auch sehr häufig eine hohe Kompetenz in der Perspektivenübernahme. In Gesprächen können sie sehr leicht die Sichtweise oder Bewertungsmaßstäbe des Gegenübers einnehmen bzw. nachvollziehen und betrachten auch bei einem Diskurs den Streitpunkt aus der Perspektive des anderen.

Dies verbindet sich auch mit dem kritischen Denken. Bei Heil (2021b) findet sich das Beispiel:

> »Ich versuche, jedes Argument/jeden Gedanken kritisch zu betrachten und mir meine eigene Meinung zu bilden. Dabei mache ich keinen Unterschied, ob eine Aussage von einer Fachperson (z. B. Arzt) oder eines [sic] Themenfremden getätigt wird, ich hinterfrage sie, bevor ich ihr zustimme oder sie ablehne« (S. 15).

Das kritische Denken korreliert zudem signifikant positiv mit der Auseinandersetzung mit existenziellen Themen (Heil, 2021a/b). Hochbegabte geben oft an, »dass sie sich selbst schwierige Fragen stellen, etwa über den Sinn und Zweck ihres eigenen Daseins und des Lebens der Menschen in ihrem Umfeld« (Webb, 2020, S. 22). Sie beschäftigen sich häufig mit Weltproblemen, Grundsatzfragen und philosophischen Themen.

Viele hochbegabte Personen nehmen zudem in ihrer Umgebung Ungereimtheiten oder Probleme sehr schnell wahr. Es fällt ihnen »natürlicherweise« ins Auge. So haben viele einen kritischen Blick auf Dinge und benennen, was nicht gut funktioniert oder was noch zu lösen ist. In der klinisch-praktischen Tätigkeit taucht nicht selten im Gespräch beim Erarbeiten neuer therapeutischer Inhalte der Satz auf: »Ja, aber das Problem an der Sache ist …!« Dies scheint leicht verwechselbar mit einem – aus therapeutischer Sicht formulierten – widerständigen Verhalten. Aus der Erfahrung heraus ist es eher die Regel, dass der Hochbegabte den zu erarbeitenden Lösungsansatz in der Sitzung bereits mit durchdacht hat und, um wirklich eine ausgereifte Lösung zu generieren, dem Therapeuten die vermeintlichen Schwachstellen aufzeigt. Dies lässt sich auch mit einer regelrechten Lust am Problemlösen gleichsetzen.

Hierbei greifen Hochbegabte sicherlich auf ihre logisch-analytischen bzw. -abstrakten Denkfähigkeiten zurück. In den Studien von Heil (2021a/b) hat sich die signifikant hohe Korrelation mit dem komplexen und kritischen Denken gezeigt. Das logisch-analytische/-abstrakte Vorgehen wird vielfach als natürliche Denkweise beschrieben: »*Es ist mein Weg, diese Welt zu sehen und in ihr zu agieren. Deshalb macht mich unlogisches Verhalten rasend […]*« (Heil, 2021b, S. 11). Auch dadurch fallen Abweichungen oder Ungereimtheiten schnell ins Auge.

> Ein hochbegabter Patient wies in der Probatorik beim Ausfüllen eines eigens erstellten Formulars darauf hin, dass die Zeile, in der er seine E-Mailadresse eintragen sollte, an dieser Stelle des Formulars völlig unlogisch erscheine. Um keine Verwirrung zu stiften, schlug er vor, das Formular inhaltlich umzustellen, um die logische Abfolge beibehalten zu können.

Vielleicht lässt sich in diesem Zusammenhang auch das zumeist stark ausgeprägte Gerechtigkeitsempfinden einsortieren. Denn durch das Hinterfragen und die Einnahme unterschiedlicher Perspektiven fallen Hochbegabten zumeist auch Dinge, die unfair oder unausgeglichen erscheinen, sehr schnell auf. Zudem drängt es sie, auch korrigierend ausgleichend zu handeln. Das Gerechtigkeitsempfinden erscheint wie »ein intuitives Streben, das mit einem starken Handlungsdrang verbunden ist« (Heil, 2021b, S. 13).

Schließlich lässt sich das komplexe Denken in Verbindung mit dem »need for cognition« (NFC)[31] (▶ Kap. 1.5.2) – dem Bedürfnis nach intellektuellem Input, Problemlösen sowie kognitiver Herausforderung (Meier et al., 2014) – setzen. Statt sich mit Dingen geringer Anforderung zu beschäftigen, »*ist es eine Erholung, ein Fachbuch zu lesen, z. B. eine Grammatik oder einen wissenschaftlichen Aufsatz oder irgendetwas Komplexes*« (Heil, 2021a, S. 21).

3.1.2 Intensität

> Dieser Überbegriff soll das umfassende, dichte, durchdringende, schnelle und energievolle Erleben und Verhalten Hochbegabter abdecken.

---

31 Um in Therapiegesprächen erste Anhaltspunkte hierfür zu bekommen, lässt sich dieses Motiv – dank der deutschsprachigen Kurzskala (NFC-K) – mit vier Fragen sehr zeitökonomisch erfassen (Beißert et al., 2014).

Hochbegabte zeigen in der Regel ein hohes Energielevel. Nicht bei jedem erscheint es durchgängig vorhanden, sondern tritt »ausschließlich in Phasen mit einer interessanten, intellektuell anspruchsvollen Tätigkeit« (Heil, 2021b, S. 37) auf. Dies kann sich in einer Art starken intrinsischen Motivation zeigen, sich mit Dingen von Interesse eingängig zu beschäftigen (Coleman et al., 2015). Viele erleben dabei einen Flow (nach Csikszentmihalyi) oder sogar eine Hyperfokussierung der Aufmerksamkeit. Manche scheinen auch bereits als Kind nach dem Motto gelebt zu haben: »Alles, was sich zu tun lohnt, ist es wert, dass man es bis zum Exzess betreibt!« (Webb, 2017, S. 51). Gab es ein Interessensgebiet, wurde sich damit oftmals bis ins Detail beschäftigt.

Dieses hohe Energielevel, die »*sehr hohe Drehzahl*« (Heil, 2021a, S. 51), äußert sich bei sehr vielen hochbegabten Personen auch in einem hohen Pensum an alltäglichen oder beruflichen Aufgaben.

> Eine hochbegabte Patientin schilderte, dass sie sich mittlerweile nicht mehr traue, auf die Frage, mit was sie sich im Alltag beschäftige, authentisch zu antworten. Andere könnten gar nicht nachvollziehen, dass sie neben ihrer beruflichen Vollzeittätigkeit noch freiberuflich Projekte organisiere und in ihrer Freizeit intensiv Hobbies nachgehe. Für sie fühle es sich normal an.

Dies steht sicherlich im Zusammenhang mit der hohen Verarbeitungsgeschwindigkeit bei Hochbegabten. Sie erfassen Dinge sehr schnell und vieles geht ihnen dadurch leicht von der Hand, so dass dementsprechend viele Aufgaben zügig bewältigt werden können. Auch dies wird als zu sich gehörig beschrieben und oftmals auch lustvoll empfunden, in dem Sinne, dass man Spaß am »geistigen Galoppieren« hat.

> Eine hochbegabte Patientin erzählte in der Therapiesitzung sehr euphorisch von ihrem ersten Treffen bei Mensa. Sie habe es so genossen, Gespräche in einer hohen Geschwindigkeit und Tiefe zu führen, es sei äußerst anregend gewesen und habe sich so leicht angefühlt. Endlich habe sie sich nicht bremsen müssen.

Etliche Hochbegabte schildern außerdem, ihre Umgebung sehr genau wahrzunehmen, ein Auge für Details zu haben und Gefühle oder sensorische Empfindungen sehr intensiv zu erleben. Oft ist dies für andere nicht leicht nachvollziehbar: »*What's the story with your going on and on about flavors and textures and sights and sounds and smells?*«, »*I can't understand why you have the tags cut out of all your clothes*« (Daniels & Piechowski, 2008, S. 167). Durch diese intensive Feinfühligkeit können viele auch in sozialen Situationen Dynamiken und Spannungen sehr differenziert wahrnehmen.

> Eine hochbegabte Patientin gab an, sie nehme insbesondere in sozialen Gruppensituationen wahr, wer sich in welcher Stimmung befinde, wann welche Äußerung bei wem zu Anspannung führe, wer welchen Redebeitrag einbringe, zudem noch die verschiedenen Gerüche im Raum, die unterschiedlichen Geräusche etc. Sie könne nichts dagegen tun, es falle ihr automatisch auf.

Dementsprechend berichten hochbegabte Personen zumeist von einer intensiven und umfassenden Emotionalität. Erlebnisse oder Erfahrungen werden häufig emotional tiefgreifend verarbeitet (Fietze, 2019). Gespräche mit Hochbegabten sind folglich eher angeregt und anregend, von intensiver Natur, sowohl in der Fülle der Inhalte und Empfindungen als auch der Geschwindigkeit.

Hochbegabte wollen folglich Dinge auch umfassend wahrnehmen, tiefgreifend verstehen und wirklich durchdringen. Liegt es im Fokus des Interesses, geben sich die meisten nicht mit einer einfachen Antwort zufrieden, sondern fragen nach. Auch bereits als Kind schildern viele Hochbegabte, Gegenstände wie bspw. elektronische Geräte auseinandergebaut zu haben, nur um zu wissen, wie sie funktionieren.

3.1.3 Konnektivität

> Dieser Überbegriff soll das verbindende, assoziative, übergeordnete, vernetzte sowie bezogene, schlussfolgernde, ableitende Denken zusammenfassen.

Gerade im Zusammenhang mit dem komplexen Denken, aber auch mit der umfassenden Detailwahrnehmung schildern viele Hochbegabte, Zusammenhänge, Muster und/oder Regeln sehr schnell zu erkennen. Heil (2021b) zitiert folgendes Beispiel:

»*Wenn ich bewusst eine Ebene der Detailorientierung verlassen kann, fühle ich mich immer gut, da ich dann ein Muster fest erkannt habe, über das man ja sowieso jedes Detail wiederfindet, wenn man einen Schritt zurückgeht. Aber das will ich dann gar nicht. Abstrahieren zu können bedeutet für mich auch schnelleres Vorankommen*« (S. 12).

Oftmals beschreiben sie diese Art zu denken ebenfalls als etwas Natürliches, als ob sie nicht anders können, als Muster wahrzunehmen. In manchen Situationen, wie bspw. in neuen sozialen Situationen, verleiht ihnen dies auch eine gewisse Sicherheit.

> Eine hochbegabte Patientin schilderte, für sie enthielten soziale Situationen, vor allem wenn mehrere Menschen beteiligt sind und es ein neuer Kontext ist, so viele verschiedene Möglichkeiten, zu verstehen, zu handeln oder etwas zu sagen. Ihr helfe es, wenn sie erst einmal beobachte und dann sehr schnell Regeln erkenne, wie sich in dem Fall zu verhalten sei oder welche Erwartungen/Konventionen vorherrschen.

Auch der häufig vorkommende visuell-räumliche Denk- und Lernstil[32] kann hierbei genannt werden. Heil (2021a/b) konnte zeigen, dass dieser signifikant positiv mit

---

32 Daneben existiert noch der akustisch-sequenzielle Denk- und Lernstil, was vereinfacht als Denken in Begriffen übersetzt werden kann. Es muss nicht immer nur ein Denkstil vorherrschen, beide Stile können auch gleichzeitig vorhanden sein (Webb, 2017).

Mustersuche und Abstraktionsfähigkeit korreliert. Begriffe, Wissen, Inhalte werden dabei ins Bildhafte übersetzt und im Gedächtnis behalten[33].

> Ein hochbegabter Patient gab an, er könne nach Jahren immer noch Gelerntes aus dem Studium abrufen. Er habe es einfach visuell abgespeichert und wisse auch heute noch, dass dies oder jenes auf der Seite oben oder unten stand und wie er es markiert hatte.

Dieser abstrahierende, Muster erkennende Denkstil findet sich bei Hochbegabten zumeist auch in der Kommunikation. Viele berichten, in Gesprächen eher auf der Metaebene »unterwegs zu sein«, als am konkreten Detail hängen zu bleiben. Sie erfassen sehr leicht die dahinterliegenden Prinzipien und stellen einen Bezug auch zu inhaltsfremden Aspekten her. Die Denkweise erscheint deshalb oft »bezogen« – bezogen auf etwas Grundsätzliches, auf ein Prinzip, ein dahinterliegendes Motiv etc., was das Vordergründige erklärt.

Durch das komplexe und abstrahierende Denken generieren Hochbegabte auch schnell unterschiedliche Assoziationen zu einem bestimmten Inhalt. Sie können mit scheinbarer Leichtigkeit zwischen Themen im Gespräch wechseln, verschiedene Erzählstränge parallel bedienen oder die mannigfachen Assoziationen – dank des Erkennens der dahinterliegenden Prinzipien – zu gemeinsamen Argumenten wieder zusammenfassen.

In diesem Zusammenhang lässt sich auch das vorausschauende bzw. schlussfolgernde Denken anführen. Sicherlich spielen hierbei das komplexe, logisch-analytische Denken, die hohe Verarbeitungsgeschwindigkeit respektive schnelle Auffassungsgabe ebenso eine Rolle. Dementsprechend denken hochbegabte Personen bei Gesprächen bereits weiter, voraus oder schlussfolgern. Auch in Therapiesitzungen passiert es immer wieder, dass hochbegabte Patienten den Therapeuten unterbrechen und bereits eine Anschlussfrage zu einem noch nicht beendeten Satz stellen. Dies wurde auch in der Studie von Heil (2021b) angegeben: »*Aufgrund jenes schnellen Denkens beende ich quasi den Gedanken meines Gesprächspartners, bevor er den Satz noch fertiggesprochen hat und antworte mit meiner Überlegung dazu*« (S. 10). Ähnlich wie im obigen Beispiel zur Komplexität, ließe sich dies im therapeutischen Kontext als Vermeidungstendenz oder mangelnde soziale Kompetenz fehlinterpretieren. Aus der Erfahrung heraus, denkt der Hochbegabte höchst interessiert mit und extrapoliert bereits, da er das Wesentliche erfasst und eben vorausgedacht hat.

3.1.4 Kompetenz

Dieser Überbegriff soll das weitreichende Wissen und die verschiedenen Fähigkeiten Hochbegabter samt akzeleriertem Lernen, eigener Weiterentwicklung und damit verbundenem hohem Anspruch umfassen.

---

33 Für Fans der TV-Serie »Sherlock« mit Benedict Cumberbatch sei an dieser Stelle auf seinen »Gedächtnispalast« hingewiesen.

Hochbegabt sein bedeutet nicht automatisch und durchgängig exzellente Leistung in einem Gebiet zu zeigen. Nicht immer sitzt in der Therapie eine promovierte hochbegabte Person als Überflieger gegenüber. Jedoch lernen Hochbegabte in der Regel leichter, verstehen Inhalte schneller – besonders diejenigen im Fokus des eigenen Interesses – und benötigen insgesamt weniger Übungszeit, um neue Fertigkeiten zu entwickeln (Coleman et al., 2015). Dies gilt vor allem für Inhalte, die es zu begreifen, sich zu erarbeiten gilt, und weniger um solche, die einfach nur auswendig zu lernen sind.

> Eine hochbegabte Patientin beschreibt in der Therapie, dass sie sich schon immer Lehrbücher zu interessanten Themen besorgt und ausgiebig recherchiert habe. Nach kurzer Zeit habe sie sich in das neue Gebiet eingearbeitet, obwohl sie nach ihrer Ansicht meist nur an der Oberfläche kratze. Erst im Austausch mit anderen über solch ein Thema bekomme sie die Rückmeldung, dass sie wie eine Expertin spreche, und werde gefragt, wie lange sie sich denn schon damit beschäftige.

Dementsprechend zeigen hochbegabte Personen zumeist weitreichendes (Allgemein-)Wissen, haben mitunter auch Spezialinteressen oder können bei sehr vielen Themen spielerisch mitreden und in eine Diskussion einsteigen. Sie haben zudem ein sehr gutes Gedächtnis, wobei sich dies – wie Heil (2021a/b) verdeutlichte – individuell verschieden zeigen kann, wie bspw. für Zahlen, Daten, Fakten oder Gesprächsinhalte, emotional besetzte Aspekte etc., und nicht immer übergreifend sein muss.

Kompetent erscheinen Hochbegabte außerdem in ihren sprachlichen Fähigkeiten. Oftmals sprechen und/oder lesen sie bereits als Kind sehr früh, benutzen komplexe Sätze und zeigen einen großen Wortschatz (Webb, 2017). Auch im Erwachsenenalter haben sie meist eine ausgefeilte Sprache und formulieren nuanciert, klar, differenziert und vor allem präzise. Wie Fietze (2019) umschreibt, reizen Hochbegabte oftmals »die grammatikalischen und stilistischen Möglichkeiten der Sprache bis zum Äußersten aus« (S. 172), um ihrem komplexen und vielschichtigen Denken adäquaten Ausdruck zu verleihen. Damit verbunden zeigt sich ein besonderer Sinn für Wortspiele, Ironie, Sarkasmus oder Mehrdeutigkeiten von Wörtern und ein regelrechtes Vergnügen am diffizilen sprachlichen Ausdruck.

Mit der hohen Kompetenz, dem kritischen und reflektierten Auseinandersetzen mit Inhalten, aber auch mit der erlebten Intensität haben Hochbegabte oft (sehr) hohe Ansprüche an sich, an eine Leistung oder ihr Tun – es aus ihrer Sicht so gut wie möglich zu machen. In diesem Zusammenhang darf Hochbegabung nicht unbedacht mit einem problematischen Perfektionismus gleichgesetzt werden. Etliche Hochbegabte erleben die hohen Ansprüche als Ansporn oder als Freude (Heil, 2021a).

> Eine hochbegabte Patientin schilderte, sie könne nicht anders, als Dinge »perfekt« zu erledigen. Ihr fielen sowieso alle Details auf, die noch nicht passen. Das betreffe ihre Arbeit, aber auch das Kuchenbacken, genauso wie das Korrigieren von Texten, sie komme nicht umhin als jeden orthografischen Fehler zu entdecken.

Oftmals berichten hochbegabte Personen im Zusammenhang mit der hohen Kompetenz (und dem Gerechtigkeitsempfinden) auch von einem ausgeprägten moralischen Empfinden, das eigene Handeln an Werten wie Ehrlichkeit, Loyalität, Respekt o. ä. verbindlich auszurichten.

Und schließlich benötigen Hochbegabte vor allem Freiheit für die eigene Entwicklung. Fietze (2019) beschreibt es sehr gut: »Das Vorhandensein von Freiräumen ist eine notwendige Bedingung für die Entfaltung der Intelligenz.« (S. 216). Dementsprechend schildern Hochbegabte sehr häufig, sich hin und wieder gerne zurückzuziehen, um die Zeit und die Freiheit zu haben, sich mit den eigenen Denkinhalten zu beschäftigen.

3.1.5 Vielfältigkeit

> Der letzte Überbegriff soll das mannigfaltige, variierende und kreative sowie Neues samt Herausforderungen kreierende Denken und Beschäftigen Hochbegabter umschließen.

Die meisten hochbegabten Personen berichten von einem divergenten und kreativen Denkstil; sie können leicht vielfältige Assoziationen zu Neuem verknüpfen und finden oftmals kreative Lösungen für Problemstellungen. Durch eine lebhafte Vorstellungskraft gelingt es zudem »Realität auszublenden, […] spielerisch an Dinge heran zu gehen« (Heil, 2021a, S. 49). Hochbegabte bringen auch in die therapeutische Sitzung sehr häufig ihre eigenen (kreativen) Ideen und Reflexionen zum aktuell zu bearbeitenden Thema mit.

> Eine hochbegabte Patientin präsentierte in der darauffolgenden Sitzung unaufgefordert ein Foto ihres »inneren Teams«. Sie habe lange über den inneren »wohlwollenden Begleiter« nachgedacht. Das bloße sich Vorstellen einer zugewandten inneren Stimme sei für sie nicht brauchbar. Sie habe sich dann in ihre Lieblings-Serie hineinversetzt und sich vorgestellt, was die Charaktere verkörperten und welche Botschaften sie geben könnten. Daraufhin habe sie sich mit Spielfiguren eine passende Szene ausgedacht. Von dieser habe sie ein Foto gemacht und trage es seitdem stets bei sich. Ein Gedanke daran genüge und die Stimme des »inneren Kritikers« verstumme sofort.

Etliche Hochbegabte zeichnen sich auch durch hohe imaginativen Fähigkeiten aus. Es gelingt ihnen, in gedankliche Welten einzutauchen – sei es in einen Film oder ein Buch – oder Geschichten in Gedanken weiter fortzusetzen. Heil (2021a/b) konnte zeigen, dass dies signifikant positiv mit Kreativität und dem visuell-räumlichen Denkstil korreliert. Ein Höchstbegabter gab dabei an: »*Das ist für mich […] eine kreative und freie Verknüpfungsquelle im Alltag, als auch wichtiger Zufluchtsort, wenn die Welt zu viel wird*« (Heil, 2021b, S. 28).

> Ein hochbegabter Patient berichtete in der Therapie, manchmal regelrechte imaginative Gespräche oder Diskussionen zu führen. Hierbei versetze er sich

> bspw. nochmals in vergangene Unterhaltungen zurück und führe diese dann in der Fantasie weiter.

Daneben berichten die meisten Hochbegabten von einem breiten Interessensspektrum, was auch häufig dazu führt, dass sie viele Ideen generieren, bspw. für neue Projekte. Webb (2017) beschreibt, dass dies als sprunghaft oder desorganisiert wahrgenommen werden kann. Daneben kann es allerdings auch Spezialinteressen geben, die konsequent über die Zeit verfolgt werden.

> Eine hochbegabte Patientin berichtet, alles habe in ihrer Kindheit angefangen, als ihr Nachbar ihr sein Teleskop gezeigt habe. Sie sei vom Universum so fasziniert gewesen, dass sie seitdem alles zunächst über Astronomie, dann über Astrophysik und schließlich aktuell zu Quantenphysik lese, was sie in die Finger bekomme.

Dabei geht es oftmals nicht nur darum, neue Ideen zu generieren, sondern sich eben auch vielfältig mit unterschiedlichsten Gebieten zu beschäftigen und Abwechslung zu erleben, neugierig sein zu können. Hochbegabte benötigen wiederholt kognitive Herausforderungen, nicht nur die Abwechslung per se, sondern dass »ihr Geist mit ausreichend ›Futter‹ versorgt wird« (Schwiebert, 2015, S. 71). Gerade im Erwachsenenalter können sie ihren beruflichen wie privaten Alltag mit herausfordernden Tätigkeiten anreichern und sich so genügend Gestaltungsspielraum schaffen. Diese Art von erhöhter Gestaltungsmotivation bei Hochbegabten im Vergleich zu durchschnittlich Begabten haben auch Hossiep und andere (2013) für den beruflichen Bereich aufgezeigt. Nicht selten berichten Hochbegabte von oftmals regelmäßigen Neuorientierungen im Job, von einem oder mehreren Studiengängen, einem gänzlich anderen Nebenberuf im Vergleich zur Hauptbeschäftigung o. ä.

> Ein hochbegabter Patient antwortete am Beginn der Therapie mit einem Lächeln im Gesicht auf die Frage nach seinem Beruf, dass dies gar nicht so einfach anzugeben wäre. Aktuell sei er in hoher Position in einem Unternehmen angestellt, wobei dieses Tätigkeitsfeld nicht seinem originären Studium entspreche. Da er allerdings die grundlegenden Prinzipien des Jobs verstanden habe, suche er schon seit Längerem nach einer neuen Herausforderung. Er absolviere aktuell die Abschlussprüfungen seines Zweitstudiums, um vielleicht damit in Zukunft sein Geld zu verdienen. Parallel dazu habe er eine Firma gegründet.

3.2 Add-ons – aber nicht bei jedermann

Neben dieser »Grundausstattung« des hochbegabungsbezogenen Denkens, Erlebens und Verhaltens können noch weitere Merkmale im Sinne von »Add-ons« vorhanden sein. Diese stellen zwar keine hinreichenden Kriterien für Hochbegabung dar, lassen sich dennoch vermehrt bei Hochbegabten finden. Wenn vorhanden, beeinflussen sie das Erleben und Verhalten und sollen deshalb an dieser Stelle ergänzend vorgestellt werden.

Domänspezifische Begabungen/Talente

Hochbegabte Personen können domänspezifisch besonders talentiert sein, bspw. eine mathematische, sprachliche, kreative oder musikalische Begabung aufweisen. Ob und inwiefern jemand sein Talent weiterentwickelt und es bis zur Leistungsexzellenz bringt, hängt gemäß der in ▶ Kap. 1.2 diskutierten Hochbegabungs- und Talententwicklungsmodelle nicht nur von der jeweiligen Begabung, sondern auch von Förderung, Umweltbedingungen und individuellen Voraussetzungen ab, bspw. Motivation oder Handlungskompetenzen im jeweiligen Bereich.

Für die mathematische Begabung stellen Phillipson und Callingham (2009) differenziert dar, dass die Frage, was diese besonders ausmacht, nicht ohne einen Kontext zu beantworten sei. Neben dem individuellen und umweltbezogenen Kontext muss auch noch der Domänbereich per se (in dem Fall Mathematik) definiert werden, um zu entscheiden, was mathematische Exzellenz alles umfasst. Für das grundsätzliche Verständnis mathematisch Hochbegabter prägte Krutetskii (1976; zit. nach Singer et al., 2016) den Begriff »mathematical cast of mind«, die Welt durch eine mathematische Linse wahrzunehmen, mathematische Relationen und Operationen schnell zu generalisieren und besonders ein flexibles Denken aufzuweisen. Sie haben ein gutes Gedächtnis für Zahlen oder Formeln, verstehen schnell die Formalstruktur eines Problems und zeigen kreatives Problemlöseverhalten (Fleiß, 2009). Die favorisierte Beschäftigung mit Zahlen, symmetrischen Mustern oder Ordnung von Objekten zeigt sich hierbei bereits in der frühen Kindheit (Singer et al., 2016). In der weiteren Entwicklung können sich bestimmte Stärken herausbilden, wie etwa visuell-räumliche oder rechnerische Fähigkeiten. Ähnlich wie bei der mathematischen Begabung stellt sich auch für das Verständnis musikalisch Hochbegabter die Frage nach der Definition und der Einbettung (Persson, 2009). In der englischsprachigen Literatur finden sich etliche Begriffe, wie bspw. »musical aptitude«, »musical potential«, »musical giftedness« oder »musicality« (McPherson et al., 2022, S. 32), deren Definitionen sowohl in einem bestimmten sozio-kulturellen Kontext zu sehen als auch vom jeweiligen Genre abhängig sind (Persson, 2009). Allgemein wird angenommen, dass ca. 10% der Bevölkerung musikalisch besonders begabt sind; je nach Entwicklungs- und Förderprozess zeigen sich dann die entsprechenden Kompetenzen, bspw. das Spielen von Instrumenten, Komponieren, Singen etc. (McPherson et al., 2022). Darüber hinaus können weitere domänspezifische Begabungen vorliegen, bspw. für den künstlerischen/kreativen oder sprachlichen Bereich.

> Im Rahmen der Therapie erscheint es für die Ressourcendiagnostik sinnvoll, besondere Stärkenbereiche zu explorieren. Dabei geht es unter einem therapeutischen Blickwinkel weniger um Leistungsexzellenz als vielmehr um das Ausleben bisher nicht genutzter Ressourcen im Alltag.

Synästhesie

Neben solchen besonderen Talenten können Hochbegabte noch Spezifika im sensorischen Bereich aufweisen. Die sog. *Synästhesie* lässt sich beschreiben als »a remarkable way of perceiving the world. One attribute of a stimulus (e.g., its sound, shape, or meaning) may inevitably lead to the conscious experience of an additional attribute« (Ward, 2013, S. 50). Dabei kann ein Wort einen Geschmack auslösen, ein Buchstabe kann in einer Farbe leuchten oder eine gehörte Musiknote kann einen visuellen Eindruck hervorrufen. Als Minimaldefinition des Phänomens wird ein »inducer-concurrent pairing« (Ward, 2013, S. 50) – also eine Kopplung von Sinnesempfindungen – vorgeschlagen, wobei die ausgelöste Wahrnehmung den ursprünglichen Reiz nicht ersetzt. Synästhetiker hören bspw. die Musik wie andere auch, sehen jedoch dabei noch bestimmte Farben oder Formen oder haben einen Geschmack. Dies passiert automatisch und kann nicht willentlich kontrolliert werden. Aufgrund der unterschiedlichen Erscheinungsformen und der nicht ganz verstandenen Ätiologie ist es schwierig, eindeutige Diagnosekriterien zu formulieren (Johnson et al., 2013). In der Literatur wird das Konzept nicht nur als binär (vorhanden – nicht vorhanden) betrachtet, sondern als Kontinuum, so dass starke und schwache Formen angenommen werden (Martino & Marks, 2001). Als Prävalenz wird für die stark vorhandene Synästhesie von 1:2000 ausgegangen, wobei Frauen mit 5:1 häufiger betroffen sind; die meisten Synästhetiker zeigen zudem mehrere Erscheinungsformen (Ward, 2013). Es gibt auch Hinweise darauf, dass höhere intellektuelle Fähigkeiten mit Synästhesie einhergehen bzw. Synästhetiker einen höheren IQ aufweisen (van Leeuwen et al., 2021). In den Studien von Heil (2021a/b) zeigten in der Selbsteinschätzung sogar 47 % der Höchstbegabten und 38 % der Hochbegabten eine Form der Synästhesie, welche signifikant positiv mit dem Erleben als Ressource korrelierte; zudem schien die Synästhesie verbunden mit intensivem emotionalem Erleben.

> »Buchstaben haben ihre eigene Farbe, manche Großbuchstaben haben auch eine Persönlichkeit. Konsonanten mag ich generell nicht gern. Sie sind nicht so herzlich wie die Vokale. Der schlimmste große Buchstabe ist das D. Es ist silbern und hat zu allen Seiten scharfe Spitzen. Das Alphabet schwebt rechts, ganz hinten in der Ferne, im Raum in meinem Kopf. Zahlen haben auch alle ihre Farbe und ausgeprägte Persönlichkeiten.« (Heil, 2021b, S. 39)

Als neuronale Mechanismen werden bei der Synästhesie strukturelle und funktionelle Unterschiede (d.h. in der Konnektivität) im Vergleich zu neurotypischen Gehirnen angenommen (Ward, 2013). Demnach ist es nicht verwunderlich, dass hierbei ein Zusammenhang mit Autismus besteht (van Leeuwen et al., 2020). Zudem zeigen Synästhetiker, ähnlich wie Autisten, einen veränderten sensorischen Verarbeitungsstil, vor allem eine sensorische Hypersensitivität sowie eine erhöhte Detailwahrnehmung (van Leeuwen et al., 2021). Mit Synästhesie sind darüber hinaus weitere neurokognitive Unterschiede das episodische Langzeitgedächtnis betreffend verbunden. Ein »Durchschnitts-Synästhetiker« liegt sogar bei der 73. Perzentile der Gedächtnisleistung im Vergleich zur neurotypischen Kontrollstichprobe (Ward et al., 2019). Bei Heil (2021b) formulierte ein Höchstbegabter folgendermaßen: »*Auch Inhalte merke ich mir in einem räumlichen Beziehungsbild und nehme auch Zeiteinheiten farblich und räumlich codiert wahr. Dies führt wohl zu einer extrem gesteigerten Merkfähigkeit – zumindest verglichen mit neurotypischen Menschen und in ungebremster Reinform«* (S. 39).

> Die Synästhesie ist ein eher seltenes Merkmal und die Frage danach wird in der Regel nicht in der therapeutischen Standard-Anamneseerhebung gestellt. Gerade bei hochbegabten neurodivergenten Patienten sollte jedoch geprüft werden, ob diese vorliegt, denn in der therapeutischen Arbeit lässt sich dieser besondere Wahrnehmungs- und Erlebenszugang kreativ als Ressource nutzen.

3.3 Kehrseite der Medaille: Herausforderungen

In der Fachliteratur[34] wird differenziert beschrieben, dass die Hochbegabung überwiegend als Ressource und deutlich weniger als Belastung wahrgenommen wird (Blut, 2020; Heil, 2021a/b). Und dennoch kann zuweilen das begabungsbezogene Erleben oder Verhalten herausfordernd sein (▶ Abb. 3.2). Selbstredend können diese Zustände vereinzelt auch bei durchschnittlich Begabten auftreten; das Vorhandensein *eines* Aspekts bedeutet nicht automatisch, dass eine Hochbegabung vorliegt. Die Herausforderungen sind wie die dargestellten Ressourcen als eine charakteristische Kombination zu verstehen – wie eine Art spezifischer Fingerabdruck. Demnach kann auch die folgende Übersicht der »Kehrseite der Medaille« als Explorationshilfe für die Erfassung der inneren Wahrnehmungswelt eines Hochbegabten dienen.

Die intensiven Wahrnehmungen, Gedanken, Handlungen und Gefühle vergleicht Webb (2017) mit einem Blick durch ein Elektronenmikroskop, was einen sehr drastischen, jedoch zugleich auch charmanten Vergleich darstellt, um das genauere, eindringlichere, detailliertere oder umfassendere Wahrnehmen und Erleben einer hochbegabten Person wertneutral zu verdeutlichen. Folgt man dieser Metapher, so verbessert im Kontrast zu einem durchschnittlichen Lichtmikroskop, welches eine Auflösung von 300 nm (0,0003 mm) erreicht, ein Elektronenmikroskop die Auflösung bis auf 0,1 nm (Stöcker & Krüger, 2019)! Vielleicht ist dadurch das vielfach verwendete Wörtchen »zu« bei den folgenden genannten Merkmalen nachvollziehbar.

Zu kompliziert bei einfachen Dingen denken/zu viel (be-)denken

Wahrscheinlich kennt jeder Hochbegabte den Zustand, zu viel nachzudenken, sich über alles zu viel den Kopf zu zerbrechen oder die Gedanken nicht abschalten zu können. Oftmals wird regelrecht die Sehnsucht formuliert, einfach mal nichts zu

---

34 Hingegen findet sich in der populärwissenschaftlichen Literatur (insb. in Ratgebern) häufig der Fokus auf den Belastungen, was ein verzerrtes Bild generiert.

Abb. 3.2: Übersicht hochbegabungsbezogener Herausforderungen

denken. Durch das Bedenken aller möglichen Perspektiven kann es zudem zum erhöhten Wahrnehmen potenzieller Risiken kommen, welche damit überbetont werden (Heil, 2021a). Viele Hochbegabte können in der Folge dadurch zuweilen schwer Entscheidungen treffen. Auch einfache und offenkundige Lösungen werden oftmals nicht wahrgenommen, da angenommen wird, es müsse doch komplizierter sein. Im Kontakt mit anderen hat dementsprechend jeder Hochbegabte schon einmal gesagt bekommen, dass er zu viel nachdenke, »*zu schnell, zu sprunghaft, zu genau, zu kompliziert, zu umständlich, zu anstrengend, zu tiefgründig zu sein*« (Heil, 2021b, S. 10). Manchmal sind diese Rückmeldungen auch subjektiv nachvollziehbar, manchmal erlebt der Hochbegabte jedoch dadurch eine Art von »Bruch zur Außenwelt«, d.h. nicht verstanden zu werden.

Zu kritisch sein/alles in Frage stellen

Das kritische Denken, das Hinterfragen und die Übernahme unterschiedlicher Perspektiven kann im Übermaß ebenfalls als Belastung erlebt werden: »*Ich sehe bei allem direkt auch die Nachteile und Gegenargumente und habe deshalb den Eindruck, dass ich nie zufrieden bin und mich schwerer als andere für etwas begeistern kann*« (Heil, 2021b, S. 16). Das ständige Hinterfragen kann auch die eigenen Emotionen betreffen. Wird sogar für eigene Wahrnehmungen ein Beweis eingefordert (bspw. für die eigene emotionale Reaktion), erleben hochbegabte Personen in der Folge eine starke Verunsicherung (»Kann ich meiner eigenen Reaktion trauen? Schließlich kann ich es auch aus einer anderen Perspektive betrachten …«). Im Kontakt mit anderen kann schließlich das kritische Nachfragen oder Wahrnehmen von Problemen auch missverstanden werden: »*Andere in meinem privaten Umfeld fühlen sich durch meine Art schnell kritisiert, was ich in der Regel gar nicht beabsichtigt habe, das führt manchmal zu unschönen Situationen, und ich fühle mich falsch verstanden*« (Heil, 2021a, S. 16 f.).

Zu perfekt machen wollen

Wahrscheinlich kennt es auch jeder Hochbegabte, zeitweise extreme Ansprüche an sich zu stellen: »*Bis weit ins Erwachsenenalter hinein bin ich daher oft an simplen Aufgaben regelrecht verzweifelt, weil ich immer gleich vor Augen hatte, wie die Durchführung oder das Ergebnis ›eigentlich‹, im Idealfall, aussehen müsste.*« (Heil, 2021a, S. 37). Im Kontakt mit anderen finden viele Hochbegabte im Laufe ihres Lebens jedoch heraus, dass ihre Ansprüche an eine Aufgabe oft weit über denjenigen der Außenwelt liegen. Sie haben gelernt, Aufwand und Nutzen abzuwägen (Heil, 2021b). Es kann jedoch auch vorkommen, dass der Anspruch, es perfekt machen zu wollen, Hochbegabte davon abhält, mit einer Aufgabe zu beginnen, was in der Folge als frustrierend erlebt wird.

> Eine hochbegabte Patientin berichtete, sie habe ein neues Hobby für sich entdeckt. Sie lese sich nun schon seit über einem halben Jahr ein, habe sich mittlerweile zig Bücher gekauft und schaffe den Sprung, endlich damit anzufangen, einfach nicht. Sie habe eine perfekte Vorstellung davon, wie es umzusetzen ist, und dies halte sie nun eigentlich genau davon ab.

Zu hohe Erwartungen an andere haben und enttäuscht sein

An die zu hohen, perfektionistischen Ansprüche an sich selbst schließen sich (zu) hohe Erwartungen an die Außenwelt an. Hochbegabte ertappen sich zuweilen dabei, von anderen eben auch sehr viel zu erwarten. Es ist oftmals mit einem Lernprozess verbunden, zu realisieren, dass andere nicht immer die Dinge in derselben Komplexität wahrnehmen und fühlen oder nicht dieselben tiefgreifenden Kompetenzen und moralischen Wertvorstellungen haben. Heil (2021b) gab in ihrer Untersuchung an, dass es von Hochbegabten als hilfreich empfunden wurde, »ihre Erwartungen an andere Menschen herabzusetzen und wertzuschätzen[,] was sie von diesen entgegengebracht bekamen« (S. 50). Gleichzeitig kann es auch sein, dass hochbegabte Personen dadurch misstrauischer und zurückhaltender in Beziehungen werden, um sich vor den Enttäuschungen zu schützen (Heil, 2021a). Im beruflichen Kontext schildern manche, dass sie insbesondere an Vorgesetzte erst einmal hohe Erwartungen in Bezug auf die sachliche und zwischenmenschliche Kompetenz haben, in der Hoffnung, jemanden anzutreffen, an den sie sich »anlehnen« können. Sobald diese dann jedoch die Erwartungen nicht erfüllen, kann es schwerfallen, diese noch ernst zu nehmen.

Von Reizen überflutet sein/zu intensiv fühlen/zu sensibel sein

Gerade Hochbegabte mit einer Overexcitability oder Hochsensibilität können sehr angestrengt im Alltag sein, da sie »Geräusche, Licht, Textilien, Gerüche, Temperaturunterschiede oder Berührungen als unangenehm oder störend erleben« (Heil, 2021b, S. 23). Es kostet zumeist sehr viel Kraft, sich gegen Reizüberflutungszustände abzuschirmen. Andere können dies oft nicht nachvollziehen. Gerade auch die Feinfühligkeit gegenüber Ungerechtigkeit, Emotionen und Stimmungen führt dazu, sich insbesondere von Leid, Schmerzen oder Gewalterfahrungen bei anderen nur schwer abgrenzen zu können: »Wenn ich freiwillig oder unfreiwillig von Grausamkeiten und Misshandlungen erfahre, schmerzt mich das beinahe so sehr, als würde es mir selbst passieren. Andere sagen immer, ich würde das ganze Leid der Welt auf meinen Schultern tragen« (Brackmann, 2012, S. 24). Einige hochsensible Hochbegabte berichten regelrecht von einem Weltschmerz.

Keine/kaum Grenzen spüren

Vielleicht lässt es sich als Konglomerat aus hohem Energielevel, hohen Erwartungen und Idealvorstellungen, erhöhter Permeabilität bei Reizen und/oder Gefühlen betrachten, dass etliche Hochbegabte einen mangelnden Zugang zu eigenen Grenzen schildern. Meist betrifft dies nicht das eigene Wissen oder die eigene Kompetenz; hierfür konnte auch Heil (2021a/b) zeigen, dass eine sehr genaue Vorstellung vom eigenen Wissen/Nichtwissen, im Sinne einer Begrenzung, vorherrscht. Es betrifft ebenfalls nicht das Überschreiten der Grenzen anderer, denn Hochbegabte mit ihrer Feinfühligkeit und ihrem Sinn für Gerechtigkeit achten in der Regel sehr darauf, die Grenzen anderer nicht zu verletzen. Es geht vielmehr um die mangelnde Wahrnehmung eigener Belastungsgrenzen. Obwohl in vielen Büchern die Unterforderung bei Hochbegabten betont wird, können Hochbegabte ebenso die Überforderung erleben, sich zu viel zuzumuten.

> Eine hochbegabte Patientin fand eine passende Metapher: »Es ist, als ob ich auf einem Pferd sitze; der Reiter ist mein Kopf, ich habe unendlich viele Ideen, will dies und jenes entdecken. Ich treibe mein Pferd, meinen Körper an. Ich ärgere mich, wenn es stolpert und müde wird. Dabei ist mein Reiter noch gar nicht müde.«

Ein anderer Aspekt beim Thema Grenzen kann die oben skizzierte Verbundenheit betreffen: Hochbegabte schildern manchmal, weil sie alles aus der Metaebene betrachten, den Kontakt zum Alltag, die Verbundenheit, zu verlieren (»denn im Kopf ist es grenzenlos«). Viele Hochbegabte geben in diesem Zusammenhang an, es als hilfreich zu empfinden, wenn die Außenwelt ihnen eine Grenze aufzeigt (auch wenn es ihrer eigenen Entscheidungsfindung widerspricht und sie sich darüber auch ärgern können). Der heilsame Anteil dieser Begrenzung ist eine Art von Erleichterung, sich nicht weiter den Kopf zerbrechen zu müssen, anhalten zu dürfen/müssen und den Kontakt mit dem Hier und Jetzt wahrzunehmen.

Zu ungeduldig sein/Langsamkeit nicht aushalten

Sehr viele Hochbegabte können sich damit identifizieren, häufig zu ungeduldig zu sein. Durch die hohe Verarbeitungsgeschwindigkeit, das hohe Energielevel, aber auch die zumeist hohe intrinsische Motivation möchten Hochbegabte schnell vorankommen, schnell verstehen, schnell Erfolge erzielen etc. Kommt ein Hochbegabter in der Realität nicht derart schnell wie in seinem Kopf vorgestellt voran – setzt die Realität also Grenzen –, kann dies als zunehmend frustrierend erlebt werden.

> »Wenn ich eine neue Aufgabe angehe oder etwas Neues lerne, bin ich einerseits mit Feuereifer dabei. Andererseits ist es mir fast unmöglich, mir von jemandem etwas sagen oder beibringen zu lassen. […] Und wenn ich es dann nicht gleich kann, werde ich zu schnell wütend und verzweifelt. […] Oft schmeiße ich eine Sache dann erst einmal hin« (Brackmann, 2012, S. 24f.).

In Kontakt mit anderen kann sich diese Ungeduld darin äußern, die Langsamkeit anderer Mitmenschen als nervig bis hin zu schwer erträglich zu erleben. Insbesondere Höchstbegabte erleben oftmals einen »Bruch« zu anderen, was ihr schnelles und komplexes Denken angeht (Heil, 2021b): »*Es fällt mir beruflich und privat manchmal schwer bei Normalbegabten einzuschätzen, wie ausführlich und für mich langsam bzw. kleinteilig ich etwas erläutern muss*« (S. 10).

Zu viel Verantwortung übernehmen/Schuldgefühle erleben

Im Zusammenhang mit der Ungeduld hinsichtlich der als langsamer erlebten Mitmenschen führen manche Hochbegabte an, anstehende Aufgaben lieber gleich selbst zu übernehmen, anstatt zu warten, bis andere es erledigt haben. Aber auch die hohen Ansprüche an sich selbst bzw. die oftmals genaue Vorstellung davon, wie bestimmte Dinge abzulaufen haben, können Hochbegabte dazu bringen, zu viel Verantwortung zu übernehmen. Aber auch durch den zumeist ausgeprägten Gerechtigkeitssinn fühlen sich viele Hochbegabte schnell verantwortlich, etwas zu unternehmen oder anderen zu helfen. Fietze (2019) bringt es auf den Punkt: »Die Fähigkeit, mögliche Folgen zu antizipieren, prädestiniert sie, zu intervenieren und Lösungen zu finden. Im Freundeskreis, in der Nachbarschaft oder im beruflichen Umfeld sind sie hilfsbereit, vermitteln und mischen sich ein« (S. 205). Hierbei können Hochbegabte auch Schuldgefühle erleben – nicht genug gemacht zu haben, sich nicht genug eingesetzt zu haben oder Regeln nicht exakt eingehalten zu haben (Fietze, 2019). Dies scheint vor allem bei denjenigen aufzutreten, die auch hohe (moralisch) Ansprüche an sich selbst haben. Zudem kann diese Facette der Verantwortungsübernahme noch mit weiteren Aspekten verwoben sein, wie bspw. dem großen Wissensdurst und den vielfältigen Interessen. Es kann vorkommen, dass –

nur um Langeweile zu verhindern – vermehrt Aufgaben und Herausforderungen übernommen werden, was langfristig zur Überforderung führen kann:

> »Was definitiv häufig war in meinem Leben, war ein Fortbildungshunger und das Gefühl, nicht genug zu wissen, so dass ich quasi drei Berufe lernte und mich immer noch nicht kompetent genug fühlte für bestimmte Fragen. Ich war erschöpft, weil ich wenig Zeit hatte zur Regeneration, jedoch war ich in allem gut und bekam positives Feedback« (Heil, 2021b, S. 46).

Nichts vergessen können

Gleichwohl einstimmig die herausragende Gedächtnisleistung und -kapazität als wesentliches Ressourcenmerkmal bei Hochbegabung beschrieben wird, kann die Kehrseite dieser Medaille in manchen Fällen zur Herausforderung werden. Brackmann (2020a) beschreibt für Höchstbegabte, dass diese sich bis weit vor ihrem dritten Lebensjahr zurückerinnern können und folgert, dass die »Möglichkeiten zu einem gesunden Maß an Verdrängung oft weniger gut ausgeprägt« (S. 26) sind. Auch hochbegabte Personen schildern häufig, wie sich unangenehme Bilder regelrecht in ihr Gedächtnis brennen und sie diese jahrelang vor ihrem inneren Auge abrufen können. Im Kontakt mit anderen können aufgrund dessen auch Enttäuschungen entstehen oder irritierende Reaktionen ausgelöst werden. Bei Heil (2021a) findet sich folgende Beschreibung: »*In manchen Situationen fällt es mir schwer abzuschätzen, welche Erinnerungen ok sind zu haben und welche von anderen Menschen evtl. als unangenehm empfunden werden. (›Wieso weißt Du, welche Schuhgröße ich habe??‹ ›Das hast Du vor 4 Jahren mal erwähnt …‹)*« (S. 33).

Sich nicht entscheiden können/prokrastinieren

Vermutlich ist es ein Gemenge aus komplex-kritischem Denken und dem Drang, alles logisch zu durchdenken und aus unterschiedlichen Perspektiven zu betrachten, dass Hochbegabte zuweilen Schwierigkeiten haben, sich zu entscheiden oder an ihren eigenen Entscheidungen im Nachgang zweifeln. In der Folge erleben sie auch eine daraus resultierende Prokrastination, die Dinge erst einmal liegen zu lassen, um sich dem aversiven Zustand nicht aussetzen zu müssen. Für Hochbegabte ist es meist sehr wichtig, aufgrund ihres logisch-analytischen Denkens und des tiefgreifenden Verstehens, Entscheidungen bewusst und eben durchdacht zu treffen. Durch das kritische Denken fallen Hochbegabten Risiken schnell ins Auge, weshalb zumeist alle Optionen etliche Vor- und Nachteile aufweisen, so dass »einfache« Entscheidungen schwerer getroffen werden können (Heil, 2021a/b). Andere Aspekte in diesem Zusammenhang sind die Vielfalt an Möglichkeiten und das differenzierte Denken, welche zu Entscheidungsschwierigkeiten führen können. Bei Brackmann (2020a) findet sich ein plakatives Beispiel aus dem Kindesalter: »Wir haben Tonbandaufnahmen von Tiergeräuschen angehört. Das erste war ein Summen. Alle haben sofort gerufen ›eine Fliege!‹. Ich habe überlegt, ob es eine Fliege, eine Hummel, eine Biene oder eine Hornisse sein könnte« (S. 42). Auch aufgrund der Vielfalt an Interessen oder bei eher ausgeglichenen Begabungsprofilen können sich

Entscheidungsschwierigkeiten, bspw. hinsichtlich der Berufswahl bei jungen Erwachsenen, ergeben (Achter et al., 1997).

> Ein adoleszenter Hochbegabter berichtet zu Beginn der Probatorik, er habe aktuell sein Abitur abgeschlossen und sei in allen Fächern sehr gut gewesen. Auch in seinem IQ-Profil ergeben sich kaum Höhen und Tiefen. Er sei schon bei einer Berufsberatung gewesen; dort habe man ihm am Ende aller Testungen rückgemeldet, er könne alles werden, was er wolle.

Zu viele Ideen haben

Hochbegabte mit einer ausgeprägten Interessensvielfalt berichten zudem von dem für sie belastenden Umstand, dass die Zeit einfach nicht ausreiche, um sich gänzlich allen Ideen und Interessensgebieten ausführlich widmen zu können (Heil, 2021a). In der Folge können sie sich regelrecht verzetteln und sich selbst stark unter Druck setzen, warum sie es nicht schaffen, alles gleichermaßen umzusetzen. Oftmals fühlen sie sich als zwar oberflächlich belesen oder eingearbeitet in ein Thema, jedoch nicht als vertiefter Experte, was ebenfalls Leidensdruck verursachen kann. Im Kontakt mit anderen können Hochbegabte einerseits auch enttäuscht sein, dass sie nicht einfach einen passenden Gesprächspartner für derart viele und vielleicht auch wechselnde Themengebiete finden. Andererseits können andere mit Unverständnis reagieren, wie es denn möglich sein könne, so viele verschiedene Interessen zu haben. Manchmal werden Hochbegabte sogar als einschüchternd von anderen wahrgenommen, wenn sie offen von ihren vielfältigen Projekten erzählen.

Unterfordert sein/sich schnell langweilen

Haben Hochbegabte eine Sache, eine Aufgabe oder ein zu bewältigendes Problem erst einmal verstanden und in ihrer Struktur durchdrungen, erleben sie schnell Langeweile und suchen nach neuen Herausforderungen (Preckel et al., 2010). Das Gefühl, eine Anforderung ist durchschaubar und damit berechenbar, lässt Hochbegabte häufig die Motivation verlieren. Gerade Langeweile bei Routineaufgaben des Alltags beschreiben sie als deutliche Belastung (Heil, 2021a/b). Insbesondere der Smalltalk und wenig anspruchsvolle Gespräche können regelrecht zur Qual werden. Viele schildern, dass es ihnen sogar physisch bemerkbar viel Energie raubt, einfachen, wenig anspruchsvollen Gesprächen zu folgen oder sich zu zwingen, Belanglosigkeiten auszutauschen. Dies kann von anderen als Arroganz und Desinteresse missverstanden werden. Dementsprechend kennen wahrscheinlich alle Hochbegabten das Gefühl, unterfordert zu sein. Zumeist kann im Erwachsenenalter mit den entsprechenden Freiheitsgraden besser dafür gesorgt werden, eine Balance zwischen Herausforderung und Routine zu finden. Nicht selten sehen sich viele in der Ausbildung, im Studium oder im Beruf jedoch gefangen in einem chronischen Unterforderungszustand, der schlimmstenfalls als Bore-out[35] enden kann.

Zu selektiv sein

Die Suche nach kognitiven Herausforderungen ist bei Hochbegabten, wie mit dem Konzept des »need for cognition« beschrieben, ein »ich-syntoner innerer Motor«. Diese intrinsische Motivation zeigt sich jedoch bei den meisten als sehr selektiv und es wird als äußerst anstrengend erlebt, sich für (sinnbefreite) Dinge außerhalb des Fokus des Interesses zu begeistern oder ins Handeln zu kommen (Heil, 2021a). Viele Hochbegabte schätzen diesen intrinsischen Aspekt, die eigene »challenge« zu bestehen, und fühlen sich weniger durch äußere Anreize angespornt. Dies kann insbesondere im beruflichen Kontext zu Belastungen führen.

> *»Wenn eine hohe innere Motivation vorhanden ist oder aus der Tätigkeit hervorgeht, dann empfinde ich das als extrem leistungsfördernd. Andererseits ist das Fehlen einer inneren Motivation und nur das Vorhandensein von Anreizen von außen sehr stark bremsend. Dann kann mich das sogar komplett davon abhalten etwas zu tun. Ein inneres Interesse an einer Tätigkeit selbst ist für viele Tätigkeiten eine absolute Voraussetzung für eine Beschäftigung damit oder eine Durchführung der Sache«* (Heil, 2021b, S. 26).

Ein weiterer Aspekt der Selektivität findet sich bei manchen in der alltäglichen Kommunikation. Es kann vorkommen, dass Hochbegabte für sie uninteressante und belanglose Informationen ausblenden oder regelrecht aus dem Gedächtnis löschen[36].

3.4 Daraus resultierende Selbstwahrnehmung: Sich anders fühlen

Wie aus den Darstellungen zu Ressourcen und Herausforderungen ersichtlich wird, erleben sich hochbegabte Personen auf eine bestimmte Weise, die in der Summe von durchschnittlich Begabten nicht gleichermaßen geteilt wird. Erst im Kontakt mit anderen kann das Erleben der Reaktionen hierauf zu der Selbstwahrnehmung führen, sich anders oder nicht verstanden zu fühlen. Da in der Regel nicht davon ausgegangen werden kann, dass ein Hochbegabter in einem vornehmlich ebenfalls Hochbegabten-Umfeld aufwächst, ist die wohl am meisten genannte Selbstwahr-

---

35 Bore-out wird als gegensätzlicher Zustand zum Burn-out definiert, der vornehmlich durch Unter-, statt Überstimulation hervorgerufen wird und ein Ergebnis chronischer Langeweile darstellt; insbesondere Hochbegabte sind gefährdet, bei anhaltender Unterforderung einen derartigen Zustand zu entwickeln (Fiedler & Nauta, 2020).
36 Für Fans der TV-Serie »Sherlock« sei auf seine Aussage hingewiesen, dass er viel Gebrabbel filtern müsse und Mrs. Hudson »semipermanent stumm geschalten« habe (Staffel 3, Folge 3).

nehmung, sich von anderen zu unterscheiden, sehr nachvollziehbar. Dies stellt jedoch eine Lernerfahrung dar und entspricht nicht einer immanenten *Eigenschaft* eines Hochbegabten. Ähnelt sich das Umfeld, ändert sich auch die Selbstwahrnehmung. Ausnahmen bestätigen bekanntlich die Regel:

> Eine hochbegabte Patientin berichtet, das Gefühl, anders zu sein, eigentlich nicht zu kennen. Sie sei in einer Familie mit Geschwistern aufgewachsen, welche allesamt hoch- oder höchstbegabt seien; zudem sei sie in der Schule gefördert worden und habe für das Studium ein Stipendium erhalten. Aktuell studiere sie an einer Elite-Universität. Sie habe sich in ihrem sozialen Umfeld eigentlich schon immer auf einer Wellenlänge mit anderen erlebt.

Folglich geht es nicht um eine »Anders*artigkeit*« – im Sinne einer gänzlich qualitativ unterscheidbaren anderen Art –, sondern um das mögliche Erleben, dass andere im unmittelbaren Umfeld differieren. Bereits hochbegabte Kinder unterscheiden sich von Gleichaltrigen *in ihren Fähigkeiten und in ihrer Motivation*, was den Eindruck, anders zu sein, bestärkt, welcher bis zum Erwachsenenalter anhalten kann (Coleman et al., 2015). Es scheint insbesondere im Kindes- und Jugendalter zu Belastungen zu führen, während sich bei Erwachsenen der Spielraum vergrößert, das soziale Umfeld entsprechend der eigenen Neigungen zu selektieren, und es Zeit braucht, »to come to terms with one's abilities and talents« (Rinn & Bishop, 2015, S. 222). Bei Blut (2020) erklärten 80 % der Teilnehmer, dass ihnen das »Sich-anders-Fühlen« bereits in der Schule aufgefallen ist. Als Erwachsener entspricht ihr Selbstbild jedoch weitestgehend ihrem Idealbild von sich; sie erleben sich folglich als kongruent und möchten sich nicht ändern. Ein interessantes Ergebnis dieser Studie ist: »Ob sie ihre Hochbegabung als Handicap erleben, hat demzufolge nichts damit zu tun, ob und in welchem Ausmaß sie sich als andersartig erleben und wie zufrieden sie mit sich selbst sind« (S. 314). Dementsprechend kann nicht angenommen werden, dass sich aus dem Gefühl, anders zu sein, automatisch interaktionelle Probleme für Hochbegabte ergeben. Auch Wirthwein (2010) stellt in ihrer Dissertation fest: »Solide empirische Befunde im Erwachsenenalter fehlen jedoch bislang – daher erstaunen die auffindbaren Postulate, hochbegabte Erwachsene seien ›anders‹, ›übersensibel‹ oder ›unglücklich‹« (S. 240). Der automatische Schluss, welcher zuweilen in der populärwissenschaftlichen Literatur zu finden ist, *weil* ein Hochbegabter sich anders fühlt, müsse er auch anders*artig* sein und dies zur Unzufriedenheit oder Anpassungsschwierigkeiten führen, sollte nicht gezogen werden.

Folglich zeigt sich die Selbstwahrnehmung, anders zu sein, insgesamt differenzierter: So erleben sich hochbegabte Frauen sogar signifikant häufiger anders als Männer (Blut, 2020; Heil, 2022). Hochbegabte unterscheiden sich zudem in der Intensität dieses Gefühls, ebenso inwieweit dieses eher in der Kindheit oder heute als Erwachsener vorherrscht, inwieweit es akzeptiert (Wittmann, 2019) oder welcher Umgang damit gefunden wurde (Blut, 2020). Es geht also keineswegs nur um ein bloßes Anderssein!

Im therapeutischen Setting sollte die Selbstwahrnehmung bei Hochbegabten offen exploriert werden. Je nach biografischem Kontext kann diese in ihrer Intensität oder im Ausmaß des Einflusses auf die Identitätsbildung differieren. Zudem ist nicht automatisch davon auszugehen, dass jeder Hochbegabte andauernde negative interpersonelle Lernerfahrungen gemacht hat (▶ Kap. 4.2). Allerdings ist anzunehmen, dass das Gefühl, anders zu sein, vornehmlich zur Hochbegabung dazugehört (Ausnahmen bestätigen die Regel!).

3.5 Arbeitshypothese aus der Praxis: Motivprofil bei Hochbegabten

Gleichwohl es immer nur eine Einzelfallbetrachtung sein kann, um eine hochbegabte Person in ihrem individuellen Handeln und der dahinterliegenden Motivstruktur zu verstehen, stellt sich an dieser Stelle doch die Frage, ob sich aus dem hochbegabungsspezifischen Erleben und Verhalten noch allgemeinere Annahmen ableiten lassen, welche – wie bspw. das Gefühl, anders zu sein – für die Mehrheit der Hochbegabten gelten. Offenkundig haben Hochbegabte keine einzigartigen, speziellen oder ganz besonderen Grundbedürfnisse, wie zuweilen in der populärwissenschaftlichen Literatur vermittelt wird. Und dennoch: Lässt sich eine Art übergreifendes Motivprofil bei Hochbegabten finden?

Psychische Grundbedürfnisse sind dadurch definiert, dass sie bei jedem Menschen vorkommen und »deren Verletzung oder dauerhafte Nichtbefriedigung zu Schädigungen der psychischen Gesundheit und des Wohlbefindens« (Grawe, 2004, S. 185) führt. Dabei lassen sich basale Grundbedürfnisse als »energizing (drive) function« auffassen, welche den Motiven – »as forces that drive and direct behavior« – die grundlegende Energie vermitteln, während Ziele wiederum den Motiven dienen und dem Individuum schließlich zur Bedürfnisbefriedigung verhelfen (Dweck, 2017, S. 697). Demnach sind Grundbedürfnisse allen Menschen übergreifend gemeinsam, während die Entwicklung von Motiven und insbesondere damit zusammenhängenden konkreten Zielen natürlich stark von individuellen Lebenserfahrungen abhängt. Das Individuum bildet bei der Zielerfüllung im Leben mentale Repräsentationen über seine Erfahrungen aus, welche schließlich kognitive und affektive Schemata beinhalten (Grawe, 2004; Sachse et al., 2016). Dies lässt sich ebenfalls in den Plananalyse-Ansatz nach Caspar (2018) einordnen: Der Mensch als »*zielgerichtet handelndes Wesen*« steht mit »seiner Umwelt in einem *ständigen motivierten Austausch*« (S. 46f.). Demnach zeigt eine Person ein konkretes Verhalten, welches einem Mittel (= Plan) dient, um ein bestimmtes Ziel zu erreichen. Wenn sich diese Person bspw. gegenüber anderen Menschen stets freundlich verhält, wird das Mittel (»sei freundlich«) erfüllt, um das Ziel »werde von anderen gemocht« zu erreichen (Caspar, 2018).

Während im psychotherapeutischen Kontext zumeist die Konsistenztheorie nach Grawe (2004) und die dazugehörigen Grundbedürfnisse nach *Orientierung/Kontrolle, Selbstwerterhöhung/-schutz, Bindung und Lustgewinn/Unlustvermeidung* für die Analyse motivierten Handelns zugrunde gelegt werden, findet sich im Rahmen der Hochbegabungsforschung vornehmlich der Bezug zur Selbstbestimmungstheorie der Motivation nach Deci und Ryan (2000). Sie unterscheiden drei angeborene psychologische Grundbedürfnisse: Durch das Bedürfnis nach *Kompetenz* oder *Wirksamkeit* möchte das Individuum effektiv etwas bewirken, also Aufgaben bewältigen und handlungsfähig sein. Dabei möchte es selbständig und eigenbestimmt handeln, was dem Bedürfnis nach *Autonomie* oder *Selbstbestimmung* entspricht. Diese beiden Aspekte spielen insbesondere für die intrinsische Motivation eine entscheidende Rolle. Daneben existiert noch das Bedürfnis nach *sozialer Eingebundenheit* oder *Zugehörigkeit*, d.h., das Individuum strebt nach befriedigenden Sozialkontakten, möchte von anderen anerkannt werden und sich zugehörig fühlen (Deci & Ryan, 1993; Krapp, 2005). Ähnlich dem übergeordneten Grundprinzip des psychischen Funktionierens nach Grawe – dem Streben nach Konsistenz – nehmen auch Deci und Ryan ein übergeordnetes Prinzip – die organismische Integration – an, »nämlich eine sozial verträgliche Optimierung des individuellen Wachstums« (Krapp, 2005, S. 636).

Legt man die oben genannten hochbegabungsspezifischen Verhaltensweisen zugrunde und wird bottom-up vom konkreten Verhalten zu bestimmten Motiven bis hin zu Grundbedürfnissen geschlossen, hat sich in der therapeutischen Praxis gezeigt, dass bestimmte Motive für Hochbegabte besonders relevant erscheinen. Als Arbeitshypothese lässt sich an dieser Stelle folgendes Motivprofil von Hochbegabten beschreiben (▶ Abb. 3.3):

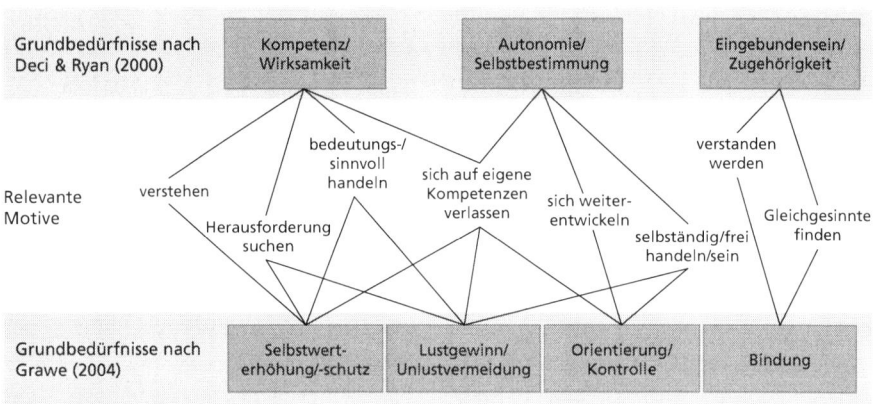

Abb. 3.3: Relevante Motive Hochbegabter in Bezug zu Grundbedürfnissen

Viele Hochbegabte formulieren das Motiv, Dinge wirklich verstehen und durchdringen zu wollen, sehr häufig explizit, was dem Bedürfnis nach Kompetenz/Wirksamkeit nach Deci und Ryan (2000) zuzuordnen ist. Ebenfalls das Motiv, »(heraus)gefordert (need for challenge)« werden zu wollen (Clinkenbeard, 2012), wird oftmals genannt. Dies wurde auch als zentrales Motiv im Zusammenhang mit dem selbstbestimmten Lernen und der intrinsischen Motivation für Hochbegabte belegt (Phillips & Lindsay, 2006). Durch das vertiefte hinterfragende Auseinandersetzen mit oftmals existenziellen Fragen erscheint das Motiv nach sinnvollem/ bedeutungsvollem Handeln nachvollziehbar (Webb, 2020). Hochbegabte berichten vielfach, für sie sei »das sich verlassen können auf die eigenen Kompetenzen (auf den eigenen Kopf)« sehr zentral, ebenso wie sich weiterzuentwickeln und nicht stehen zu bleiben. Diese beiden Motive dienen sicherlich nicht nur dem Bedürfnis nach Kompetenz/Wirksamkeit, sondern auch der Autonomie/Selbstbestimmung. Gerade das selbstbestimmte, nicht fremdbestimmte Handeln – freie Entscheidungen aufgrund eigener Überlegungen treffen zu können und selbständig handeln zu können – spielt oftmals eine wesentliche Rolle für Hochbegabte. Legt man die Grundbedürfnisse nach Grawe (2004) zugrunde, lassen sich die soeben genannten Motive ebenfalls unter den Bedürfnissen nach Selbstwerterhöhung/-schutz, Lustgewinn/ Unlustvermeidung und Orientierung/Kontrolle subsummieren. Aus den Berichten Hochbegabter in der Praxis kann auch abgeleitet werden, dass manche Motive mehr als nur dem Selbstwert oder der Kontrolle dienen und sogar mit angenehmen, »lustvollen« Zuständen verbunden sind. Gerade das Bewältigen von herausfordernden, neuen, anspornenden Aufgaben ebenso wie das Sich-Beweisen, es selbst mit den eigenen Kompetenzen zu schaffen und demnach selbstbestimmt zu sein sowie dem Handeln einen Sinn zu verleihen, formulieren viele Hochbegabte als anregend und »lustvoll«. Oder andersherum ausgedrückt: Herausforderungen, Wirksamkeit, Selbstbestimmung und Sinnhaftigkeit sind zentral für die Unlustvermeidung.

Daneben zeigt sich das Bedürfnis nach Eingebundenheit/Zugehörigkeit bzw. Bindung häufig dergestalt, andere mit ähnlichen Interessen und Fähigkeiten finden zu wollen (Phillips & Lindsay, 2006). Selbstredend wünschen sich das alle Menschen, es scheint jedoch – nach Berichten von Hochbegabten – besonders zentral zu sein, da eben »Gleichgesinnte« oftmals nicht leicht im Lebenskontext zu finden sind. Folglich können die mit dem Bedürfnis nach Eingebundensein/Zugehörigkeit verbundenen Motive stark aktiviert in der Motivhierarchie sein. Auch im Zusammenhang mit dem Gefühl, anders zu sein, formulieren viele Hochbegabte das Motiv, verstanden werden zu wollen, als fast schon essenziell: Ein interessiertes, gleichgesinntes Gegenüber für einen tiefgreifenden Austausch und Kontakt zu finden, um eigene Überlegungen teilen zu können[37].

Die Formulierung eines Motivprofils spezifisch für Hochbegabte soll an dieser Stelle als eine Art Hypothetisches Bedingungsmodell dienen (▶ Kap. 7.3). Es stützt sich auf wiederholte Erfahrungen aus dem psychotherapeutischen Alltag und nicht auf empirische Befunde. Lediglich Einzelaspekte werden in der Literatur deskriptiv formuliert. Demnach ist immer im Einzelfall zu prüfen, inwie-

---

37 Etliche Hochbegabte schildern in der Praxis, dass sie durch die Kontaktaufnahme zu Mensa und zu anderen Hochbegabten erstmals das Gefühl hatten, *wirklich* dazuzugehören und in ihrem Denken und ihren Überlegungen *wirklich* verstanden zu werden.

weit die individuellen Lebenserfahrungen zur Ausbildung dieser Motive beigetragen haben.

4 Biografische Lernerfahrungen von Hochbegabten und Auswirkungen auf das Selbstkonzept

Auch wenn es keine allgemeingültige »Hochbegabten-Biografie« gibt, da jede hochbegabte Person unter ihren individuellen Lebensbedingungen aufwächst, sollen dennoch diejenigen Lernerfahrungen herausgearbeitet werden, welche von Hochbegabten, trotz aller Individualität, *geteilt* werden – nämlich im Zusammenhang mit ihrer Begabung. Um die Auswirkungen über die Lebensspanne hinweg verständlich zu machen, wird der Versuch unternommen, bereits etablierte psychologische Konzepte nachvollziehbar und schlüssig auf Hochbegabte zu übertragen. Dabei werden nicht Biografien verallgemeinert oder Typologien aufgestellt, sondern durch die Einordnung in bestehende Erklärungsmodelle übergreifende Annahmen formuliert hinsichtlich *der Art* der Lernerfahrungen von Hochbegabten im Umgang mit sich, der eigenen Begabung und der Reaktion anderer auf das eigene Sein. Dabei ist zu berücksichtigen, dass es natürlich nicht nur »Between-Effekte« – also Unterschiede zwischen Hochbegabten und durchschnittlich Begabten – gibt, welche durch die Erklärungsmodelle abzubilden sind, sondern auch »Within-Effekte« innerhalb der Hochbegabten-Gruppe.

In ▶ Kap. 4.1 soll zuerst ein entwicklungspsychologischer Blick auf die Bedeutung der eigenen Hochbegabung geworfen werden, bevor in ▶ Kap. 4.2 ein übergreifendes Modell vorgestellt wird, in welchem sich die vielfältigen Lernerfahrungen systematisch einordnen lassen und welches einen Erklärungsrahmen für die Entstehung von Schemata und Copingstrategien bietet. Da es für die Gruppe von Hochbegabten, welche seit ihrer Kindheit das Label tragen und mit diesem aufgewachsen sind, gesonderte Annahmen gibt, wird ein Exkurs um das sog. »stigma of giftedness« in ▶ Kap. 4.3 dargestellt. Abschließend werden in ▶ Kap. 4.4 die Inhalte integriert.

4.1 Eine entwicklungspsychologische Perspektive übertragen auf Hochbegabte

Hochbegabte beschreiben die in ▶ Kap. 3 dargestellten Aspekte des Denkens, Fühlens und Verhaltens als ihre Eigen-Art, sich mit sich, anderen und der Welt auseinanderzusetzen. Damit ist die Hochbegabung selbst ein Teil der eigenen Identität. Die Antwort auf die Frage »Wer bin ich?«, also durch welche »Themen, Merkmale,

Eigenschaften, Gefühle oder Handlungen« (Keupp, 2012, S. 79) ein Mensch in seiner Individualität erkennbar wird, kann somit nicht unabhängig von dieser beantwortet werden. Auch wenn jemand (noch) nicht um seine Hochbegabung weiß, also das Label fehlt, setzt er sich dennoch auf diese Art mit der Umwelt auseinander.

Dieser Umstand lässt sich unter einer entwicklungspsychologischen Perspektive betrachten: Für die Bewältigung einer jeden Entwicklungsaufgabe über die Lebensspanne hinweg setzt ein Hochbegabter nicht nur seine Fähigkeiten ein, sondern erlebt sich anhand dieser auch dementsprechend wirksam, erfolgreich, wahrgenommen oder abgelehnt, gescheitert etc. Havighurst (1956) definierte in seiner Theorie, welche primär keinen Bezug zur Hochbegabung hat, Entwicklungsaufgabe als

> »a task which arises at or about a certain period in the life of the individual, successful achievement of which leads to his happiness and to success with later tasks, while failure leads to unhappiness in the individual, disapproval by society, and difficulty with later tasks« (S. 215).

Nach dieser Definition geht es nicht nur um die erfolgreiche Bewältigung einer Entwicklungsaufgabe per se, wie bspw. erste Worte sprechen oder laufen zu können, sondern es muss auch deren Einbettung in bestimmte Normen berücksichtigt werden. Die gerade genannten Beispiele stellen nach Havighurst erste Herausforderungen für das Individuum, determiniert durch die biologische Entwicklung, dar. Bewältigt nun ein Hochbegabter solche Aufgaben i. d. R. früher als andere, wäre er nach dieser *biologischen Norm* (früh-)reifer, was erst einmal *deskriptiv* festgestellt werden kann (Greve & Thomsen, 2019). Es sind jedoch auch Anforderungen und Erwartungen der sozialen Umwelt bei und für die Bewältigung der Aufgaben relevant, was nach Havighurst der *sozialen Norm* entspricht. Diese sind *präskriptiv*, geben demnach »Korridore« vor, in denen die Aufgaben gelöst werden sollen, wie bspw. mit sechs Jahren eingeschult zu werden oder mit 18 bzw. 19 Jahren das Abitur als Schulabschluss zu erwerben (Greve & Thomsen, 2019). Bewältigt eine hochbegabte Person diese früher, weil sie bspw. Klasse(n) übersprungen hat, weicht also von der sozialen Norm ab, ist sie nun mit Bewertungen in Bezug auf ihre Fähigkeiten konfrontiert. Sie erlebt sich eben dadurch nicht nur wirksam und erfolgreich (die Aufgabe gemeistert zu haben), sondern ist vielleicht auch Reaktionen ausgesetzt, welche zu einem Eindruck beitragen, für ihre Fähigkeiten missverstanden oder abgelehnt zu werden. Je nachdem welche Erfahrungen sie über die Lebensspanne macht, kann sie sogar in der Bewältigung der dritten Kategorie von normierten Entwicklungsaufgaben beeinflusst werden, den selbstgestellten *individuellen Zielen*, mit welchen Erwachsene ihr Leben gestalten. Auch hierbei spielen soziale Bewertungen eine Rolle: »Soziale Tendenzen (das, was ›alle‹ tun) können eine gewisse Verbindlichkeit mit sich bringen« (Greve & Thomsen, 2019, S. 27).

> Eine hochbegabte Patientin berichtet, es sei ihr bei ihrem Berufseinstieg nach Studium und Promotion eher unangenehm gewesen, sich zu ihren weiteren beruflichen Zielen zu äußern. Sie habe eine Klasse übersprungen, das Studium vor der Regelstudienzeit abgeschlossen und gleich eine Promotionsstelle erhalten. Sie sei demnach jünger als ihre aktuellen Kollegen und habe das Gefühl, sich

dementsprechend auch so »verhalten« zu müssen. Dabei habe sie die jetzige Stelle nur angenommen, um etwas Berufserfahrung zu sammeln, bevor sie sich anschließend selbständig mache. Sie habe das Gefühl, das dürfe sie aus der Sicht der anderen jedoch noch nicht in ihrem Alter.

Der Eindruck, anders zu sein, kann sich bei Hochbegabten über die gesamte Lebensspanne hinweg manifestieren, jedoch erleben sie dies in der Jugend häufig sehr deutlich. Soziale Vergleichsprozesse und die Suche nach Zugehörigkeit spielen besonders in der Pubertät eine wesentliche Rolle (Greve & Thomsen, 2019), so dass sozial normierte »Abweichungen« bei der Bewältigung von Entwicklungsaufgaben prominenter in der Selbstwahrnehmung in Erscheinung treten können. Vielleicht nicht nur, weil dieser Entwicklungsabschnitt mit vielfältigen psycho-physiologischen Veränderungen einhergeht, ist die Pubertät eine vulnerable Phase, sondern weil – nach Havighurst – diese mit mannigfaltigen (biologisch und sozial normierten) Entwicklungsaufgaben verbunden ist. Eine zentrale Aufgabe, mit Beginn im Jugendalter, ist hierbei vor allem die Identitätsentwicklung: sich in der eigenen Individualität zu finden und gleichzeitig sich einer sozialen Gruppe zugehörig zu fühlen (Greve & Thomsen, 2019). Identität lässt sich als »ein selbstreflexives Scharnier zwischen der inneren und der äußeren Welt« (Keupp, 2012, S. 79) beschreiben. Dementsprechend ist die Auseinandersetzung mit dem eigenen (hochbegabungsspezifischen) Erleben und Verhalten in Kontakt mit anderen gerade in dieser Phase prägend.

Banek (2022) hat den Prozess der Selbsterkenntnis in Bezug auf Hochsensibilität für das Jugendalter und die Adoleszenz untersucht. Der Fokus liegt hierbei auf dem Gefühl, sich anders als die unmittelbaren Peers zu fühlen. Die Ergebnisse scheinen deshalb zu diesem Teilaspekt, den sich Hochsensible und Hochbegabte teilen, auf Letztere übertragbar. Er beschreibt dabei ein Kontinuum hin zum zunehmenden Selbstverständnis der eigenen Hochsensibilität – zur Integration in die eigene Identität. Dessen Beginn wird in der Untersuchung in der Schulzeit verortet, mit dem Gefühl, im Vergleich zu anderen anders zu sein:

> »Bevor Sabine ihr eigenes hochsensibles Erleben mit dem ihrer Mitmenschen vergleicht, nimmt sie ihre hochsensible Art zunächst für eine lange Zeit als völlig normal wahr, als ihr alltägliches Erleben von Dingen und als ihr eigenes Sein […], für das sie darum auch keine Erklärung und keinen Namen benötigt. Erst im Vergleich mit ihren Mitschüler:innen und später dann in verschiedenen Therapien bemerkt Sabine eine gegensätzliche Entwicklung ihres Lebens im Vergleich mit den Anderen« (S. 162).

Insbesondere die Reaktionen anderer auf die als zu sich gehörig empfundenen Erlebens- und Verhaltensweisen – nicht nur für den Fall der Hochsensibilität, sondern gerade für die Hochbegabung – spielen in der Ausgestaltung des eigenen Selbstkonzeptes eine wesentliche Rolle (Freeman, 2010). Selbstverständlich erweist sich dies bereits von Lebensbeginn an als relevant, auch wenn es in der vulnerablen Phase der Pubertät kulminieren kann.

> Bei der Anamneseerhebung erscheint es deshalb besonders bedeutsam, nach den ersten Lernerfahrungen in Kontakt mit anderen, beginnend in der Kindergarten- und Schulzeit, in Bezug auf das eigene Authentischsein zu fragen.

4.2 Modifiziertes Modell der Doppelten Handlungsregulation übertragen auf Hochbegabte

Um die Auswirkungen der Reaktionen anderer auf das eigene Authentischsein in einem übergreifenden Rahmenmodell einordnen zu können, bietet sich – aus der Erfahrung in der therapeutischen Praxis – das Modell der Doppelten Handlungsregulation nach Sachse (2019) an. Vereinfacht ausgedrückt, unterscheidet der Autor einerseits eine Ebene des authentischen Handelns und andererseits eine Ebene des sozialen Copings vor dem Hintergrund bestimmter Schemata in Bezug auf sich und andere. Da Hochbegabte vielfältige Lernerfahrungen in Bezug auf das Zeigen des damit verbundenen Erlebens und Verhaltens aufweisen können, erscheint es geeignet, es auf den Kontext hochbegabter Personen in modifizierter Form zu übertragen (▶ Abb. 4.1)[38]. Das Modell soll bewusst offen formuliert werden, um darin sowohl günstige als auch schwierige biografische interpersonelle Lernerfahrungen sowie die eingangs erwähnten Unterschiede innerhalb der Hochbegabten-Gruppe inkludieren zu können. Gleichzeitig soll es gerade für den therapeutischen Kontext eine Möglichkeit bieten, negative Lernerfahrungen und deren dysfunktionale Auswirkung auf das Selbstkonzept abzubilden.

4.2.1 Authentische Handlungsregulation

Hochbegabte erleben und verhalten sich über die Biografie hinweg mit ihren spezifischen zu sich gehörigen Kompetenzen. Angelehnt an Sachse (2019) kann dies als *Ebene der authentischen Handlungsregulation* bezeichnet werden. Übertragen auf Hochbegabte kann das Verhalten allgemein motiviert über die psychologischen Grundbedürfnisse (bspw. nach Grawe) und entsprechende spezifische Motive angenommen werden (▶ Kap. 3.5). Dabei kann – muss aber nicht – im Verlauf der Biografie eine Intelligenztestung erfolgt sein, so dass die Person selbst um die eigene Hochbegabung weiß – oder eben nicht. Die Auswirkungen der Sichtbarkeit des

---

[38] Ursprünglich als Erklärung für die Entwicklung intransparenter Handlungsregulation bei Patienten mit Persönlichkeitsstörungen – als Beziehungs-/Interaktionsstörung – konzeptualisiert, müssen für die Übertragung auf Hochbegabte jedoch einige Anpassungen vorgenommen werden, um es aus diesem Kontext gänzlich lösen zu können. Der Fokus soll auf dem Umgang mit dem eigenen Authentischsein liegen.

4 Biografische Lernerfahrungen und Auswirkungen auf das Selbstkonzept

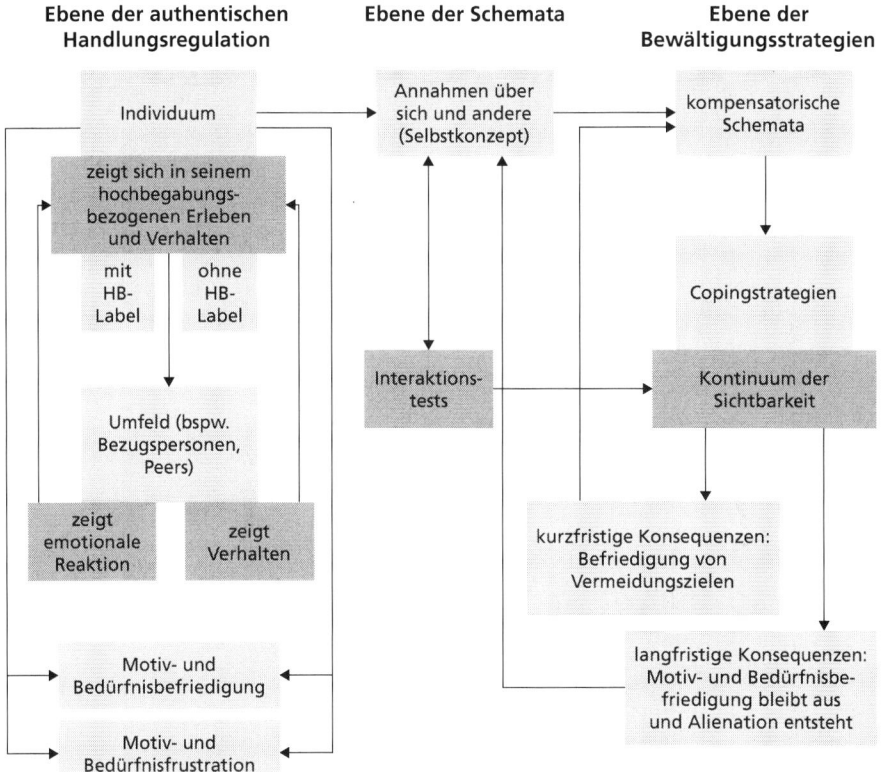

Abb. 4.1: Modifiziertes Modell der Doppelten Handlungsregulation übertragen auf Hochbegabte

Labels nach außen unterliegen dabei noch einmal besonderen Wirkmechanismen (▶ Kap. 4.3).

Das soziale Umfeld, bestehend aus Bezugspersonen, wie bspw. Eltern und/oder Geschwistern, Peers, später auch Mitschülern und Lehrern, zeigt zum einen emotionale Reaktionen gegenüber der hochbegabten Person als auch ein (reaktives) Verhalten auf das hochbegabungsspezifische Sein. Die damit verbundenen Lernerfahrungen lassen sich dahingehend einsortieren, wie validierend oder invalidierend diese Reaktionen über die Lebensspanne hinweg in verschiedenen Kontexten von der hochbegabten Person erlebt wurden. Dabei lässt sich Validierung als Rückmeldung verstehen, dass die eigenen Erlebens- und Verhaltensweisen vor dem individuellen Lebenskontext oder in der konkreten Situation Sinn ergeben und nachvollziehbar erscheinen, sowie als Ernstnehmen und als Akzeptanz der individuellen Erlebens- und Verhaltensweisen und der Person selbst (Linehan, 1997).

Übertragen auf die Ebene der authentischen Handlungsregulation können Hochbegabte im positiven Fall ein soziales Umfeld erleben, welches die eigenen Erlebensweisen validiert, das Verhalten fördert oder (in seiner Abweichung von der Norm) akzeptiert. Im besten Fall erlebt sich die hochbegabte Person durch emotionale Reaktionen des Umfeldes, wie Freude, Stolz, Mitgefühl und Verständnis, angenommen und wertgeschätzt in ihrem Sein. Es resultiert eine Motiv- und Bedürfnisbefriedigung und ein positives Selbstkonzept kann sich herausbilden. Vielleicht entwickelt sie aufgrund ihres abweichenden spezifischen Erlebens zwar das Schema »Ich bin anders«, doch mit dem Zusatz »… und das ist ok so« oder »… und ich werde gemocht, so wie ich bin«.

Im ungünstigen Fall erfolgt im sozialen Umfeld wiederholt eine invalidierende Reaktion: Zum einen kann die hochbegabte Person in ihrem Erleben und Verhalten begrenzt, reglementiert oder sogar entwertet werden (das Verhalten sei demnach »zu viel«), zum anderen aber auch zu sehr gefordert, sprich unter Erwartungs- und Performanzdruck gesetzt werden (sie leiste folglich noch »zu wenig«). Dabei erlebt sie das Umfeld vielleicht sogar eher wütend, verunsichert oder überfordert – oftmals auch neidvoll – gegenüber ihrer selbst oder erkennt, dass die positiven Gefühle ihr gegenüber eben an Leistung und Erwartungen geknüpft sein können. Dabei müssen Reaktionen des Umfeldes nicht dramatisch oder gar traumatisierend ausfallen, um einen prägenden Effekt hervorzurufen. Anhand des folgenden Beispiels lässt sich dies gut verdeutlichen, ebenso dass es sich bei den Reaktionen oftmals um keine »böse Absicht« handelt:

> »Helena war sechs Monate alt und konnte gerade aufrecht sitzen. Sie spielte in ihrem Kinderzimmer, mein Mann und ich waren für einen Moment in der Küche. Da hörten wir plötzlich eine Stimme aus dem Kinderzimmer, die sagte: ›Mama, komm her!‹ Mein Mann und ich schauten uns erschrocken an und meinten, uns verhört zu haben. […] Wir konnten es nicht glauben, sie war doch erst ein halbes Jahr alt! Vorsichtig schlichen wir ins Kinderzimmer und sahen Helena entgeistert an. Wir wussten nicht, ob wir erfreut oder schockiert sein sollten. Es war uns zuerst ein bisschen unheimlich.« (Brackmann, 2020b, S. 57 f.)

Während die kleine Helena sich vielleicht gerade höchst selbstwirksam erlebt und sich freut, kann der erschrockene und irritierte Blick ihrer Eltern als Invalidierung »erlebt« werden, mit dem resultierenden »Gefühl«, etwas falsch gemacht zu haben (Brackmann, 2020b). Kommt es selten zu solchen Situationen oder werden mit Bezugspersonen an anderer Stelle günstige Lernerfahrungen gesammelt, entstehen daraus selbstredend nicht unmittelbar übergeordnete dysfunktionale Schemata. Diese sind »kondensierte Schlussfolgerungen aus Erfahrungen«, welche sich erst aus wiederholten Lernerfahrungen über die Lebensspanne hinweg bilden (Sachse et al., 2016, S. 45). Oftmals schildern Hochbegabte bei der Anamneseerhebung jedoch etliche, sich wiederholende Episoden:

> Ein Patient, mit erst spät im Erwachsenalter erkannter Hochbegabung, fasste seine Erfahrungen knapp zusammen: Er sei auf dem Land aufgewachsen. Es habe niemanden im Umfeld gegeben, der ihn wirklich gesehen oder gefördert habe. Niemand hätte seine Interessen und Bestrebungen nachvollziehen können. Dies sei auf dem eigenen Hof so gewesen und auch in der Schule. Als er das Abitur gemacht, studiert und promoviert habe, hätten die Eltern mit ihm gar nichts mehr »anzufangen« gewusst. Dies schmerze ihn bis heute, es habe niemanden gegeben, der ihn geleitet hätte in seinem Erleben.

Diese mögliche »Nicht-Passung« zwischen Hochbegabten und sozialem Umfeld wird wiederholt in der Literatur beschrieben (Rinn & Bishop, 2015). Gerade spät erkannte Hochbegabte haben oftmals keine zufriedenstellende Förderung oder Wertschätzung der eigenen hochbegabungsspezifischen Erlebens- und Verhaltensweisen erhalten und/oder die Hochbegabung wurde vom sozialen Umfeld meist nicht beachtet (Wittmann, 2019).

Hochbegabte können jedoch nicht nur hinsichtlich ihres komplexen Denkens oder gezeigter Leistungen (in-)validierenden Reaktionen ausgesetzt sein, sondern auch aufgrund ihres intensiven emotionalen Erlebens. Speziell für das Vorliegen einer emotionalen Hochsensibilität gibt es Untersuchungen hinsichtlich des Effekts erlebter Invalidierung. Marsha Linehan hat im Rahmen ihrer Dialektisch-Behavioralen Therapie (DBT) das »Modell der invalidierenden Umwelt« als Erklärung für die Entstehung der emotionalen Dysregulation bei Borderline-Patienten entwickelt (Linehan, 2006)[39]. Interessanterweise stellt aktuell Bohus (2019) fest, dass Invalidierung auch durch »harmlos« erscheinende Reaktionen erfolgen kann:

> »Angenommen, vier Geschwister sitzen gemeinsam vor dem Fernseher und sehen sich einen Film an, in dem eine kurze traurige Episode vorkommt, gefolgt von einer Reihe tröstender und lustiger Sequenzen. Während drei der Geschwister mit dem Film mitschwingen, sitzt der vierte, nennen wir ihn Karl, auch noch nach 15 Minuten mit Tränen in den Augen schluchzend vor dem Bildschirm. Als die anderen ihn bestürzt fragen, was denn los sei, erzählt er, wie schrecklich traurig diese Szene war. Die anderen haben diese Szene schon fast vergessen und lachen ihn aus: »He, das ist doch schon ewig her! Das ist doch nicht schlimm, alles nur ein Film, du Heulsuse!« Und wenn nun die sorgsame Mutter aus Rücksicht auf die emotionale Befindlichkeit von Karl ihn vom Fernseher wegschickt, wird er sich heulend auf sein Bett werfen und darüber nachdenken, dass er wahrscheinlich bei seiner Geburt verwechselt worden sei und gar nicht in diese barbarische Familie gehöre. Weil diese Episode kein Einzelfall in seinem Leben sein wird, wird er beginnen, sich dafür zu schämen, dass er so ist, wie er ist« (S. 15).

Auch bei diesem Wirkmechanismus wird angenommen, dass Menschen mit einer intensiv erlebten Emotionalität – wie sie auch bei Hochbegabten und Hochsensiblen zu finden ist – trotz eines im ersten Moment wohlwollend reagierenden Gegenübers (im obigen Beispiel die Mutter), dennoch subjektiv eine Invalidierung erleben können. Intensive Emotionen (bis auf Scham und Neid) unterliegen einer sozial-affinen Komponente, d.h., das Individuum strebt danach, sich in seinem emotionalen Erleben mitzuteilen und einen sozialen Abgleich herzustellen (Curci & Rimé, 2012). Je intensiver die emotionale Reaktion, desto stärker der Wunsch nach Verständnis und emotionaler Anteilnahme durch andere. Ist das eigene emotionale Erleben nun aber (deutlich) stärker als das des sozialen Umfeldes, kann die empathische Reaktion des Gegenübers – bspw. das Äußern von Trost oder Verständnis – jedoch mit einer geringer ausgeprägten Intensität erfolgen. Die Person mit einer emotionalen Hochsensibilität erlebt deshalb eine Art von Diskrepanz zwischen der eigenen Intensität der Emotion samt Wunsch, intensiv verstanden zu werden, und der Reaktion des Gegenübers (Bohus, 2019). Das Ausmaß der Reaktion des Gegenübers entspricht nicht der subjektiv erlebten Stärke des emotionalen Zustandes

---

39 Natürlich kommen für die Entwicklung einer Borderline-Störung noch weitere Wirkmechanismen zum Tragen, welche an dieser Stelle nicht näher ausgeführt werden.

(▶ Abb. 4.2). Oder anders ausgedrückt: Das Gezeigte erscheint viel »wertvoller« als der »Preis«, der vom Gegenüber »gezahlt« wird.

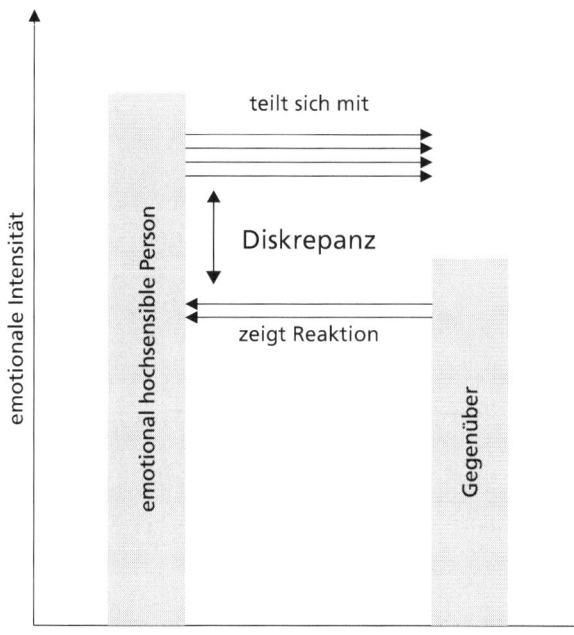

Abb. 4.2: Diskrepanz im sozialen Abgleich emotionalen Erlebens (nach Bohus, 2019)

Diese Art von erlebter Diskrepanz im emotionalen Erleben zwischen sich und anderen lässt sich auch im Zusammenhang mit Hochbegabung vorfinden. Um an das obige Modell anzuknüpfen (▶ Abb. 4.1), kann eine Invalidierung aufgrund von abwertender oder nicht verständnisvoller Reaktion des sozialen Umfeldes passieren. Sie kann aber eben auch erlebt werden, wenn das Verständnis gegeben ist, jedoch auf einem niedrigeren Intensitätsniveau gezeigt wird. Wenn eine hochbegabte Person um die eigene emotionale Hochsensibilität nicht weiß, können ungünstigerweise wohlwollend gemeinte Reaktionen anderer als invalidierend abgespeichert werden und die Entwicklung dysfunktionaler Schemata begünstigen.

> Zusammenfassend kommt es also auf der Ebene der authentischen Handlungsregulation darauf an, wie, in welchem Ausmaß und wie oft ein Hochbegabter die Reaktionen auf das eigene Sein (in-)validierend über die Lebensspanne erlebt hat, um eine Aussage hinsichtlich der übergreifenden Motiv- und Bedürfnisbefriedigung/-frustration und die in der Folge entwickelten (dysfunktionalen) Schemata (▶ Kap. 4.2.2) und Bewältigungsstrategien (▶ Kap. 4.2.3) treffen zu können.

4.2.2 (Kompensatorische) Schemata

Durch wiederholte Erfahrungen über die Lebensspanne bilden sich nach dem oben genannten Modell (▶ Abb. 4.1) sogenannte Schemata heraus, welche als organisierte Wissensstrukturen im Sinne eines motivational-affektiven Netzwerkes angenommen werden können (Sachse et al., 2016): »spezifische Erfahrungen mit bestimmten Situationen, Personen, eigenen Handlungen usw. ›kondensieren‹ zu Strukturen, die von der Person, sind sie einmal vorhanden, auf entsprechenden Situationen wieder angewandt werden« (S. 45). Die Entwicklung von solchen Schemata erfolgt bei jedem Menschen in einer jeden Biografie; die inhaltliche Ausgestaltung ist demnach individuell. Übertragen auf Hochbegabte stellt sich die Frage, ob und inwieweit übergreifende Aussagen getroffen werden können, wenn nun bei diesen im ungünstigen Falle eine anhaltende »Nicht-Passung« zum sozialen Umfeld vorlag/vorliegt.

Während in der Literatur das Gefühl, anders zu sein, vielfach beschrieben wird (Coleman et al., 2015; Rinn & Bishop, 2015), fehlt es aktuell an empirischen Studien zu Schemata bei Hochbegabten in Abhängigkeit von erlebter (In-)Validierung über die Lebensspanne. Jedoch wurde die Auswirkung negativer invalidierender Rückmeldungen gegenüber hochbegabten Kindern auf das Selbstkonzept bereits 1989 von Gross beschrieben:

> »Where this open and nonjudgmental feedback is available, the child will develop a secure and healthy self-concept. Where feedback is falsified and invalidated through envy or lack of understanding, […] the gifted receive a negative and unrealistic view of themselves and their potential« (S. 192).

Jedoch erst wenn wiederholte zwischenmenschliche Lernerfahrungen mit anderen vorliegen, ergeben sich kondensierte Schemata, d. h., es kann sich aus dem Gefühl, anders zu sein, die Schlussfolgerung, falsch zu sein, andere zu überfordern oder zu enttäuschen, entwickeln. Insbesondere wenn, bspw. bei einer noch nicht erkannten Hochbegabung, kein nachvollziehbarer Erklärungsrahmen gegeben ist und die Person den »Bruch« im Kontakt mit anderen negativ auf sich bezieht.

> »Wir sprechen miteinander, aber die Worte wechseln ihre Bedeutung, bevor sie den anderen erreichen. Ich bin da, aber meine Präsenz ist derer meiner Gegenüber nicht ähnlich; der Grund ist nicht zu sehen. Es ist wie eine unsichtbare Wand. Sie macht es schwer, meine Worte zu verstehen und mich richtig zu sehen. […] Für mich ist meine Hochbegabung wie eine unsichtbare Wand, die mich von intensiver Berührung mit der Außenwelt abhält. […] Diese Metapher hat mir sehr geholfen mein ›Anderssein‹, welches meine Hochbegabung mir bescherte, besser verstehen zu können. Lange verstand ich die ständige Ablehnung von Gleichaltrigen nicht und suchte einen Fehler oder Grund bei mir« (Bergjann, 2022, S. 24 f.).

Natürlich differieren die biografischen Einzelerfahrungen in jedem individuellen Fall, aus der therapeutischen Praxis heraus lassen sich jedoch auf einer kondensierten Ebene ähnliche Schemata bei Hochbegabten finden, welche sich aus vornehmlich invalidierenden Erfahrungen gefestigt haben.

Beispielhafte Auswahl an Schemata bei Hochbegabten (abgeleitet aus der therapeutischen Praxis)

Schemata in Bezug auf sich:

- Ich bin besonders/anders/falsch/komisch/unerwünscht.
- Ich werde missverstanden.
- Ich bin zu kompliziert/zu viel/zu anstrengend/zu schnell/zu perfekt/zu gut/ erwarte zu viel.
- Ich gehöre nicht dazu/werde ausgeschlossen/bin nicht passend/habe keinen Platz.
- Ich kann mich anderen nicht zumuten./
  Nie kann ich mich wirklich zeigen.
- Ich bleibe unter meinen Möglichkeiten/laufe mit angezogener Handbremse/ werde ausgebremst.

Schemata in Bezug auf andere:

- Andere mögen/verstehen/sehen mich nicht.
- Andere werden mich wieder enttäuschen.
- Andere halten mich nicht aus/müssen geschont werden/sind von mir überfordert.
- Es gibt niemanden, der so ist wie ich./
  Alle sind auf einer Wellenlänge, nur ich nicht.
- Alle anderen sind neidisch auf mich.
- Alle anderen sind zu langsam/können nicht mit mir mithalten.

Kompensatorische Schemata

- Nur wenn ich mich an andere anpasse und nicht auffalle, werde ich nicht ausgeschlossen.
- Ich muss mich besonders gut erklären, damit mich andere nicht missverstehen und mich mögen.
- Ich muss so tun, als ob ich dazugehöre und genauso ticke wie die anderen, damit ich nicht komisch erscheine.
- Ich darf meine Leistungen/Interessen/Kompetenzen nicht zeigen, sonst gehöre ich nicht dazu.
- Ich muss immer besonders sein und hervorragende Leistungen zeigen, sonst werde ich nicht gemocht.
- Ich darf meine Überlegungen/Gedanken nicht preisgeben, sonst bin ich schuld, dass andere überfordert sind.

Oftmals berichten hochbegabte Patienten in der Anamneseerhebung, dass sie das »Zu-viel«-Sein in verschiedenen Kontexten von unterschiedlichen Bezugspersonen rückgemeldet bekommen haben. Diese Erfahrungen finden sich auch in der Literatur wiederholt belegt: »The ›too much‹ comments are as familiar to gifted adults as they are to gifted youngsters – maybe even more so, since as adults, they may have become highly sensitized to criticisms heaped on their heads throughout their lives« (Daniels & Piechowski, 2008, S. 182). Entwickeln sich daraus Schemata, färben diese die Wahrnehmung neuer Situationen, welche folglich schema-konform interpretiert werden (»Ich werde bestimmt wieder zu viel sein!«) (Sachse et al., 2016).

Diese Schemata über sich und andere beinhalten folglich auch die negativ erlebten Konsequenzen und Gefühlszustände (Sachse, 2019). Gemäß dem Modell (▶ Abb. 4.1) entwickeln sich im Laufe der Biografie neben den eigentlichen Schemata auch sog. *kompensatorische Schemata* heraus. Diese enthalten »Anweisungen« an die eigene Person, um aversive Folgen aus der Vergangenheit nicht eintreten zu lassen, wie bspw. abgelehnt, ausgeschlossen, missverstanden, nicht gemocht zu werden. Vereinfacht ausgedrückt: Kompensatorische Schemata versuchen insb. dysfunktionale Selbstannahmen »auszugleichen« und die damit verbundenen gelernten negativen Konsequenzen gar nicht erst entstehen zu lassen. Sie sind mit sog. Vermeidungszielen und Copingstrategien verknüpft (▶ Kap. 4.2.3) (Sachse, 2019). Dies lässt sich nach der operanten Konditionierung als negative Verstärkung (𝒞-) beschreiben. Es kommt zwar zur kurzfristigen Reduktion, bspw. von Angst/Anspannung, langfristig werden die kompensatorischen Schemata und damit auch die Copingstrategien hingegen aufrechterhalten. Ebenso werden die zugrunde liegenden Motive und Bedürfnisse nicht gesättigt, eine Zufriedenheit stellt sich nicht ein und die ursprünglich gelernten Schemata werden nicht korrigiert (Grawe, 2004; Sachse, 2019). Im Gegenteil, in der nächsten Situation werden die kompensatorischen Schemata erneut aktiviert und handlungsleitend, so dass eine Überprüfung der neuen Situation, im Sinne eines positiv-korrigierenden Lernens, durch die operanten Prozesse unterbunden wird.

> Im therapeutischen Kontakt, insbesondere in den ersten Sitzungen, in denen noch keine genügend tragfähige Allianz aufgebaut ist, kann der Hochbegabte auch in seinen kompensatorischen Schemata aktiviert sein.

4.2.3 Bewältigungsstrategien (Coping)

Gerade für die Entwicklung von Copingstrategien spielen Lernerfahrungen hinsichtlich erster (sozialer) Normabweichungen eine entscheidende Rolle, wie bspw. in der ersten Klasse bereits lesen oder rechnen zu können oder eigene komplexe Spiele zu entwickeln, die von anderen Kindern nicht verstanden werden (Gross, 2011). Je größer die Abweichung bzw. je sichtbarer die Unterschiede, desto manifester werden oftmals die Reaktionen anderer darauf (Coleman & Cross, 1988), gerade wenn eine hohe »Nicht-Passung« zwischen der hochbegabten Person und dem sozialen Umfeld vorliegt. Folgen auf das Zeigen von Leistung, Exzellenz und Kompetenz sogar stark sozial ausgrenzende Reaktionen, kann es zu einem regelrechten psychosozialen Dilemma kommen, welches früher in der Literatur als »Forced-Choice-Dilemma« beschrieben wurde (Gross, 1989). Nur wenn Kompetenzen heruntergespielt oder nicht gezeigt werden, werden soziale Bindungen erhalten. In das obige Modell (▶ Abb. 4.1) eingeordnet, würde das Zeigen des hochbegabungsspezifischen Erlebens und Verhaltens einerseits zur Bedürfnisbefriedigung nach Selbstwerterhöhung führen, jedoch andererseits zur Frustration des Bindungsbedürfnisses (vice versa durch das Verheimlichen der eigenen Begabung). Dieser innere Konflikt kann sich bei entsprechenden Lernerfahrungen bei erst spät als hochbegabt erkannten Frauen zeigen; diese scheinen – wie in ▶ Kap. 2.2.1 ausgeführt – eher das soziale Eingebundensein auf Kosten der eigenen Leistung zu präferieren (Endepohls-Ulpe, 2012; Fietze, 2019). Die Ausbildung entsprechender (kompensatorischer) Schemata samt Copingstrategien wirkt dadurch sehr nachvollziehbar, insbesondere um den konfliktär erlebten innerpsychischen Zustand, der sich daraus für die Person ergeben kann, auszugleichen.

Insgesamt ist davon auszugehen, dass hochbegabte Personen im Laufe ihres Lebens in unterschiedlichen Kontexten unterschiedliche soziale Erfahrungen sammeln. Durchgängig negative oder positive Effekte mit oder ohne Label lassen sich in der Literatur nicht eindeutig belegen (Rinn & Bishop, 2015). Da Hochbegabte – wie andere auch – »normale« soziale Interaktionen erleben möchten, jedoch auch in manchen Situationen gelernt haben, dass andere sie »anders« behandeln, wenn diese ihr hochbegabungsspezifisches Erleben und Verhalten wahrnehmen bzw. um die Hochbegabung wissen, »benötigen« sie bestimmte Copingstrategien (Cross et al., 2019; Cross et al., 2014). Diese können als Versuch verstanden werden, die Reaktionen anderer durch Variation der Informationen, welche sie von sich preisgeben, zu beeinflussen (Coleman & Cross, 1988). Sie werden in der Literatur auf einem sog. *Kontinuum der Sichtbarkeit* beschrieben, welches sich von »totaler Sichtbarkeit« bis hin zur »totalen Unsichtbarkeit« der eigenen Hochbegabung aufspannt[40]. An anderer Stelle wurden Hochbegabte deshalb auch als »Meister der Tarnung« beschrieben, welche die eigene hochbegabungsspezifische Identität hinter einer sozial akzeptierten Fassade, im Sinne eines »*masking*«, verbergen (Gross, 2011). Folgende Coping-Varianten können aus der Praxis beispielhaft aufgeführt werden:

- eigene Kompetenzen/Interessen/Gedankengänge verbergen, indem diese nicht offen gezeigt werden
- eigene Leistungen external attribuieren oder relativieren
- sich mit Kompetenzen/Interessen/Energielevel an das soziale Umfeld anpassen
- eine distanzierte Haltung einnehmen oder reaktant sein, um sich dahinter zu »verstecken«
- sich in eine eigene »sichere« Welt zurückziehen (bspw. Traumwelten oder Parallelwelten zu Hause mit den eigenen Interessen)

---

40 Um die Strategien in sozialen Situationen erfassen zu können, wurde der Social Coping Questionnaire (SCQ) von Swiatek (1995) entwickelt und mehrfach validiert; in der Version von Rudasill und anderen (2007) werden sieben Faktoren angenommen: helping others, denial of giftedness, minimizing the focus on popularity, denying negative impact of giftedness on peer acceptance, conformity to mask giftedness, hiding giftedness, using humor.

Der Einsatz dieser »Informationsmanagement-Strategien« ist allerdings hochgradig situationsspezifisch und hängt von der Einschätzung der hochbegabten Person ab, inwieweit das Gegenüber invalidierend reagieren könnte (Cross et al., 2014). Es ist davon auszugehen, dass die kondensierten Schemata umso vielfältiger sind, je diverser die Lernerfahrungen über die Lebensspanne in unterschiedlichen Kontexten bei einem Hochbegabten sind. Folglich werden die kompensatorischen Schemata samt Copingstrategien nicht in jeder sozialen Situation gleichermaßen aktiviert und das Verhalten bleibt adaptiv. Je einseitiger hingegen die biografischen Lernerfahrungen ausgefallen sind – im Sinne invalidierender Erfahrungen –, desto dysfunktionaler sind die Selbstschemata und desto maladaptivere Bewältigungsmechanismen sind anzunehmen. Langfristig können sich daraus hohe »Kosten« ergeben: Zeigt eine hochbegabte Person aufgrund ihrer ungünstigen Erfahrungen vornehmlich maladaptive soziale Copingstrategien, werden zentrale Motive und Grundbedürfnisse kaum befriedigt. Sie fühlt sich folglich in ihrem Sein nicht wahrgenommen, missverstanden, als (ganze) Person nicht gemocht. Erfahrungen von Zugehörigkeit werden in solch einem Fall unterbunden, was wiederum die dahinterliegenden Schemata bestätigen würde. Es entstehen jedoch noch weitere »Kosten« für das innerpsychische System: »Highly gifted adolescents or adults who spend much of their lives concealing their true abilities and interests behind a protective mask, risk losing touch with their innermost feelings and beliefs« (Gross, 2011). Durch diese Alienation[41], die Entfremdung von eigenen Motiven, Zielen oder Präferenzen durch entsprechendes Verhalten, können Personen nicht mehr wissen, was sie wollen oder nicht wollen, was sie brauchen oder was ihnen guttut; sie können ihr Handeln nicht mehr nach den eigenen internalen Standards ausrichten (Sachse, 2016a).

> In der Therapie mit hochbegabten Erwachsenen ist es empfehlenswert, die vielfältigen Lernerfahrungen mit dem eigenen Authentischsein zu beleuchten und die sich in diesem Zusammenhang gebildeten sozialen Copingstrategien auf dem »Kontinuum der Sichtbarkeit« einzuordnen und zu überprüfen.

4.2.4 Interaktionstests

Im ursprünglichen Modell nach Sachse (2019) wird vor dem Hintergrund hochgradig aktivierter Beziehungsmotive bei gleichzeitig vorhandenen negativen Selbstschemata angenommen, dass Betroffene das Gegenüber »testen«, um sicherzugehen, diesem und der Beziehung zu ihm trauen zu können. Das Konzept der »Tests« stammt von Silberschatz und anderen (1989) und wurde für alle Patienten in einer Psychotherapie angenommen:

> »If the therapist's response to the patient's test is experienced by the patient as disconfirming a pathogenic belief (passing the test), the patient will feel encouraged and is likely to become more involved and productive in the therapy session. If the therapist's response is perceived

---

41 Ursprünglich wurde dieser Fachbegriff für die Entfremdung von sich selbst von Kuhl geprägt (Kuhl & Kaschel, 2004).

by the patient as confirming a pathogenic belief (failing the test), the patient will feel discouraged and may show signs of therapeutic retreat« (S. 42).

Solchen Tests werden nur diejenigen Interaktionspartner unterzogen, die der Person wichtig sind und Hoffnung auf eine tragfähige Beziehung geben. Folglich wird auch der Therapeut, der über die positive Beziehungsgestaltung signalisiert, sich anders als im Alltag gewohnt zu verhalten, einem »Test« unterzogen (Sachse, 2016b). Das Prinzip dieser Interaktionstests wurde im modifizierten, auf Hochbegabte übertragenen Modell beibehalten (▶ Abb. 4.1), auch wenn die Studiengrundlage hierzu bislang fehlt. Hochbegabte berichten oftmals in der Therapie, dass sie »Tests« im Alltag anwenden, um über die Art der Reaktion des Gegenübers herauszufinden, inwieweit sie diesem das Zeigen des eigenen hochbegabungsspezifischen Erlebens und Verhaltens »zumuten« können.

> Eine hochbegabte Patientin (Schema: »Ich bin mit meiner Hochbegabung zu viel und überfordere andere«) berichtet, dass sie im Alltag oftmals bewusst das Gegenüber testet, inwieweit dieses sie »aushält«. Sie habe sich im Laufe ihres Lebens angewöhnt, immer sehr zurückhaltend mit Informationen über sich zu sein. Lernt sie jemanden kennen, mit dem sie eine Art von Beziehung eingehen möchte, platziere sie stückweise Informationen über sich, die mit ihrer Hochbegabung zu tun haben. Sie achte dabei genau darauf, ob das Gegenüber zugewandt, zurückweisend oder überfordert reagiere. Dies passiere im privaten sowie im beruflichen Kontext. Sie wolle sich mittlerweile vor Enttäuschungen schützen.
>
> Eine andere hochbegabte Patientin (Schema: »Ich werde in meiner Hochbegabung/Intensität nicht gesehen, andere interessieren sich nicht für mich«) sorge bei neuen Kontakten erst einmal dafür, dass das Gegenüber durch ihre Anstrengung auf ein hohes Energielevel gehoben werde. Sie investiere dabei sehr viel, zeige sich sehr interessiert, beschäftige sich viel mit dem Gegenüber, erkläre viel von ihren Gedanken etc. Danach »teste« sie das Gegenüber, indem sie aufhöre, in die Beziehung zu investieren, und warte, wie das Gegenüber auf sie weiterhin reagiere. Zumeist erlebe sie, dass der andere nicht mehr derart intensiv nachfrage. Sei dies der Fall, fühle sie sich nicht wahrgenommen.

Diese Art von Interaktionstests kann sich auch innerhalb der therapeutischen Arbeitsbeziehung zeigen. Insbesondere für den Aufbau einer tragfähigen Allianz erscheint es sinnvoll, bei Hochbegabten solche »Tests« zu erkennen und angemessen darauf reagieren zu können.

4.3 Exkurs: »stigma of giftedness« und Auswirkung auf die Identitätsentwicklung

Hochbegabte gehören – statistisch gesehen – einer Minorität an, welche zudem mit diversen Stereotypen und Vorurteilen behaftet ist. Die Auswirkung, die das Label für eine Person im Alltag haben kann – über die reinen individuellen Lernerfahrungen über die Lebensspanne hinaus –, wird im Folgenden skizziert.

4.3.1 Minoritätenstress-Modell übertragen auf Hochbegabte

Bereits 1988 wurde untersucht, inwieweit aus dem Gefühl, anders zu sein, der Schluss gezogen werden kann, dass Hochbegabte sich auch stigmatisiert fühlen und dies Auswirkungen auf soziale Interaktionen hat; hierbei wurde »Goffman's Stigma Theory (1963)« als »stigma of giftedness« auf Hochbegabte übertragen (Coleman & Cross, 1988). Dabei erscheint es nicht wichtig, ob das Stigma sichtbar, verborgen oder real ist, sondern es wirkte allein durch die subjektive Einschätzung, andere könnten ablehnend oder vorurteilsbehaftet reagieren, auf die Gestaltung sozialer Interaktionen (Manor-Bullock et al., 1995).[42]

Der Begriff Stigma wird »mit einem Merkmal in Verbindung gebracht, das in einer Gesellschaft konsensual als ›normabweichend‹ [im Original fett, Anm. Stark] kategorisiert wird« (S. 247), und ist mit negativen Einstellungen gegenüber dem Merkmalsträger verbunden (Aydin & Fritsch, 2015). Gegenüber Hochbegabung existieren auch heute noch etliche Laienvorstellungen und Vorurteile. Relativierend muss festgehalten werden, dass nicht alle Stereotype durchgängig negativ ausfallen (s. Harmoniehypothese) respektive es durchaus Kontexte gibt, bspw. Hochbegabtenschulen, Stipendien etc., in denen positive Annahmen über Hochbegabung vorherrschen. Folglich können Hochbegabte nicht ohne Einschränkung mit anderen Minoritäten verglichen werden, bspw. LGBTQ, welche eine lange Historie mit Stigmatisierung, Diskriminierung, Gewalt oder ähnlichem aufweisen (Baudson & Ziemes, 2016). Und dennoch stellen Baudson und Ziemes (2016) fest, »Minorities face particular challenges in their identity formation when the majority identity is considered the normative model and anything else deviant« (S. 19), und übertragen erstmals Ergebnisse aus der Minoritätenforschung für Homo- und Bisexuelle auf hochbegabte Erwachsene.

In diesem Zusammenhang ist hinreichend untersucht, dass wiederholte negative Bewertungen durch Vorurteile gegenüber der Minderheit negative Auswirkungen

---

42 In diesem Zusammenhang sei auch auf den sog. *stereotype threat effect* hingewiesen: Werden negative Stereotype, bspw. die Leistung in Mathematik betreffend (»Jungen sind besser als Mädchen in Mathematik«), unmittelbar vor einem Test aktiviert, schneiden Schülerinnen signifikant schlechter ab. Sozialisationseffekte und die Identifikation mit soziokulturellen Stereotypen wirken sich folglich bereits in jungen Jahren negativ aus (Hermann & Vollmeyer, 2016).

auf die psychische und physische Gesundheit haben (Pascoe & Smart Richman, 2009). Teil einer stigmatisierten Minorität zu sein, ist mit sozialem Stress – dem sog. *Minoritätenstress* – verbunden. Dieser ist als additiv zu den generellen sozialen Stressoren zu betrachten, welche alle Menschen mit bestimmten Lebensbedingungen erleben, und besteht für den Betroffenen zeitlich andauernd (Meyer, 2003). Angelehnt an das Minoritätenstress-Modell (MSM), welches für die Beschreibung der erlebten Stressprozesse für Lesben, Schwule und Bisexuelle entwickelt wurde (Meyer, 2003), lässt sich der Minoritätenstress ebenfalls für Hochbegabte formulieren (Baudson & Ziemes, 2016). Gleichwohl auch hier wieder einschränkend erwähnt werden muss, dass eben Hochbegabte nicht durchgängig negativen Stereotypen ausgesetzt sind und sie nicht mehr, sondern vergleichbar anfällig für die Entwicklung psychischer Störungen sind (▶ Kap. 1.5)[43].

Gemäß dem Modell können distale und proximale Stressoren aufgrund der Zugehörigkeit zur Minorität angenommen werden (Meyer, 2003):

- Unter *distalen Faktoren* werden objektiv vorhandene Stressoren verstanden, welche sich bspw. in vorhandenen Stereotypen zeigen können. Baudson und Ziemes (2016) sortieren die in ▶ Kap. 1.5 diskutierten Vorurteile gegenüber Hochbegabten darunter. Da in diesem Fall eine gewisse Ambiguität in diesen Stereotypen immanent ist, ist anzunehmen, dass der Hochbegabte mit unterschiedlichen oder gar widersprüchlichen Reaktionen anderer konfrontiert sein wird.
- Durch die minoritäre Identität als hochbegabt und der Internalisierung der Vorurteile resultieren die *proximalen Stressoren*, was dem »stigma of giftedness« entspricht (Baudson & Ziemes, 2016). Hochbegabte erleben vorurteilsbehaftete Reaktionen anderer, bilden Erwartungen über zukünftige Situationen aus, welche wiederum langfristig das Selbstkonzept beeinflussen und zu bestimmten Copingstrategien im Umgang mit solchen Erfahrungen führen. Dabei kann es sogar zu einer »*internalized giftedness negativity*« (S. 21) kommen, welche vergleichbar mit einer internalisierten Homonegativität bei LGB-Personen ist (Baudson & Ziemes, 2016). Somit kann sich das Stresserleben innerpsychisch aufrechterhalten, indem Hochbegabte sich selbst für ihre Begabung abwerten und sich damit in der Selbstakzeptanz bzw. in der Integration der Hochbegabung in das eigene Identitätskonzept dysfunktional behindern.

Neben diesen negativen Effekten auf die psychische Gesundheit können nach Meyer (2003) noch *unterstützende Prozesse* angenommen werden:

- Insbesondere erhält die Person durch die Identifikation mit der Minorität bspw. auch *Zugang zu einer entsprechenden Community* (Meyer, 2003). In diesem Zusammenhang kann der Kontakt bspw. zum Hochbegabtenverein Mensa (▶ Kap. 8.1) helfen, selbstbewusster im Umgang mit der eigenen Begabung zu werden. Durch eine entsprechende Community können selbstwertförderliche

---

43 Während sich für Personen mit nicht majoritätskonformer sexueller Orientierung erhöhte Prävalenzraten für psychische Störungen zeigen (Cochran et al., 2003).

Einstellungen und Werte übernommen oder auch Ansprechpartner gefunden werden, um bestimmte Erfahrungen zu teilen oder zu relativieren.
- Daneben können sich die Merkmale der Minoritätenidentität selbst unterstützend (oder verschärfend) auf den erlebten Stress auswirken. Je mehr ein Individuum sich bspw. mit etwas identifiziert oder sich dem gegenüber verpflichtet fühlt, desto stärker kann die emotionale Reaktion auf Stressoren ausfallen (Meyer, 2003); d. h., je prominenter diese Teilidentität im gesamten Selbstkonzept einer Person ist, desto vulnerabler erlebt sich diese bspw. bei erlebter Ausgrenzung oder Enttäuschung.

Eine hochbegabte Patientin schildert sehr belastet, dass sie nun das Gefühl habe, »dumm« zu sein und nicht mehr zu ihren Kommilitonen dazuzugehören. Sie habe den Eindruck, die anderen in dem sehr anspruchsvollen Studium seien einfach richtig schlau, während sie – obwohl sie sich ihr Leben lang mit ihrer Hochbegabung identifiziert habe – sich plötzlich als durchschnittlich erlebe. In einer fachlichen Diskussion habe ein Kommilitone zu ihr gesagt, als sie etwas nicht gleich verstanden habe, ob sie sich wirklich sicher sei, hochbegabt zu sein. Dies habe sie zutiefst erschüttert.

Ebenso spielt es eine Rolle, auf welche Weise ein Hochbegabter die Merkmale der Minoritätenidentität bewertet (s. o. internalisierte Negativität) und folglich sich in seinem eigenen Erleben selbstvalidiert oder sogar entwertet. Und schließlich bezieht Meyer (2003) in seinem Modell noch ein, inwieweit die Minoritätenidentität im Selbstkonzept integriert ist bzw. wie »glatt« dieser Integrationsprozess abläuft. Dementsprechend lässt sich Identität als nichts Statisches, sondern als fluider Prozess hin zu einer »*identity synthesis*« (Meyer, 2003, S. 678) betrachten.

Beispiel für einen noch offenen Entwicklungsprozess mit internalisierter Negativität:

Ein hochbegabter Patient erwiderte, er wolle nicht mit seiner Hochbegabung in Verbindung gebracht werden, da alle Hochbegabten »Nerds« und »komisch« seien und er eigentlich »normal« sein wolle. Er habe zwar in seiner Kindheit das Label bekommen, versuche jedoch sein Leben lang, einfach »nicht hochbegabt« zu sein.

4.3.2 Cass-Identitätsentwicklungsmodell übertragen auf Hochbegabte

Die Integration der Hochbegabung in das eigene Identitätskonzept ist als ein Prozess zu betrachten, der davon abhängt, inwieweit sich die Person an den »Minoritätenstatus« annähert. Wie solch ein Identitätsentwicklungsprozess für Mitglieder einer Minorität ablaufen kann, hat Vivienne Cass bereits 1979 für Homosexuelle formuliert. Sie postulierte ein Stufenmodell beginnend mit dem ersten Gewahrwerden der eigenen nicht majoritätskonformen sexuellen Orientierung bis hin zur Akzeptanz und Integration dieses Selbstaspektes als Teil der eigenen Identität (▶ Tab. 4.1). Dabei sieht sich die Person mit spezifischen Herausforderungen in jeder Stufe konfrontiert, welche vor allem aus dem Umgang mit dem jeweiligen Inkongruenzerleben zwischen Selbst-/Fremdwahrnehmung und eigenem Verhalten resultieren (Cass, 1979/1984).

Tab. 4.1: Die Stufen des Cass-Identitätsentwicklungsmodells (CIM)

Stufen	Beschreibung (Baudson & Ziemes, 2016; Cass, 1979/1984)
Prestage	Die Person betrachtet sich als »normales« Mitglied der Majorität.
1. Confusion	Die Person wird sich bewusst, dass es ein Mitglied der Minorität sein könnte, fühlt sich also außerhalb der Majorität, verhält sich jedoch noch gemäß der Majorität (Form der Inkongruenz). Es hinterfragt die eigene Identität, sucht nach weiteren Informationen (bspw. liest Bücher, recherchiert etc.) oder unterdrückt jegliches Interesse daran.
2. Comparison	Die Person hat die Möglichkeit angenommen, Mitglied der Minorität zu sein, fühlt sich anders/allein und der Majorität noch weiter entfremdet, jedoch der Minorität noch nicht zugehörig. Das Verhalten ist noch gemäß der Majorität (Form der Inkongruenz).
3. Tolerance	Die Person fühlt sich der Minorität zugehörig, sucht Kontakt zur Minorität, um sich weniger allein zu fühlen, während es sich jedoch noch gemäß der Majorität verhält (Form der Inkongruenz). Es kommt nur selten zur Selbstoffenbarung des noch geheimen Minoritätenstatus.
4. Acceptance	Die Person akzeptiert zunehmend den eigenen Minoritätenstatus, verhält sich langsam entsprechend, führt Kontakte zu Gleichgesinnten fort und normalisiert die eigene Identität. Es offenbart sich selektiv, verhält sich jedoch in manchen Situationen noch gemäß der Majorität (abnehmende Inkongruenz).
5. Pride	Die Person identifiziert sich stark mit der Minorität, verhält sich danach, offenbart sich vermehrt und wertet die Minorität auf und die Majorität ab, oftmals verbunden mit Wut (Dichotomisierung, um weitere Inkongruenz zu vermeiden).
6. Synthesis	Die Person zeigt sich verhaltenskongruent entsprechend der Identität als Mitglied der Minorität ohne Abwertung der Majorität und erlebt sich ausgeglichen (Kongruenzerleben).

Baudson und Ziemes (2016) haben auch das Cass-Identitätsentwicklungsmodell (CIM) auf Hochbegabte übertragen und in ihrer Studie untersucht, inwieweit diese einen vergleichbaren Identitätsentwicklungsprozess erleben. Im Vergleich zu etlichen Studien zur Identität bei Hochbegabten, in welchen vornehmlich Jugendliche/Adoleszente untersucht werden, bezogen die Autorinnen ihre Fragestellung auf hochbegabte Erwachsene. Ihre Stichprobe umfasste dabei 742 Mensa-Mitglieder (Deutschland), welche sich zudem im Alter der Feststellung der Hochbegabung unterschieden, so dass auch spät erkannte Hochbegabte einbezogen wurden. Um die Zugehörigkeit zu einer Identitätsstufe und die internalisierte Negativität gegenüber Hochbegabung zu erfassen, verwendeten die Autorinnen eigens entwickelte adaptierte Fragebögen. Gemäß dem CIM zeigte sich auch in der Hochbegabtenstichprobe, dass eine voranschreitende Identitätsentwicklung (in Richtung Integration) mit weniger internalisierter Negativität, weniger Depressivität, Stress oder Einsamkeit sowie mit mehr Freude, Selbstbewusstsein, Lebenszufriedenheit und adaptivem Coping einhergeht. Interessanterweise konnten vier Identitätstypen identifiziert werden, welche sich sinnvoll in das CIM einordnen lassen:

- Die »beginner«-Gruppe scort erwartungsgemäß hoch in den ersten Stufen der Identitätsentwicklung und zeigt noch keine ausgeprägte integrierte Identität.
- Die »developing«-Gruppe ähnelt in ihrem Profil der ersten, zeigt sich jedoch in Bezug auf die ersten Entwicklungsstufen bereits etwas geringer ausgeprägt.
- Erst die »accepting«- sowie die »integrated«-Gruppe haben die höchste Ausprägung in der Stufe der Akzeptanz und erst letztere zeigt eine hohe Ausprägung in der Stufe der Integration.

Auffällig ist, dass die Stufe des Stolzes (»pride«), also der Aufwertung der Minorität und Überidentifikation mit dieser, für die Gruppe der Hochbegabten nicht nachgewiesen werden konnte. Baudson und Ziemes (2016) diskutierten dies kritisch und sahen einerseits einen Zusammenhang mit dem ambivalenten Stereotyp und führten andererseits auf, dass es auch in Bezug auf das originäre CIM Schwierigkeiten gab, Stufe fünf und sechs angemessen zu unterscheiden (vgl. Cass, 1984).

Zuletzt untersuchten die Autorinnen noch, inwieweit Prädiktoren für eine zunehmend integrierende Identitätsentwicklung angenommen werden können. Hier zeigte sich, dass die Wahrscheinlichkeit, einer späteren Entwicklungsstufe anzugehören, mit jedem Jahr seit dem ersten Verdacht, hochbegabt zu sein, zunimmt. In Zahlen ausgedrückt: Die Wahrscheinlichkeit nimmt pro Jahr seit dem ersten Verdacht um 1.4 % und seit der tatsächlichen IQ-Messung um 2.5 % zu. Dies mag pro Jahr gering erscheinen, kumuliert sich jedoch über die gesamte Lebensspanne auf (Baudson & Ziemes, 2016).

4.4 Zusammenfassende Schlussfolgerungen

Hochbegabte können einer Form von Minoritätenstress ausgesetzt sein, insbesondere da negative Stereotype sich in Deutschland hartnäckig zu halten scheinen. Diese lassen sich als distale Stressoren im MSM einsortieren. Die Auswirkungen auf das Wohlbefinden im Sinne proximaler Faktoren hängen dabei jedoch von der jeweiligen Identitätsentwicklungsstufe ab, in der sich die hochbegabte Person befindet. Auch das CIS lässt sich sinnhaft auf Hochbegabte übertragen (Baudson & Ziemes, 2016). Je nach Stufe erleben sie eine Form der Inkongruenz zwischen Selbstwahrnehmung und Verhalten, welche bspw. über internalisierte Negativität gegenüber der Hochbegabung vermittelt und mit psychosozialen Belastungen verbunden sein kann.

In das modifizierte Modell der Doppelten Handlungsregulation eingebettet (▶ Kap. 4.2), kann eine hochbegabte Person als Teil einer Minorität invalidierende Lernerfahrungen im Kontakt mit anderen sammeln und sogar internalisierte negative Annahmen über sich ausbilden, welche wiederum kompensatorische Schemata notwendig erscheinen lassen und zu entsprechenden Copingstrategien führen. Im Zusammenhang mit dem »stigma of giftedness« wurden zwei spezifische Copingmechanismen beschrieben (Cross et al., 2014): Beim »passing for normal« verheimlicht der Hochbegabte seine Kompetenzen/Leistungen und als »disidentifier« verleugnet er sein eigenes Erleben und Verhalten, um als Teil der Majorität zu gelten. Auch diese Strategien lassen sich auf dem Kontinuum der Sichtbarkeit einsortieren (▶ Kap. 4.2.3). Und obwohl durch diese die negativen Reaktionen des sozialen Umfeldes zu vermeiden versucht werden mit dem Ziel, sich der Mehrheit zugehörig fühlen zu können, untergraben sie doch nachweislich das Gefühl der Zugehörigkeit und erhöhen das der Einsamkeit (Newheiser & Barreto, 2014).

Um einer maladaptiven Entwicklung entgegenzuwirken, Hochbegabte folglich positiv in ihrer Auseinandersetzung mit dem eigenen Teilselbstaspekt zu unterstützen, sprechen sich Baudson und Ziemes (2016) daher für eine möglichst frühe Erkennung einer vorliegenden Hochbegabung aus. Natürlich ist hierbei zu beachten, dass ein Labeling auch mit negativen Konsequenzen im individuellen Lebenskontext verbunden sein kann. Dies lässt sich auch unter einer Entwicklungsperspektive betrachten (▶ Kap. 4.1), dass die Person folglich noch im Begriff ist, sich mit dem Teilselbstkonzept in Bezug auf die Gesamtidentität auseinanderzusetzen. Selbstwahrnehmungen, Selbstkonzeptschemata und Verhalten können sich jedoch gerade durch positiv-korrigierende Erfahrungen weiterentwickeln und ausgleichen. Baudson und Ziemes (2016) konnten konkret belegen, dass die Auseinandersetzung mit der und dem Wissen um die eigene Hochbegabung einen positiven Effekt auf das Voranschreiten im Identitätsentwicklungsmodell hat. Auch Ergebnisse an anderer Stelle unterstützen dies. So berichtet Heil (2021a/b), dass sich bei ihren Probanden das Gefühl, anders zu sein, durch das IQ-Testergebnis deutlich reduziert habe. Insbesondere der Erklärungsrahmen, der Kontakt zu anderen Hochbegabten als auch die erhöhten Freiheitsgrade im Erwachsenenalter, das soziale Lebensumfeld auszuwählen, hätten dazu beigetragen. Es ließ sich zudem belegen, dass das Erleben der Hochbegabung als Ressource signifikant mit dem Anteil an Hochbegabten im sozialen Umfeld korreliert (Heil, 2021a/b).

Dies darf jedoch nicht dazu verleiten, einen jeden vermeintlich Hochbegabten zu einem IQ-Test zu drängen und darauf zu hoffen, dass allein durch ein positives Ergebnis der Identitätsentwicklungsprozess vorangetrieben wird. Nur die Person selbst kann entscheiden, ob sie schon bereit ist bzw. es für sie an der Stelle notwendig erscheint (▶ Kap. 1.3), sich der eigenen Hochbegabung und damit einem Minoritätenstatus weiter anzunähern. Wittmann (2019) unterschied in diesem Zusammenhang *positive und negative Umweltkatalysatoren* und setzte diese in Bezug zum MSM. In ihrer Interviewstudie zeigte sich, dass mit Beginn der Auseinandersetzung mit der eigenen Hochbegabung (nach dem Testergebnis) der Verein Mensa als Möglichkeit, andere Hochbegabte kennenzulernen, genutzt wurde. Bei einem Teil der Probanden wurde die Hoffnung auf Gleichgesinnte erfüllt, so dass der soziale Austausch als »positiver Umweltkatalysator fungiert, und einen positiven Anstoß im

Prozess der Selbstannahme und Integration« (Wittmann, 2019, S. 102) darstellte. Der andere Teil der Probanden erlebte jedoch auch bei Mensa eine Art von Nicht-Passung, so dass der Minoritätenstress dadurch nicht reduziert werden konnte und (erneut) Passivität, Einsamkeit und Resignation erlebt wurden (Wittmann, 2019). An dieser Stelle sei noch einmal darauf hingewiesen, dass eben auch die Gruppe der Hochbegabten heterogener ist als gedacht (▶ Kap. 2): Hochbegabte, welche bspw. einer »Subgruppe« – also eine Art Minorität in der Minorität – angehören, können selbst in einem Hochbegabten-Verein nicht immer eine optimale »Passung« finden[44]. Nicht jede »Subgruppe« von Hochbegabten ist dabei ausreichend hinsichtlich spezifischer Unterschiede in den Umweltkatalysatoren oder dem Identitätsentwicklungsprozess empirisch untersucht. Für hochbegabte LGBTQ-Personen wurden jüngst vom Cass-Modell abweichende Identitätsentwicklungsstufen postuliert; in diesem Fall wäre die Entwicklung in zweierlei Hinsicht zu berücksichtigen (Sedillo, 2022).

Es ist also anzunehmen, dass hochbegabte Erwachsene an unterschiedlichen Stellen in der Identitätsentwicklung in der Auseinandersetzung mit der eigenen Hochbegabung stehen. Das Wissen um die eigene Hochbegabung hat dabei einen positiv unterstützenden Effekt. Baudson (2017a) formulierte an anderer Stelle dazu: »Auch wenn die Zeit allein also vielleicht nicht alle Wunden heilen kann, die im Laufe der Identitätsentwicklung geschlagen werden, ist die Botschaft also durchaus ermutigend: Es wird im Lauf [sic] der Zeit besser«. Auch wenn hierzu lediglich Ergebnisse aus einer Querschnittsuntersuchung (Baudson & Ziemes, 2016) vorliegen und längsschnittliche Nachweise noch ausstehen, um diese Aussage zu untermauern: Vielleicht hilft Hochbegabten gerade, dass der Beweis für die Gruppenzugehörigkeit eben schwarz auf weiß geführt werden kann und nicht nur vom eigenen Erleben abhängig ist. Auch wenn sich in der Praxis zeigt, dass viele unmittelbar nach dem Testergebnis dieses anzweifeln, so hilft der schriftliche Befundbericht doch, sich mit dem neuen Wissen vertieft auseinanderzusetzen und eine persönliche Weiterentwicklung voranzutreiben. Wünschenswert ist jedoch, dass Hochbegabte darin unterstützt werden, zum eigenen integrierten Selbsterleben zu gelangen. Jacobson (1999) drückte dies fast schon poetisch aus:

> »When at last the gifted adult repossesses an authentic, unfettered identity, a radical shift occurs, a coming out of the potent individual who can breathe free, and create with vigor, and whose talents may mature without shame or disabling wariness. Then, and only then, can the gifted adult arouse the sleeping giant of high potential and adroitly sidestep obstacles to happiness and actualization« (S. 40).

Alle vorgestellten Modelle erscheinen auf Hochbegabte übertragbar und für den therapeutischen Prozess geeignet, die biografischen Erfahrungen in Bezug auf das eigene Authentischsein in ein Hypothetisches Bedingungsmodell einordnen sowie die Entwicklung von bspw. dysfunktionalen Selbstschemata oder Copingstrategien plausibel ableiten zu können (▶ Kap. 7.3).

---

44 Erfreulicherweise bietet Mensa für etliche »Subgruppen« auch die Möglichkeit, einer SIG (Special Interest Group) beizutreten. Ebenso sei für Höchstbegabte auf die Triple Nine Society (TNS) als eigener Verein hingewiesen (▶ Kap. 8.1).

5 Hilfestellungen für den klinisch-diagnostischen Prozess

Hochbegabte sind genauso anfällig bzw. nicht anfällig für psychische Störungen wie durchschnittlich Begabte (Martin et al., 2010; Williams et al., 2022). Bedauerlicherweise häufen sich jedoch Hinweise auf Fehldiagnosen bei hochbegabten Kindern und Erwachsenen, welche vornehmlich aus einer Fehlinterpretation hochbegabungsspezifischer Merkmale als pathologisch resultieren (Zirbes-Domke & Liebert-Cop, 2018; Webb et al., 2020). In Ermangelung repräsentativer Studien zu Prävalenzen psychischer Störungen bzw. Fehldiagnosen bei hochbegabten Kindern und Erwachsenen soll an dieser Stelle auf Zahlangaben verzichtet werden. Ebenso wird von der Formulierung »Hochbegabung als Diagnose«, welche von anderen psychischen Diagnosen abgegrenzt werden muss, explizit Abstand genommen[45].

Somit soll an dieser Stelle eine Hilfestellung erfolgen, um Fachpersonen bestmöglich zu sensibilisieren und eine vorschnelle Pathologisierung zu vermeiden. Der Fokus wird auf mögliche Fehlerquellen im klinisch-diagnostischen Prozess bei hochbegabten Patienten gelegt (▶ Kap. 5.1) und es folgen Hinweise aus der Praxis, damit das hochbegabungsspezifische Erleben nicht als Symptom fehlinterpretiert wird (▶ Kap. 5.2). Hochbegabung darf jedoch auf der anderen Seite nicht fälschlich als »globale« Ausrede für maladaptives Verhaltens herangezogen werden (»Ich kann nichts dafür, ich bin hochbegabt«) (Webb et al., 2020). Im Folgenden soll deshalb ein differenzierter Blick geschärft werden. Schließlich werden in einem Exkurs (▶ Kap. 5.3) die Abgrenzungen bei vorhandener Reiz(über-)empfindlichkeit betrachtet, deren mögliche ätiologische Bedingungen Fachpersonen oftmals nicht bekannt sind und daher zu wenig beachtet werden.

---

45 In manchen Fachbüchern wird Hochbegabung als »Diagnose« angenommen und von Doppeldiagnosen – »Hochbegabung, die gemeinsam mit einer bestimmten anderen zu diagnostizierenden Erkrankung auftritt« (Webb et al., 2020, S. 90) – gesprochen. Dies verleitet nach Ansicht der Autorin zu einer problematisierenden Haltung: Hochbegabung wird wie eine nosologische Entität behandelt.

5.1 Mögliche Fehlerquellen im klinisch-diagnostischen Prozess bei hochbegabten Patienten

Gemäß dem aktuellen deskriptiven Klassifikationsansatz psychischer Störungen ist es Aufgabe des Therapeuten, die vom Patienten geschilderten Beschwerden auf physiologischer, motorischer, sozialer, kognitiver oder affektiver Ebene dahingehend zu prüfen, inwieweit diese den Stellenwert eines Symptoms erfüllen. Ein Symptom wird dabei als pathologisches Zeichen einer Störung von Krankheitswert definiert. Existieren noch weitere Symptome, welche einem typischen Muster (sog. Syndrom) entsprechen, und sind noch andere definierte Kriterien (bspw. Beginn, Verlauf, Ausschluss) erfüllt, kann eine Diagnose gestellt und mit der entsprechenden Bezeichnung, bspw. aus ICD-10 bzw. -11, versehen werden (Wittchen, 2011). Um diesem Zuordnungsprozess korrekt zu folgen, setzt es das Wissen um Symptomatik und Diagnosekriterien bzw. -kategorien voraus.

Angenommen, ein hochbegabter Patient stellt sich in der Therapie aus einem der folgenden Gründe vor, ohne jedoch von seiner Hochbegabung zu berichten:

- »Ich habe schon oft meinen Job verloren, weil mir Gerechtigkeit wichtiger ist, als Gewinne zu machen.«
- »Mein Mann sagt, ich sei zu sensibel und zu ernst.«
- »Ich fühle mich anders als die anderen; es macht mir einfach keinen Spaß, Kontakte zu knüpfen und unter Leuten zu sein.«
- »Ich habe den Drang, die Vorstellungen der anderen zu hinterfragen. Natürlich gefällt das den Leuten nicht, und ich habe deswegen soziale Probleme.«
- »Meine Frau meint, ich vernachlässige die Familie, weil ich zu sehr mit allen möglichen Dingen beschäftigt sei. Sie fragt sich, ob ich manisch-depressiv bin, und manchmal glaube ich, dass sie recht haben könnte.«
- »Meine Familie sagt, die Intensität, mit der ich Dinge angehe – ob bei der Arbeit oder zu Hause –, mache sie völlig verrückt.«
- »Alles um mich herum wirkt so oberflächlich, und mein Leben scheint so bedeutungslos zu sein. Was ist der Sinn von alledem?«

(Webb et al., 2020, S. 51 f.)

Diese Beispiele verleiten zumindest erst einmal, ohne vorhandene Expertise zu Hochbegabung, in eine andere, eher »typische« klinische Richtung zu denken, wie bspw. soziale Phobie, Depression oder schizoide Persönlichkeitsakzentuierung. Auch erscheint das Risiko für Fehldiagnosen gerade bei denjenigen Patienten am größten, welche selbst (noch) nicht von ihrer Hochbegabung wissen, und demnach der Erklärungskontext nicht explizit zusammen mit dem Therapeuten geprüft werden kann. Eine erste – wenn nicht die häufigste (Webb et al., 2020) – Fehlerquelle stellt daher das (1) *Nichtwissen* von Therapeuten über Hochbegabung dar.

> **Mögliche Fehlerquellen im klinisch-diagnostischen Prozess bei hochbegabten Patienten (Freyberger, 2017; Schneider & Freyberger, 2014; Webb et al., 2020; Wittchen, 2011)**
>
> 1. Nichtwissen über/Nichtberücksichtigen der Hochbegabung
> 2. Defizitorientierung bei der Exploration
> 3. Nichtberücksichtigen der Zeit-, Verlaufs- oder Ausschlusskriterien psychischer Störungen
> 4. Nichtberücksichtigen des »Komorbiditäts«prinzips
> 5. Erwartungseffekte/Stereotypisierung von Hochbegabten
> 6. Rückschluss auf Hochbegabung aufgrund eines singulären Phänomens

Als weitere Fehlerquelle kann eine oftmals vorherrschende (2) *Defizitorientierung* angenommen werden. Die Aufgabe eines Therapeuten, nach der ersten Sitzung eine Verdachtsdiagnose stellen zu müssen, darf nicht dazu verleiten, nur etwaige emotionale, kognitive und verhaltensbezogene Defizite zu fokussieren. Auch die Kompetenzen und Ressourcen spielen gleichermaßen für die Therapieplanung eine essenzielle Rolle (Schneider & Freyberger, 2014). Es erscheint hilfreich, durch eine ergänzende ressourcenorientierte Exploration die genannten »Beschwerden« zu überprüfen. Anstatt ausschließlich anzunehmen, ein Patient sei zu sensibel, erlebe Dinge zu intensiv oder sei sinnentleert – erlebe folglich ein Symptom –, ließe sich natürlich mit dem hochbegabungsspezifischen Wissen im Hinterkopf die Erlebensqualität ressourcenhaft explorieren und überprüfen (bspw. ein Patient ist sensibel im Wahrnehmen, erlebt Emotionen intensiv etc.), so dass diese Phänomene nicht vorschnell übergreifend pathologisiert werden.

> In der Praxis hat sich gezeigt, dass oftmals über die Ressourcen-Exploration (▶ Kap. 3) die genannten Eingangsbeschwerden als Teil des hochbegabungsspezifischen Erlebens und Verhaltens und damit als Eigenart – nicht als ich-dystone Symptomatik – vom Patienten beschrieben werden.

Darüber hinaus stellt das (3) *Nichtberücksichtigen der Zeit-, Verlaufs- oder Ausschlusskriterien* eine weitere Fehlerquelle im diagnostischen Prozess dar. Dieser Aspekt betrifft übertragen auf Hochbegabte nicht die Kriterien einer »Hochbegabung«, stellt sie doch keine psychische Störung dar, sondern diejenigen der ICD-10- bzw. ICD-11-Diagnosen. Durch bspw. einen starken Fokus auf Verhaltensmerkmale, wie in obigen Beispielen genannt (»Es macht mir einfach keinen Spaß, Kontakte zu knüpfen und unter Leuten zu sein«), ohne die Einflüsse der äußeren Situation und Lebensumstände des hochbegabten Patienten gleichermaßen zu explorieren, besteht die Gefahr, die Beschwerden als Symptome zu pathologisieren (Webb et al., 2020). Schildert der Patient jedoch, dass es nur aufgrund des aktuellen sozialen Netzwerkes keinen Spaß macht, Kontakte zu knüpfen, da er sich ausgeschlossen oder anders fühlt, er sich jedoch in einem anderen sozialen Kontext als kontaktfreudig erlebt, in dem er bspw. über tiefgreifende Themen sprechen kann, können die Beschwerden eher durch die soziale Nicht-Passung (▶ Kap. 4.2) erklärt werden. Oftmals werden dadurch die Zeit- und/oder Verlaufskriterien einer Diagnosekategorie nicht mehr erfüllt. In diesem Zusammenhang sei auch darauf hingewiesen, dass bei den geschilderten Beschwerden eines Patienten übersehen werden kann, dezidiert nach der Beeinträchtigung der Funktionsfähigkeit bzw. dem Leidensdruck zu fragen, und somit vorschnell Beschwerden als Symptome pathologisiert werden (Webb et al., 2020).

> Ein hochbegabter Patient berichtet in einer der ersten Sitzungen, es nerve ihn, dass er ständig denke und sein Kopf nie stillstehe. Er mache sich zu viele Gedanken und betrachte alles um sich herum kritisch. Die Nachfrage, ob er denn seinen Kopf mit einem anderen »tauschen« wolle, verneinte er vehement. Niemals, schließlich möge er sein Denken und seinen Kopf, nur eben manchmal wünsche er sich mehr Kontemplation statt Rumination. Aber das wäre schon immer so und sei eigentlich auch in Ordnung.

Bei 2e-Personen können sich zudem die Hochbegabung und zusätzlich vorliegende psychische Störungen überlagern. Wird eine psychische Diagnose bei einem hochbegabten Patienten übersehen, da das (4) *»Komorbiditäts«prinzip nicht berücksichtigt wird*, entspricht dies ebenfalls einer Fehldiagnose (Webb et al., 2020). Auf der anderen Seite können auch vorhandene (akute) psychische Symptome eine bestehende Hochbegabung überdecken oder sich eine psychische Störung aus dem Nichtberücksichtigen einer 2e-Kombination entwickeln (▶ Kap. 2.6), was ebenfalls eine Fehleinschätzung zur Folge haben kann (Baum & Schader, 2021).

Natürlich können auch (5) *Erwartungseffekte und/oder Stereotypisierung von Hochbegabten* eine Fehlerquelle im klinisch-diagnostischen Prozess darstellen. Allgemein ausgedrückt: »Diagnostiker werden […] von theoretischen Konzepten in ihrer Diagnosenstellung [sic] beeinflusst, die keinen oder keinen unmittelbaren Zusammenhang zur operationalisierten Diagnostik aufweisen« (Freyberger, 2017, S. 526). Übertragen auf Hochbegabte kann insbesondere die vorherrschende Disharmoniehypothese genannt werden (▶ Kap. 1.5.1). Hingegen können jedoch tatsächlich bestehende Herausforderungen bis hin zu Problemen unterschlagen werden, geht der Therapeut von einer strengen Harmoniehypothese aus (»Hochbegabte kriegen alles hin«).

Und schließlich kann auch eine falsch-positive Identifizierung von Hochbegabung durch (6) *Rückschluss aufgrund eines singulären Phänomens* als Fehlerquelle angeführt werden. Nicht ein einzelnes Merkmal definiert Hochbegabung, sondern ein Potpourri aus spezifischen Kriterien im IQ-Test oder spezifischen Anzeichen im Erleben und Verhalten. Berichtet ein Patient von einem Merkmal, darf nicht automatisch davon ausgegangen werden, dass alle anderen Erlebens- und Verhaltensweisen gleichermaßen erfüllt sind und der Hinweis auf eine Hochbegabung erhärtet ist.

> Auch wenn erfahrenen Therapeuten die allgemeinen Beobachtungs- und Beurteilungsfehler theoretisch wie praktisch bekannt und diese im differenzialdia-

> gnostischen Prozess geübt sein mögen, so bedarf es oft gesonderter Hinweise beim Wechsel in ein unbekanntes »Spielfeld«. Um in dieser Metapher zu bleiben: Hochbegabte Patienten erleben bestimmte Aspekte anders als ihr Umfeld, befinden sich auf einem (neurodiversen) Spielfeld mit für den Therapeuten vielleicht (noch) unbekannten Spielern oder sogar Regeln. Nur wenn das neue Spiel möglichst vollständig und offen – von eigenen (neurotypischen) Annahmen befreit – beobachtet wird, lassen sich Fehleinschätzungen darüber, wie das Spiel »funktioniert«, vermeiden.

5.2 Praktische Hinweise: Symptomatisch oder hochbegabungsspezifisch?

Werden Einzelaspekte des Erlebens und Verhaltens des Patienten nicht seiner Hochbegabung zugeschrieben, sondern als ein Hinweis für bestimmte psychische Störungen wahrgenommen, können sich inhaltlich bestimmte »Fehlpfade« im Voranschreiten des klinisch-diagnostischen Prozesses ergeben (▶ Abb. 5.1[46]).

Diese störungsbezogenen fehlerhaften Zuordnungen können letztlich aus den oben genannten Fehlerquellen im klinisch-diagnostischen Prozess resultieren. Kurzum: Ein klarer differenzialdiagnostischer Prozess bei der Klassifikation psychischer Störungen wird dadurch nicht eingehalten. Ein »Symptom« macht noch keine Störung![47]

> Insbesondere für psychische Störungen, welche eines umfänglichen diagnostischen Vorgehens bedürfen und deren Merkmale auf Verhaltensebene zudem einen großen Überschneidungsbereich mit hochbegabungsspezifischem Erleben und Verhalten aufzeigen, ist es empfehlenswert, spezialisierte Anlaufstellen mit einzubeziehen (bspw. bei ADHS und ASS).

---

46 Die intermittierende explosive Störung wird im ICD-11 den Impulskontrollstörungen zugeordnet. Sie geht mit wiederholten kurzen aggressiven Impulsdurchbrüchen einher, welche der auslösenden Situation nicht angemessen sind, und sie lässt sich nicht besser durch die Störung des Sozialverhaltens mit oppositionellem Verhalten (F91.3/6C90) erklären (aktuelle deutsche Entwurfsfassung der ICD-11, abrufbar im Internet unter https://www.bfarm.de).

47 An dieser Stelle sei auf die Initiative zur Verringerung des Risikos einer klinischen Fehldiagnose bei hochbegabten Kindern verwiesen. Diese wurde 2015 gemeinsam mit der Organisation SENG (Supporting Emotional Needs of the Gifted), dem Internationalen Zentrum für Begabungsforschung der Universität Münster (ICBF), dem Arbeitskreis Hochbegabung im Berufsverband Deutscher Psychologen (BDP), dem Österreichischen Zentrum für Begabtenförderung und Begabungsforschung (ÖZBF) und der Deutschen Gesellschaft des hochbegabten Kindes (DGhK) gegründet (https://www.sengifted.org/misdiagnosis-initiative).

5 Hilfestellungen für den klinisch-diagnostischen Prozess

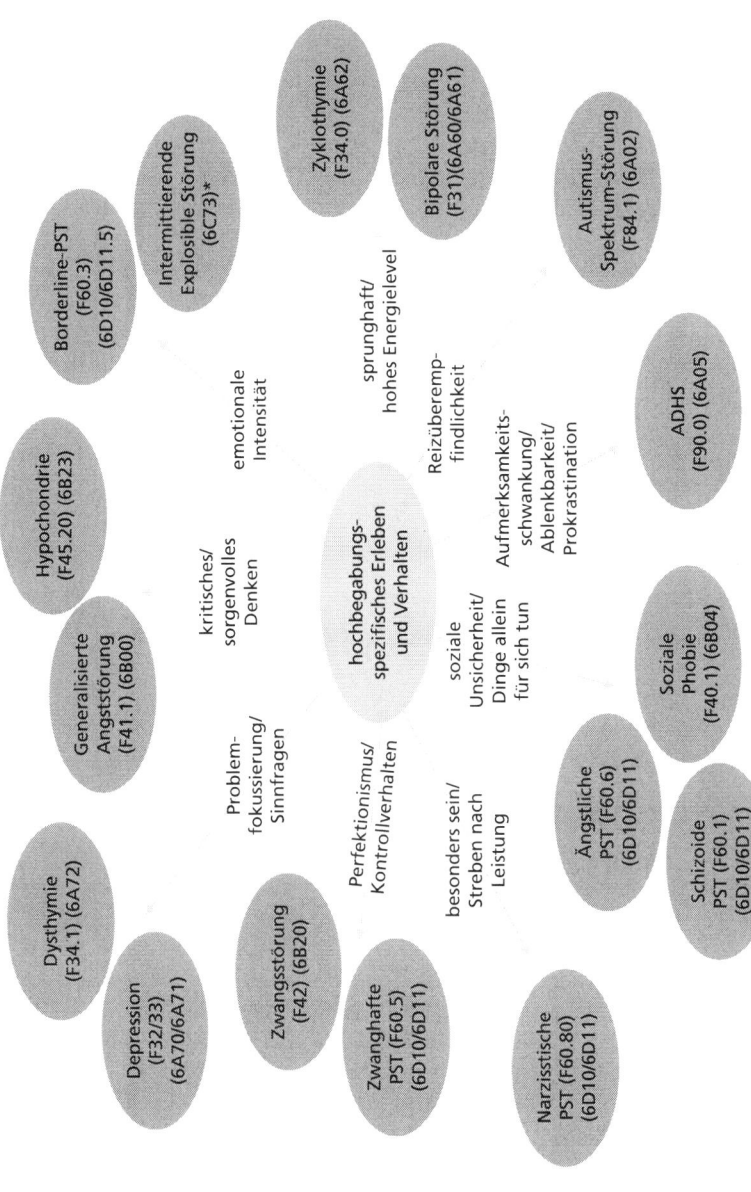

Abb. 5.1: Möglichkeiten der Fehlinterpretation hochbegabungsspezifischen Erlebens und Verhaltens als Symptom einer psychischen Störung (angelehnt an Webb et al., 2020) (in Klammern werden der jeweilige ICD-10-F-Code und der ICD-11-Code unter der jeweiligen Störungsbezeichnung angegeben)
* Neue Diagnose im ICD-11

Nicht nur die bisher genannten Aspekte auf Seiten des Diagnostikers können jedoch zum Risiko einer Fehleinschätzung beitragen, sondern auch Aspekte seitens der hochbegabten Person selbst. In der Praxis hat sich gezeigt, dass einige ihr hochbegabungsspezifisches Erleben und Verhalten selbst stark problematisieren, insbesondere wenn diese im Laufe ihres Lebens negative Rückmeldungen erhalten haben (▶ Kap. 4.2). Manchmal berichten sie auch erst dann von ihrem Authentischsein, »wenn die therapeutische Beziehung gefestigt ist, da sie zu Beginn sehr große Scham für die aus ihrer Sicht unerklärliche Andersartigkeit empfinden und stark um Anpassung bemüht sind« (Heil, 2018, S. 220). Ebenso äußern hochbegabte Patienten anfänglich nur einzelne Aspekte des Erlebens und Verhaltens (statt sogleich das »Gesamtpaket« zu präsentieren), um vielleicht zu prüfen, wie der Therapeut darauf reagiert, bevor weitere Merkmale genannt werden (▶ Kap. 4.2.4).

> Demnach kann es in manchen Fällen tatsächlich auch für den Therapeuten schwer sein, von Beginn an die genannten Merkmale »korrekt« zuzuordnen. Muss eine eingangs gestellte diagnostische Hypothese im Therapieverlauf revidiert werden, ist eine Korrektur des Behandlungsplans notwendig. Um auf diese Revisionen adäquat und maßgeschneidert reagieren zu können, bietet der nachfolgend skizzierte Praxisleitfaden spezielle Hinweise für ein rekursives Vorgehen.

Und schließlich beinhaltet der klinisch-diagnostische Prozess nicht nur die reine deskriptive klassifikatorische Diagnostik nach ICD, sondern auch das Aufstellen und Überprüfen ätiologischer Hypothesen, um Symptome oder Störungen plausibel einordnen zu können (Zaudig & Trautmann, 2006). Über die Erhebung der Anamnese und der Lerngeschichte des Patienten kann der Therapeut gerade die situativen Bedingungen, unter denen das vermeintliche Symptom entstanden ist und/oder aktuell besteht, einbeziehen. Webb und andere (2020) führen besonders die Vernachlässigung des situativen Kontextes als eine wesentliche Voraussetzung für Fehleinschätzungen an: »Welche Ursachen diesen Verhaltensweisen zugrunde liegen und ob sie im Hinblick auf den Hintergrund oder die Lebensumstände einer Person möglicherweise normal sind, wird dabei kaum berücksichtigt« (S. 25).

> Gerade in dieser Hinsicht bietet sich die klassische verhaltenstherapeutische Diagnostik mittels des SORK-Modells an, um den individuellen situativen Kontext ausreichend berücksichtigen zu können.

5.3 Exkurs: Diagnostische Abgrenzung bei Reizüberempfindlichkeit

Einige Hochbegabte berichten von einer Art Reizempfindsamkeit bis hin zur -überempfindlichkeit (Webb et al., 2020). Diese kann der Hochbegabung per se oder/und einer zusätzlich bestehenden Hochsensibilität/sensorischen Overexcitability (▶ Kap. 2.1) und/oder bei 2e-Personen dem ASS/ADHS (van Elst, 2019; Schöttle et al., 2019) zugeordnet werden. Es gibt jedoch noch zwei weitere Phänomene, welche in der Literatur diskutiert werden und für eine Abgrenzung beachtet werden können. Diese sind zumeist kaum bekannt und sollen deshalb an dieser Stelle kurz Erwähnung finden:

Misophonie

Die Misophonie kann als eine extreme Sensitivität gegenüber spezifischen (leisen) Geräuschen oder Bildern verbunden mit einer intensiven physiologisch-emotionalen Reaktion bezeichnet werden (Dozier, 2016). Ursprünglich wurde dieses Phänomen von Johnson im Jahr 1997 als Selective Sound Sensitivity Syndrome (4S) eingeführt. Die auslösenden Reize (Trigger) sind individuell unterschiedlich, wobei diese typischerweise alle Arten von Essensgeräuschen (z. B. Kauen, Schmatzen), nasopharyngealen Geräuschen (z. B. Räuspern, Atmen) (spezifischer) Personen oder andere Geräusche (z. B. Ticken der Uhr, Schall durch Wände) umfassen. Auch visuelle Trigger, welche mit Geräuschen assoziiert sind (z. B. Kieferbewegungen), oder repetitive Reize (z. B. Beinwackeln) können triggernd wirken. Die Konfrontation mit dem Triggerreiz löst eine impulsive, aversive körperlich-emotionale Reaktion aus, welche mit Verärgerung, Ekel bis hin zu Wut einhergeht. Der Entwicklungsbeginn wird zumeist in das Kindesalter datiert (6–12 Jahre) und das Vorhandensein dieser Sensitivität ist mit starkem Leidensdruck und Alltagseinschränkungen verbunden, da die auslösenden Trigger seitens der Betroffenen zumeist vermieden werden; wird die Wut impulsiv ausgedrückt, kann es zudem zu weiteren sozialen Problemen führen (Dozier, 2016; Dozier et al., 2017). Misophonie ist keine Hyperakusis (Überempfindlichkeit gegenüber Lautstärke), Phonophobie (Angst vor bestimmten Geräuschen), Hochsensibilität (▶ Kap. 2.1) oder Sensorische Verarbeitungsstörung (s. u.), sondern wird als aversiver konditionierter Reflex beschrieben (Dozier, 2016). Während sie bereits als eigenständige psychiatrische Diagnose aus dem Zwangsspektrum diskutiert wird (Schröder et al., 2013), wird an anderer Stelle darauf hingewiesen, dass es aktuell weiterer Forschung bedarf, um Misophonie wirklich als distinkte Störung abgrenzen zu können (Dozier et al., 2017; Taylor, 2017). Es existieren aktuell mehrere Fragebogenverfahren[48], um Aussagen zum Vorhandensein bzw. zum Ausmaß der Ausprägung treffen zu können. Umfassende Prävalenzangaben sind noch ausstehend; in einer Stichprobe von Bachelorstudenten (80 % Frauen), berichteten fast 20 % von klinisch-signifikanten Misophonie-

---
48 Einige deutschsprachige Versionen finden sich in Dozier (2016).

Symptomen (Wu et al., 2014). Als Behandlung werden mehrere spezifische Techniken vorgeschlagen (u. a. Gegenkonditionierung) (Dozier, 2016), aber auch die Wirksamkeit der Kognitiven Verhaltenstherapie wird untersucht (Jager et al., 2021).

Sensorische Verarbeitungsstörung

Die Sensorische Verarbeitungsstörung lässt sich definieren als beeinträchtigte Reaktion auf, Verarbeitung und/oder Organisation von sensorischen Reizen, welche sich auf die Umwelt (taktil, visuell, gustatorisch, olfaktorisch oder auditiv) und/oder auf internale Signale (vestibulär oder propriozeptiv) beziehen (Borchardt et al., 2005; Miller et al., 2007). Über die entsprechenden Sinnesrezeptoren werden die Reize als sensorische Information ins Gehirn weitergeleitet und dort integrativ verarbeitet, um eine dazugehörige motorische und/oder Verhaltensreaktion zu generieren. Diese sensorische Integration wird in vier Phasen aufgeteilt: Wahrnehmung, Modulation, Diskrimination und Reaktion. Bei einer vorliegenden Sensorischen Verarbeitungsstörung sind eine oder mehrerer dieser Phasen beeinträchtigt. Da unterschiedliche Prozesse betroffen sein können, erscheint die Störung sehr heterogen (Borchardt et al., 2005; Miller et al., 2007). Ursprünglich wurde die Störung von Ayres im Jahr 1963 beschrieben, stellt jedoch keine eigenständige Diagnose im ICD-10/-11 oder DSM-5 dar (Galiana-Simal et al., 2020; Miller et al., 2007). Epidemiologische Studien zeigen Prävalenzangaben von ca. 12 %; zudem leiden 63 % der Betroffenen unter einer psychiatrischen Störung und Jungen scheinen häufiger betroffen als Mädchen (Gouze et al., 2009). Es besteht eine hohe Komorbidität mit ASS (80–90 %) und ADHS (60 %) sowie weiteren Störungen (Galiana-Simal et al., 2020). Die Betroffenen leiden in der Folge unter Beeinträchtigungen beim Lernen, der motorischen Koordination, im Verhalten oder in der Sprache und sind durch die unverhältnismäßige Reaktion auf Reize im alltäglichen Leben eingeschränkt (bspw. mit Ablenkbarkeit, Impulsivität, Hyper- oder Hypoaktivität, Reizbarkeit, Angst). Ätiologisch sind die Ursachen noch weitestgehend unbekannt und die Behandlung erfolgt zumeist im Kindesalter seitens Ergotherapeuten (Borchardt et al., 2005; Galiana-Simal et al., 2020).

> Auch wenn es sich hierbei um keine Diagnosen im ICD-10/-11 oder DSM-5 handelt, so sind die damit verbundenen Symptome doch im Spektrum von psychischen Störungen, wie bspw. ADHS oder ASS, zu finden. Bestimmte Erscheinungen können somit auch bei 2e-Personen vorkommen und sind von den oben genannten anderen Phänomenen abzugrenzen. Die Ausführungen sollen deshalb einen Beitrag leisten, gerade die als belastend beschriebenen Reizwahrnehmungsphänomene bei hochbegabten Patienten angemessen und möglichst differenziert einordnen zu können.

Teil III Integration hochbegabungs-bezogener Aspekte in die therapeutische Fallkonzeption

Da Hochbegabung keine psychische Störungskategorie gemäß ICD-10/-11 oder DSM-5 darstellt, ist es nicht verwunderlich, dass es bisher auch keine systematische Forschung hinsichtlich spezifischer Psychotherapiemethoden oder psychotherapeutischer Techniken[49] gibt. Existieren per definitionem keine Symptome von Krankheitswert, werden auch keine spezifischen Interventionen benötigt. Und dennoch stellen sich Fachpersonen vermehrt die Frage, wie bei einem Psychotherapiepatienten eine bestehende Hochbegabung als wesentlicher Teil der Identität in die therapeutische Fallkonzeption angemessen einbezogen werden kann[50]. Diese Frage lässt sich in den aktuellen Diskurs um innovative Psychotherapieforschung für die *individualisierte* Anwendung von Psychotherapie integrieren (Brakemeier & Herpertz, 2019): »Die Wahl des therapeutischen Vorgehens soll dabei nicht mehr primär von der vorliegenden Störung, sondern von individuellen biopsychosozialen Patientenmerkmalen abhängen, die in einer prozessorientierten individuellen Fallkonzeption zusammengeführt werden« (S. 1125). In den jeweiligen aktuellen Fachbeiträgen dazu, auf welche Weise die Hochbegabung in der Therapie berücksichtigt werden kann, finden sich jedoch bisher zum einen übergeordnete Hinweise (bspw. Brackmann, 2020b; Heil, 2018) oder es werden zum anderen ganz bestimmte Aspekte fokussiert, wie bspw. die psychodynamische Perspektive des Underachievements (bspw. Grobman, 2006) oder der Overexcitability (bspw. Sisk, 2021). Niehues (2021) konkretisierte in ihrem Konzept »Können macht Spaß« bereits wesentliche Bausteine für die Therapie, bspw. Hochbegabungsmerkmale erkennen, in der Beziehungsgestaltung und der Methodenauswahl berücksichtigen etc. Ein um-

---

49 Zur Unterteilung in Psychotherapieverfahren, -methode und psychotherapeutische Technik siehe die aktuelle Psychotherapie-Richtlinie (PT-RL).
50 Brackmann (2020b) fragt sich in ihrem Fachbuch, welches erstmals 2005 erschienen ist, zurecht, ob psychische Störungen bei einem Patienten »*erst dann gänzlich verstanden und adäquat behandelt* werden können, wenn man den Aspekt der Hochbegabung […] mit in Betracht zieht« (S. 162).

fassender, konkreter Transfer auf den vollständigen verhaltenstherapeutischen Prozess hat bisher – nach aktuellem Wissensstand der Autorin – jedoch noch nicht stattgefunden. Demnach soll im Folgenden das bisherig herausgearbeitete Wissen schrittweise und systematisch auf die verhaltenstherapeutische Fallkonzeption übertragen werden.

6 Allgemeine Rahmenbedingungen für die Therapie mit Hochbegabten

Aus der Prozessforschung zu psychotherapeutischen Kompetenzen[51] ist bekannt, dass für ein möglichst positives Therapieergebnis »ein Weg zu wählen [ist], der sowohl das Wissen evidenzbasierter Methoden als auch die individualisierte Zuschneidung [sic] der Therapie auf die Besonderheiten des Patienten erforderlich macht« (Stangier, 2015, S. 197). Ein jeder Therapeut ist somit gefordert, unmittelbar in der therapeutischen Sitzung die Aussagen seines Patienten zu verstehen, diese in psychologische Konzepte zu übertragen, um ein entsprechendes Erklärungsmodell und Interventionen abzuleiten (Sachse, 2017). Um auf entsprechendes Wissen zurückgreifen zu können – damit dieser komplexe Informationsverarbeitungsprozess auch in Therapien mit hochbegabten Patienten gelingt –, werden im Folgenden hilfreiche Rahmenbedingungen vorgestellt.

6.1 Wünsche hochbegabter Patienten an Psychotherapeuten

Dank aktueller Untersuchungen mit hochbegabten Erwachsenen aus Deutschland[52] über deren Psychotherapieerfahrung lassen sich zielführende Aussagen darüber treffen, was Hochbegabte sich von Psychotherapeuten wünschen (Heil, 2021a/b; Ullmer, 2022). Die Hypothese, dass es für Patienten essenziell ist, das hochbegabungsspezifische Erleben und Verhalten als Teil des eigenen Selbstkonzeptes angemessen zu berücksichtigen, lässt sich durch die Studienergebnisse bekräftigen.

Patienten fühlten sich von Therapeuten, welche ausreichendes Wissen über Hochbegabung hatten, signifikant besser verstanden und ernst genommen, die Zusammenarbeit wurde als signifikant besser eingestuft und die Hochbegabung als solche wurde signifikant stärker berücksichtigt (Heil, 2021a/b). Hochbegabte Patienten erlebten zudem eine höhere Zufriedenheit mit der Therapie, wenn der Therapeut das spezifische Wissen im Prozess einsetzte und damit vermittelte, den Patienten in seinem spezifischen Erleben begreifen zu können (Ullmer, 2022). Es

---

51 Psychotherapeutische Kompetenz liegt vor, wenn der Therapeut bei der Durchführung der Psychotherapie relevante Aspekte des Kontextes (bspw. Patienten-, Prozessmerkmale, Ziele der Therapie etc.) berücksichtigt und adäquat darauf reagiert (Stangier, 2015).
52 Stichproben bestanden aus Mensa-Mitgliedern.

wurde in den aktuellen Studien zudem erfasst, wie die Patienten den Wissensstand ihrer Therapeuten einschätzten: Dabei wurde nur knapp 30 % der Therapeuten hochbegabungsspezifisches Wissen attestiert und bei über 30 % (27–44 %) konnten es die Patienten nicht einschätzen (▶ Tab 6.1). Würde Letzteres bedeuten, dass in diesen Fällen auch die Hochbegabung nicht thematisiert wurde (und deshalb das Wissen des Therapeuten nicht einschätzbar war), ließe sich ableiten, dass in ca. zwei Drittel der Therapien mit hochbegabten Patienten das spezifische Erleben und Verhalten bedauerlicherweise nicht berücksichtigt werden wird.

Tab. 6.1: Ausgewählte Angaben aus Heil (2021a/b) und Ullmer (2022)

Variable	Heil (2021a)	Heil (2021b)	Ullmer (2022)
HB war TN vor der Therapie bekannt	57.58 %	47.17 %	64.58 %
TN haben dem TH von der HB berichtet	87.23 %	87.89 %	—
TN schätzen, dass der TH über Kenntnisse zu HB verfügt	26.76 %	28.03 %	27.95 %
TN schätzen, dass der TH über keine Kenntnisse zu HB verfügt	30.30 %	35.85 %	45.16 %
TN war nicht bekannt, ob der TH über Kenntnisse zu HB verfügt	43.94 %	35.85 %	26.88 %

HB = Hochbegabung, TN = Teilnehmer, TH = Therapeut

Heil (2021a/b) hat für Hoch- und Höchstbegabte konkret zeigen können, dass sich die Teilnehmer insgesamt nur eher mittelmäßig verstanden gefühlt hatten und die therapeutische Zusammenarbeit nur mittelmäßig gut ausfiel (▶ Tab. 6.2).

Tab. 6.2: Beispielaussagen hinsichtlich Verständnis, Zusammenarbeit und Berücksichtigung von Hochbegabung in der Therapie (Heil, 2021a/b)

Variable	Antwortbeispiele
Verständnis durch den TH	»Hilfreich ist für mich: mir den Eindruck zu vermitteln, dass die Therapeutin weiß, wovon ich spreche; Wertschätzung für die Begabung; Verständnis und Mitgefühl für Schwierigkeiten, die in Zusammenhang mit der Begabung auftreten; Ermutigung, einen intensiveren Kontakt mit anderen Hochbegabten zu pflegen; Versuch, meine Bedürfnisse zu verstehen« (Heil, 2021b, S. 58 f.). »Mir kam es wie gelernter Standard vor, ohne auf meine Individualität einzugehen« (Heil, 2021a, S. 74).
Zusammenarbeit in der Therapie	»In dieser Therapie habe ich mal eine positive Rückmeldung erhalten für Eigenschaften, für die ich bisher bloß kritisiert wurde. Anstatt dass mir geraten wurde, meine ganze Persönlichkeit komplett zu verändern, hat mir diese Therapeutin Perspektiven gezeigt, wie ich charakteristische Eigenschaften (die häufig mit Hoch- und Höchstbegabung in Verbindung stehen) sinnvoll nutzen kann« (Heil, 2021b, S. 60). »Weniger hilfreich war, dass auf meine Art des Seins nicht eingegangen wurde. Gefühle des Andersseins wurden pathologisiert, dadurch war es nicht möglich meiner Wahrnehmung zu vertrauen« (Heil, 2021a, S. 76).
Berücksichtigung der HB in der Therapie	»In dem Zusammenhang empfand ich es auch als hilfreich, dass er mir ein Buch über Hochbegabung empfohlen hat, sodass ich mich eigenständig informieren konnte. Außerdem war es hilfreich, dass ich nicht zum Test gedrängt wurde. In einer späteren Therapie fand ich es sehr hilfreich, dass der Therapeut sich offen auf das Thema Hochbegabung eingelassen und anscheinend auch erkannt hat, welche Bedeutung es für mich in einer bestimmten Lebensphase hatte[,] und es ansonsten als ganz normalen, gleichwertigen Teil meiner Persönlichkeit integriert hat« (Heil, 2021a, S. 77). »Meine Therapeutin hat sich wohl einzelne Male bemüht, auf meine Begabung einzugehen – allerdings hat sie sowohl die Ausprägung meiner Begabung als auch die Tragweite dieser Tatsache für mich als Person nicht annähernd so wahrgenommen, wie ich mir das gewünscht hätte. Ich hab's auch irgendwie nicht geschafft, ihr das zu sagen oder selbst mehr auf meine HB zu sprechen zu kommen. Es wäre mir irgendwie arrogant vorgekommen. Es hat sich gleichsam wiederholt, was ich schon aus meiner Kindheit kenne: Mein Umfeld weiß zwar vage, dass ich ›gescheit‹ bin, misst diesem Umstand aber keine große Bedeutung bei« (Heil, 2021b, S. 62).

HB = Hochbegabung, TH = Therapeut

Auch wenn sich die Ergebnisse nicht gänzlich – vor dem Hintergrund der ausgewählten Stichproben – auf alle Hochbegabten unüberprüft übertragen lassen, so können doch hilfreiche und hinderliche therapeutische Reaktionen als Wünsche an den Psychotherapeuten zusammengefasst werden (▶ Tab. 6.3):

Tab. 6.3: Wünsche hochbegabter Patienten an Psychotherapeuten (aus Heil, 2021a/b)

hilfreich	hinderlich
einen geregelten äußeren Rahmen einhalten	auf einer überlegenen Rolle des Therapeuten beharren
Handlungsspielraum lassen	eigene Sichtweisen aufdrängen
eigene Sichtweisen, aber nicht eigene Themen einbringen	Standardvorgehen wählen
offen sein für die Wahl der Methode	Gespräche zu oberflächlich gestalten
Gespräche auf Augenhöhe führen	sich durch kritische Nachfragen angegriffen fühlen
gemeinsam nach Lösungen suchen	inkompatible Methoden wählen
Kenntnisse über Hochbegabung haben	sich unterlegen/eingeschüchtert fühlen
individuelle Hochbegabungsmerkmale beachten/wertschätzen	ablehnend auf hochbegabungsspezifische Merkmale reagieren
Interventionen transparent kommunizieren	Hochbegabung ignorieren
transparent mit eigenen Grenzen umgehen	mit Vorurteilen auf die Hochbegabung reagieren

Es ist für die Therapie äußerst erstrebenswert, bei einem hochbegabten Patienten auf die entsprechenden Erlebens- und Verhaltensweisen einzugehen und gemeinsam mit ihm zu prüfen, inwieweit diese als zu bearbeitendes Thema oder zumindest als Erklärungsrahmen für das Verständnis individueller Probleme berücksichtigt werden sollen.

6.2 Häufige Themen Hochbegabter in der Psychotherapie

Entsprechend den Ergebnissen kann nicht davon ausgegangen werden, dass jeder Patient automatisch von Beginn an hochbegabungsspezifische Themen in die Therapie einbringt. Es zeigte sich sogar, dass die eigene Hochbegabung in weniger als ein Viertel der Fälle den expliziten Anlass für die Aufnahme einer Psychotherapie darstellte (Ullmer, 2022). Im Vergleich dazu liegt bei spezialisierten Beratungsstellen offenkundig der Fokus auf dem Thema der Hochbegabung und den damit verbundenen Aspekten; hierbei handelt es sich um einen für Ratsuchende expliziten, erkennbaren Rahmen, in welchem spezifische Themen eingebracht werden können (Koop & Preckel, 2015). Aber selbst in diesem Kontext werden Berater neben dem Thema Hochbegabung mit einer Fülle an diversen Themen konfrontiert (Preckel &

Eckelmann, 2004). Demnach lässt sich kaum auf verallgemeinerbare Anlässe für das Aufsuchen einer Therapie/Beratung rückschließen und in der psychotherapeutischen Praxis hat sich gezeigt, dass sich diese auch kaum auf einige wenige reduzieren lassen. Jedoch lassen sich spezifische Themenkomplexe finden, welche in der psychotherapeutischen Arbeit mit Hochbegabten – im Gegensatz zu durchschnittlich Begabten – häufig anzutreffen sind (▶ Abb. 6.1).

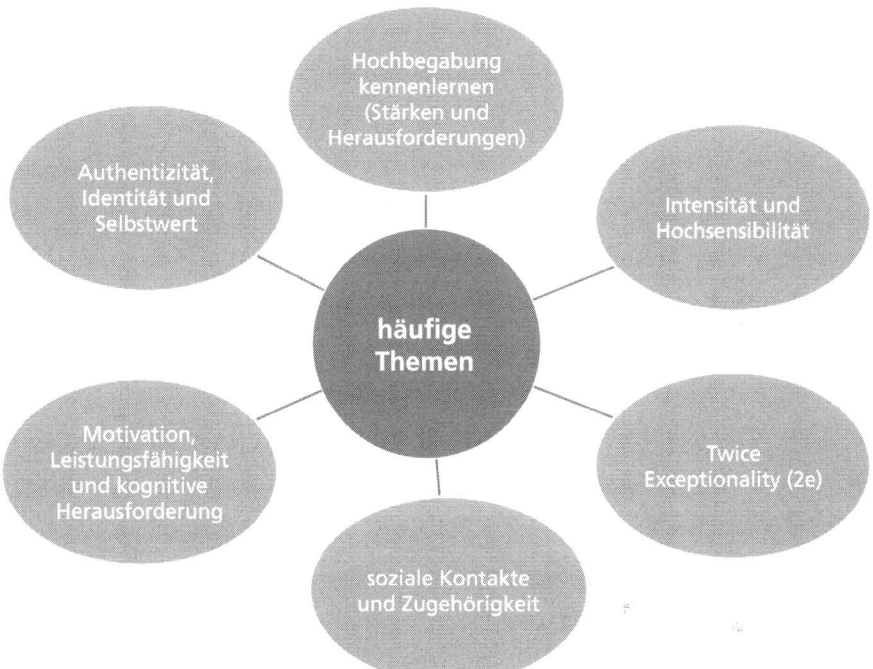

Abb. 6.1: Häufige Themenkomplexe hochbegabter Patienten in der Psychotherapie (angelehnt an Heil, 2018; Niehues, 2021)

Wie in ▶ Kap. 3 und ▶ Kap. 4 ausgeführt, erleben sich Hochbegabte auf eine bestimmte Art und Weise, sind mit spezifischen Herausforderungen konfrontiert und sammeln deshalb besondere Lernerfahrungen. Die aktuelle psychische Symptomatik eines Patienten ist folglich vor diesem Hintergrund zu betrachten. Werden Hochbegabte mit und ohne Therapieerfahrung verglichen, finden sich in einigen Bereichen signifikante Unterschiede. Erstere zeigten bspw. einen signifikant höheren Gesamtwert an Belastungen durch das hochbegabungsspezifische Erleben und Verhalten, litten signifikant häufiger an Unterforderung in Ausbildung/Beruf, hatten signifikant häufiger Mobbing erlebt, fühlten sich signifikant häufiger anders oder erlebten signifikant häufiger Sinnkrisen etc. (Heil, 2021a/b). Gemäß diesen Studienergebnissen spielen folglich sowohl der Umgang mit den begabungsbezogenen Herausforderungen als auch mit dysfunktionalen Lernerfahrungen eine Rolle in der Therapie.

> Patienten sollten explizit nach Themen für die Therapie gefragt werden, die mit der Hochbegabung in Zusammenhang stehen. Manche trauen sich nicht, das Thema offen und eigeninitiiert einzubringen, vielleicht aus Sorge, dass der Therapeut ohnehin keine Kenntnisse darüber hat oder ablehnend reagieren würde. Wird die Einladung an Patienten ausgesprochen, auch solchen Themen Raum zu geben, können entsprechende Therapieziele abgeleitet werden (▶ Kap. 7.4), welche auch hochbegabungsspezifische Aspekte einschließen.

6.3 Praxistipp: Hilfreiche psychotherapeutische Grundhaltung

Hochbegabte wünschen sich eine Psychotherapie auf Augenhöhe, in der sie sich authentisch zeigen können und sich verstanden fühlen. Um dies angemessen als Psychotherapeut bewerkstelligen zu können, ist neben dem hochbegabungsspezifischen Wissen vor allem die eigene therapeutische Haltung wesentlich. Da sich die Therapie mit hochbegabten Patienten eben nicht auf *das* Problem, *die* Störung, *die* speziellen Methoden oder Techniken reduzieren lässt, rückt die eigene psychotherapeutische Grundhaltung in den Fokus, welche maßgeblich die therapeutische Beziehungsgestaltung und die Anpassung konkreter Interventionen beeinflusst.

Die heutige, zu begrüßende Weiterentwicklung der Verhaltenstherapie im Sinne eines integrativen, perspektivenerweiternden, schulenübergreifenden Vorgehens führt zu einer Flexibilisierung des Einsatzes diverser Techniken. Diese Erweiterung um emotionsfokussierte, achtsamkeitsbasierte, übertragungsfokussierte, körperorientierte oder metakognitive Interventionen ermöglicht es, eine differenzierte Fallkonzeption zu erstellen, um an den passenden »Stellschrauben« die adäquaten »Werkzeuge« einsetzen zu können[53]. Bedeutet zunehmende Flexibilisierung jedoch, fast eklektizistisch Interventionen diverser Ansätze zu kombinieren, ohne die dahinterliegenden psychologischen Modelle oder Grundannahmen zu berücksichtigen, besteht die Gefahr, Interventionen »losgelöst«, im schlimmsten Falle mechanisch, anzuwenden. Heute werden zuweilen in der Kognitiven Verhaltenstherapie die Wurzeln vergessen[54], d.h., dass zwar »Neuerfindungen immer wieder gefeiert werden, die letztlich aber auf einer vergleichsweise begrenzten Zahl grundlegender Ideen und Konzepte basieren, die sich schon sehr viel früher in der Psychotherapieliteratur wiederfinden ließen, wenn man denn danach suchen wollte«

---

53 Diese moderne Sichtweise führt schließlich auch zu einer störungsübergreifenden Herangehensweise und hilft, evidenzbasierte Interventionen problemorientiert transdiagnostisch einzusetzen (Barlow et al., 2019). Für interessierte Leser sei auch auf das HiTOP-Rahmenmodell hingewiesen, eine hierarchische dimensionale Taxonomie zur psychopathologischen Klassifikation (Kotov et al., 2021).
54 Strauß (2018) diskutiert diese »Geschichtsvergessenheit« in der Psychotherapie in einem sehr lesenswerten Artikel.

(Strauß, 2018, S. 14). Die zugrundeliegenden psychologischen Grundannahmen, impliziten Menschenbilder oder methodischen Wurzeln können also bei einem solchen losgelösten Anwenden aus dem Fokus geraten; dabei fußt die eigene therapeutische Grundhaltung eben genau auf diesen Aspekten.

6.3.1 Komponenten der therapeutischen Haltung

Der Forschungsfokus liegt bisher vornehmlich auf therapeutischen Methoden, Techniken, Kompetenzen oder der professionellen Arbeitsbeziehung; der Begriff der therapeutischen Haltung wurde kaum explizit untersucht, noch einheitlich definiert (Preß, 2013). Preß und Gmelch (2012) schlagen folgende Arbeitsdefinition vor: »Als therapeutische Haltung [im Original fett, Anm. Stark] bezeichnen wir die *Abbildung relativ stabiler Annahmen und Handlungsprinzipien* in den *Reaktionen von Therapeuten* in therapierelevanten Situationen« (S. 255).

Dabei entsprechen nach Preß und Gmelch (2012/2014) die Annahmen einer *kognitiven Komponente* und stellen Überzeugungen, Werthaltungen und Einstellungen im Sinne eines subjektiven Therapieverständnisses dar. Diese können konsonant sein (bspw. die Annahme: »die Begegnung auf Augenhöhe ist positiv wertzuschätzen« zusammen mit der Annahme: »Transparenz fördert die Qualität der Therapiebeziehung«) oder sich auch widersprechen. Sie führen weiter zu *therapeutischen Reaktionen* als Ausdruck der therapeutischen Haltung auf verschiedenen Ebenen (subjektiv-kognitiv, sozial-interaktiv, physiologisch-motivational), welche im besten Falle gleichsinnig, also synchron, ablaufen. Ob z. B. der Therapeut vom Patienten als empathisch wahrgenommen wird, hängt von der Synchronizität der Reaktionsebenen ab und es reicht nicht, wenn der Therapeut bspw. interessiert nachfragt, jedoch emotional nicht mitschwingt. Die *Realisierung* der kognitiven Komponenten in eine therapeutische Reaktion kann dabei zeitlich stabil oder variabel sein. Gleicht sich das Verhalten eines Therapeuten über verschiedene therapierelevante Situationen hinweg, lässt sich aus Sicht des Patienten stabil auf dahinterliegende Überzeugungen schließen (Preß & Gmelch, 2012/2014). Übergeordnet lässt sich damit eine Meta-Eigenschaft der therapeutischen Haltung als »*Konsistenz*« beschreiben: Gerade wenn sich die Überzeugungen konsonant, über viele Situationen hinweg stabil abbilden und die Reaktionen synchron verlaufen, wird dies vom Patienten als stimmig und konsistent erlebt (Preß & Gmelch, 2014). Psychotherapeutische Kompetenzen spielen hierbei eine Art Moderatorenrolle, d. h. Fertigkeiten zu besitzen, die therapeutische Haltung konsistent in variierenden therapeutischen Situationen umzusetzen. Und schließlich ist die therapeutische Haltung in die *übergeordnete, umfassendere persönliche Philosophie* des Therapeuten eingebettet, welche Annahmen über Menschenbild, Erkenntnistheorie und Ethik beinhaltet. Dies wirkt als kognitiver Rahmen, welcher die eigene therapeutische Haltung ermöglicht, aber auch begrenzen kann. Hierbei spielt die Interpretation wissenschaftlicher Erkenntnisse und die Reflexion eigener therapeutischer Erfahrungen eine moderierende Rolle bei der Ausgestaltung (Preß & Gmelch, 2014) (▶ Abb. 6.2).

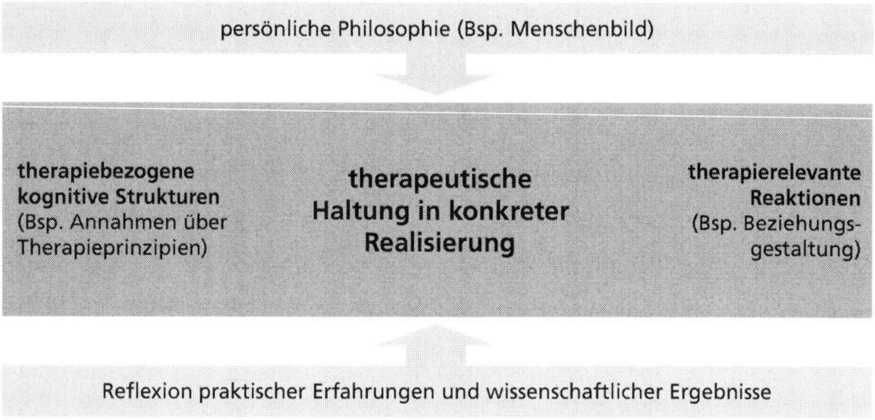

persönliche Philosophie (Bsp. Menschenbild)

| therapiebezogene kognitive Strukturen (Bsp. Annahmen über Therapieprinzipien) | **therapeutische Haltung in konkreter Realisierung** | therapierelevante Reaktionen (Bsp. Beziehungsgestaltung) |

Reflexion praktischer Erfahrungen und wissenschaftlicher Ergebnisse

Abb. 6.2: Komponenten der therapeutischen Haltung (nach Preß & Gmelch, 2014)

6.3.2 Bezug zur psychotherapeutischen Arbeit mit hochbegabten Patienten

Gemäß dieser Betrachtung entwickelt sich die therapeutische Haltung im Laufe der eigenen Fort- und Weiterbildung sowie der praktischen Tätigkeit und stellt ein relativ stabiles Merkmal eines jeden Therapeuten dar (Preß & Gmelch, 2014). Demnach ist diese nicht »einfach« schnell veränderbar, müssen doch die Überzeugungen mit dem persönlichen philosophischen Rahmen konform bleiben und mit den vorhandenen Kompetenzen umsetzbar sein. Und dennoch dürfte es sich lohnen, die eigene therapeutische Haltung konstruktiv-kritisch zu reflektieren und zu fragen, inwieweit der eigene innere »Rahmen« die Arbeit mit hochbegabten Patienten zielführend ermöglicht[55].

(1) Philosophische und empirisch-wissenschaftliche Basisannahmen eines klientenorientierten Ansatzes

Diesem Ansatz liegt ein von Humanismus und systemischem Denken geprägtes *Menschenbild* zugrunde (Kanfer et al., 2012). Menschen gestalten ihr Leben aktiv, aus sich heraus, und streben danach, ihren Wahrnehmungen Bedeutung und Sinn zu verleihen und grundlegende Bedürfnisse zu befriedigen (Preß & Gmelch, 2014). »Veränderung, Wandel, Dynamik und Komplexität zeichnen die Probleme und Ziele, das Leiden und die Herausforderungen des menschlichen Lebens aus« (Preß & Gmelch, 2012, S. 257). Der Sprache kommt hierbei eine bedeutsame Rolle zu, welche nicht nur Abbildfunktion hat (Preß & Gmelch, 2012). Gesagtes ist nicht

---

55 Dabei ist zu beachten, dass die folgenden Ausführungen einen Vorschlag darstellen sollen, der dazu dient, die Komponenten der eigenen therapeutischen Haltung auf Kompatibilität prüfen zu können. Sie sind nicht als Vorschrift im Sinne eines kategorischen Imperativs zu verstehen.

gleich Gemeintes, sondern Letzteres erschließt sich erst aus dem individuellen inneren und äußeren Bedeutungskontext (Sachse, 2022). Das Leben selbst findet unter biopsychosozialen Bedingungen statt; durch die Auseinandersetzung mit diesen entwickelt der Mensch ein vielfältiges Repertoire an Bewältigungskompetenzen und Ressourcen (Preß & Gmelch, 2014; Willutzki & Teismann, 2013).

Zugrundeliegende *philosophische Annahmen* beinhalten vor allem die Förderung von Autonomie und Selbstregulation sowie die Maximierung persönlicher Freiheitsgrade; besonders das »menschliche Streben nach Selbstbestimmung, Eigenverantwortung, Selbstregulation und Selbständigkeit« (S. 13) stellt ein zentrales Ziel dar (Kanfer et al., 2012). Patienten nehmen eine aktive Rolle in der Ausgestaltung der Therapie ein und Therapeuten respektieren und wertschätzen individuelle Lebensentwürfe, Zielvorstellungen oder Lösungen (Preß & Gmelch, 2012). Dabei sind eine kooperative therapeutische Beziehung und die Flexibilität des Vorgehens gleichermaßen relevant für die gemeinsame Definition von Problemen und Suche nach Lösungen (Kanfer et al., 2012).

Als *erkenntnistheoretische Position* wird ein sozialer Konstruktionsprozess angenommen, um soziale Tatsachen, Normabweichungen bzgl. Erleben und Verhalten etc. aus der Perspektive des Patienten zu verstehen. Dabei hilfreiche Theorien werden als Heuristik und plausible Modelle als hypothetische Konstrukte verstanden, um Hilfestellungen für das Verständnis des Individuums zu erhalten (Kanfer et al., 2012; Preß & Gmelch, 2012).

(2) Kognitive Komponente: Psychotherapieverständnis und -prinzipien

Das Therapieverständnis, das sich aus den eigenen Überzeugungen und Werthaltungen ergibt, lassen sich aus den philosophischen und empirisch-wissenschaftlichen Basisannahmen ableiten. Therapie wird als Hilfe zur Selbsthilfe verstanden, d. h. den Patienten als Experten für sich selbst in seinem Entwicklungsprozess zu unterstützen. Zudem bedeutet Therapie ein dynamisches Problemlösen in einem komplexen Kontext; es bedarf eines tentativen, iterativen und rekursiven Vorgehens, um der Dynamik von Problemen und Zielen gerecht zu werden (Kanfer et al., 2012). Die Umsetzung der Klärung der zugrundeliegenden Mechanismen für ein ausreichendes Problemverständnis kann dabei als gemeinsamer wissenschaftlicher Forschungsprozess beschrieben werden, bei dem aus der Problemstellung Hypothesen formuliert und überprüft werden, solange bis der Ausgangszustand hinreichend erklärt ist (Sachse et al., 2016).

Aus diesem Therapieverständnis lassen sich nun wesentliche Prinzipien, welche für die Therapie gelten, formulieren; diese dienen als eigene Orientierung innerhalb des therapeutischen Prozesses (Preß & Gmelch, 2012/2014):

- *Prinzipien der Aufgabenstrukturierung:* Zielorientierung, Lösungsorientierung, Ressourcenorientierung
- *Prinzipien der Prozesssteuerung:* Prozessorientierung, Feedbackorientierung
- *Prinzipien der Beziehungsgestaltung:* gemeinsames Arbeitsverständnis, geteilte Verantwortung, gegenseitiger Respekt

Durch die Umsetzung dieser Prinzipien wird nach Kanfer et al. (2012) der Patient darin befähigt, Selbstbestimmung und persönliche Freiheitsgrade zu erlangen; demnach werden die übergreifenden Basisannahmen umgesetzt. Durch die aktive Beteiligung am psychotherapeutischen Prozess kann sich ein Kontrollerleben beim Patienten entwickeln, welches die Selbsteffizienz steigert. Insbesondere durch gemeinsam geklärte und konkretisierte Ziele wird sich mit hoher Wahrscheinlichkeit die intrinsische Motivation erhöhen. Erreicht ein Patient schließlich die selbstgesteckten Ziele, kann er sich die Erfolge selbst zuschreiben, d. h., es resultiert eine positive Selbstattribution. Dies fördert schließlich das unabhängige und autonome Handeln – die Selbstregulationsfähigkeit (Kanfer et al., 2012).

(3) Realisierung und Ausdruck: Reaktionsmuster als Therapeutenpläne

Entsprechend dem Therapieverständnis und den Prinzipien lassen sich übergreifende therapeutische Reaktionsmuster als Ausdruck und Umsetzung einer klientenorientierten Haltung beschreiben (Preß & Gmelch, 2012/2014). Natürlich unterliegen konkrete therapeutische Verhaltensweisen den Bedingungen der entsprechenden Situation, so dass eine umfassende Beschreibung sämtlicher Reaktionen nicht umzusetzen wäre. Jedoch lässt sich nach Preß und Gmelch (2012/2014) unter einer plananalytischen Perspektive (vgl. Caspar, 2018) auf übergeordnete Pläne schließen, welche den therapeutischen Reaktionsmustern als Ausdruck der eigenen Haltung zugrunde liegen. Verhält sich ein Therapeut gemäß den skizzierten Plänen, realisiert er – übersetzt in die plananalytische Perspektive – die hierarchisch höherstehenden Motive und Ziele im Sinne der obigen Basisannahmen und Prinzipien (Preß & Gmelch, 2012/2014):

- Verhalte dich konsistent!
- Reflektiere dein Verhalten!
- Interessiere dich für subjektives Erleben!
- Sei offen für eigensinnige Lebensentwürfe und Lösungsideen!
- Vermittle Vertrauen in Ressourcen!
- Vermittle Wertschätzung!
- Übernimm Verantwortung für die Prozessgestaltung!

Diese skizzierte therapeutische Haltung erscheint äußerst geeignet, den hochbegabten Patienten in seinem spezifischen Erleben und Verhalten auf Augenhöhe abzuholen, ihn einzuladen, sich gemeinsam auf die Erkundung persönlich relevanter Probleme und Fragestellungen zu machen, ein greifbares, verlässliches, konsistentes und interessiertes Gegenüber vorzufinden, um sich miteinander auf eine angepasste kreative Umsetzung therapeutischer Methoden und Techniken einzulassen. Mittels einer solchen Grundhaltung gelingt es, den Wünschen Hochbegabter an die Therapie zu entsprechen und hinderliche therapeutische Reaktionen zu vermeiden (▶ Kap 6.1). Der Therapeut fungiert dabei als Katalysator, im Sinne eines Impulsgebers bzw. Problemlöseassistenten, welcher die Problembewältigung gemeinsam mit dem Patienten an dessen Bedürfnisse und spezifische Merkmale anpasst (Kanfer et al., 2012).

Um es mit den direkt an Psychotherapeuten adressierten Worten von hochbegabten Patienten auszudrücken:

»Ich wünsche mir, dass TherapeutInnen die Individualität der Hochbegabung respektieren, Wahrnehmungsbesonderheiten, die nicht nachvollzogen werden können, akzeptieren und dies auch dem Klienten gegenüber ehrlich äußern. Zudem wünsche ich mir Authentizität des Therapeuten, seine Persönlichkeitsmerkmale wie Stärken aber auch Schwächen nicht zu maskieren, ein Begegnen auf Augenhöhe und mit Respekt und dass Therapeuten ihre eigenen eventuell negativen Gefühle, durch z. B. angenommene Unter- oder Überlegenheit[,] reflektieren.« (Heil, 2021a, S. 79)

»Ich denke, dass viele Hochbegabte, wenn sie bei einem Therapeuten erscheinen, sich schon vorab mehr Gedanken gemacht haben als manch ein anderer während einer kompletten Therapie. Wenn es der Therapeut schafft, dem Rechnung zu tragen, und obendrein zur ergebnisoffenen Nachfrage bereit ist, wie er dem Patienten am besten weiterhelfen kann […], erscheint mir das als eine gute Ausgangsbasis.« (Heil, 2021a, S. 79)

»Sie sollten sich weder defensiv verhalten noch versuchen den Hochbegabten zu beeindrucken. […] Und der Therapeut sollte wissen und verstehen, dass ich umgekehrt nicht nachfrage, um zu kritisieren oder zu zweifeln. Ich will nur verstehen, was vor sich geht.« (Heil, 2021b, S. 66)

»Gehen Sie bitte nicht in Konkurrenz – sondern seien Sie ehrlich, fragen Sie nach und erklären Sie auch, was Sie nicht nachvollziehen können, wo Sie an ihre [sic] Grenzen stoßen. Diese Integrität und Authentizität im Umgang sind wichtiger als Ihr IQ!« (Heil, 2021b, S. 66)

> Zusammenfassend lässt sich festhalten, dass die eigene therapeutische Haltung sowohl die professionelle Beziehungsgestaltung als auch die Entwicklung des Hypothetischen Bedingungsmodells über den Patienten beeinflusst. Da auf Letzterem schließlich die weitere Fallkonzeption und Interventionsplanung beruhen, bietet es sich an, sich die therapeutische Grundhaltung bewusst zu machen und in Bezug auf die Arbeit mit hochbegabten Patienten zu reflektieren.

7 Spezifische Therapiekonzeption anhand des 7-Phasen-Modells des Selbstmanagement-Ansatzes

Um eine spezifische Therapiekonzeption aufstellen zu können, bedarf es aus Sicht der Autorin eines konkreten Praxisleitfadens, wann, wie, an welcher Stelle und in welchem Ausmaß die Hochbegabung angemessen einbezogen werden kann. Damit der Spagat gelingt, einerseits übergreifende praktische Hinweise mit Mehrwert geben zu können, ohne jedoch zu allgemein zu bleiben, und andererseits konkrete Umsetzungsmöglichkeiten benennen zu können, ohne hingegen die Arbeitsweise eines jeden Therapeuten einzuengen, wird hierbei auf das 7-Phasen-Modell des Selbstmanagement-Ansatzes als heuristisches Meta-Konzept zurückgegriffen (▶ Abb. 7.1). Es ist als rekursives Strukturierungsmodell für den diagnostisch-therapeutischen Prozess im Sinne eines roten Fadens für die eigene therapeutische Prozesssteuerung konzipiert (Kanfer et al., 2012).

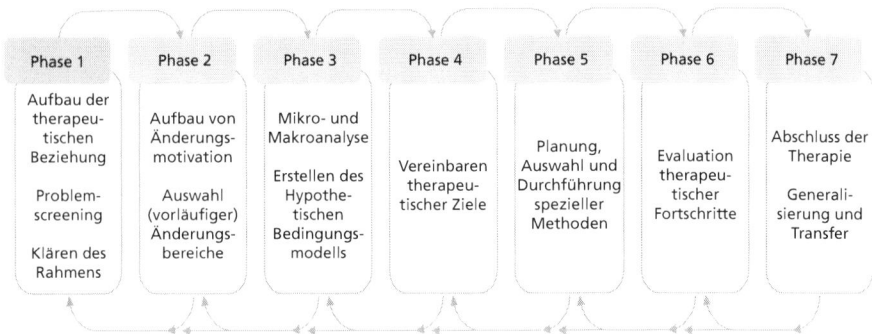

Abb. 7.1: Überblick über das 7-Phasen-Modell (nach Kanfer et al., 2012)

Mithilfe des Modells ist es möglich, der Komplexität der Probleme und der Heterogenität der Patienten selbst gerecht zu werden (vgl. Sachse, 2022). Dies wird auch als *responsiveness* bezeichnet, um sich »im Verlauf der Therapie im Sinne einer adaptiven, nicht nur die störungsbezogenen Merkmale berücksichtigenden Indikation ständig an den Patienten und seine sich ändernde Situation anzupassen« (Caspar & Grosse Holtforth, 2009, S. 62), und kommt den Wünschen hochbegabter Patienten nach einer maßgeschneiderten Therapie sehr entgegen. Zudem unterstützt das Modell dabei ein zielorientiertes Vorgehen, d. h., jede Phase als ein bestimmter Abschnitt des Therapieprozesses beinhaltet entsprechende Aufgaben. Auch wenn die Phasen in einer zeitlichen Abfolge formuliert sind, ist es dennoch möglich, das Vorgehen vor dem Hintergrund der Komplexität des Therapiegeschehens rekursiv anzupassen (Kanfer et al., 2012). Und schließlich ermöglicht dieser heuristische Rahmen die Integration diverser psychotherapeutischer Interventionen, welche unter wissenschaftlich-fundierter Praxis eingesetzt werden können. Es stellt folglich eine methodenoffenes Modell dar und schränkt den Therapeuten nicht auf die Anwendung einzelner Standardtechniken ein (Kanfer et al., 2012).

Im Folgenden werden Inhalte der einzelnen Phasen auf die Arbeit mit hochbegabten Patienten übertragen (▶ Kap. 7.1–7.7)[56]. Dabei wird zunächst der Idealfall angenommen, dass die Hochbegabung von Beginn der Therapie an explizit eine Rolle spielt, d. h., dass der Patient um die eigene Hochbegabung weiß und sich dem Therapeuten gegenüber offenbart. Abweichungen vom Idealfall, bspw. dass der Therapeut eine bestehende Hochbegabung beim Patienten vermutet, dieser jedoch noch keinen IQ-Test absolviert hat, oder der Therapeut zu Beginn der Therapie noch nicht an eine Hochbegabung beim Patienten denkt und sich erst in deren Verlauf der Verdacht erhärtet, wird im Anschluss in ▶ Kap. 7.8 aufgegriffen.

7.1 Phase 1: Schaffen günstiger Ausgangsbedingungen

Phase 1 erstreckt sich zumeist auf den probatorischen Abschnitt und umfasst dabei verschiedene Aufgabenschwerpunkte, um optimale Ausgangsbedingungen für die weitere Zusammenarbeit zu schaffen (Kanfer et al., 2012). Selbstverständlich stellt dabei die Aufrechterhaltung einer motivationsförderlichen, tragfähigen therapeutischen Allianz eine implizite und bei aufkommenden Binnenproblemen[57] während der Therapie durchaus eine explizite Aufgabe für den gesamten Therapieverlauf dar (Gmelch & Press, 2012). Übergeordnetes Ziel dieser Phase ist es, die Bereitschaft des Patienten zu fördern, sich auf die Therapie einzulassen, das Gefühl zu vermitteln, an der »richtigen« Stelle zu sein und insbesondere die Motivation zu erreichen, weitere Sitzungen wahrzunehmen (Kanfer et al., 2012).

7.1.1 Aufbau einer tragfähigen therapeutischen Beziehung bei hochbegabten Patienten

Beim Kennenlernen des Patienten liegt der Fokus vornehmlich auf der Gestaltung der therapeutischen Allianz, als zielgerichtetes, zeitlich begrenztes therapeutisches

---

56 Es ist nicht der Anspruch, in diesem Rahmen die Inhalte des Selbstmanagement-Ansatzes umfassend darzustellen, sondern anhand des heuristischen Modells die Anpassungen der Inhalte an hochbegabte Patienten zu fokussieren. Für eine ausführliche Darstellung der Selbstmanagement-Therapie siehe Kanfer et al. (2012).
57 Als Binnenprobleme werden sämtliche Schwierigkeiten während des diagnostisch-therapeutischen Prozesses betrachtet, welche das Erreichen von Therapiezielen gefährden und eine Klärung notwendig erscheinen lassen (Kanfer et al., 2012).

Arbeitsbündnis (Kanfer et al., 2012). Hierbei spielt nicht nur die Beziehungsgestaltung seitens des Therapeuten per se eine wesentliche Rolle, sondern »Allianz« impliziert auch ein konstruktives Miteinander beider Interaktionspartner und ist ebenso von der Aufnahmebereitschaft des Patienten abhängig (Flückiger et al., 2015; Sachse, 2016b). Wie lässt sich dies nun bei hochbegabten Patienten günstig bewerkstelligen?

Strukturierung der Rollen

Gemäß der therapeutischen Haltung (▶ Kap. 6.3) nimmt der Therapeut die *Rolle eines Änderungsassistenten* ein, um den Patienten mit Hilfe zur Selbsthilfe zu unterstützen. Es erscheint bei hochbegabten Patienten zielführend, diese *geteilte Verantwortung* (Gmelch & Press, 2012) von Beginn an explizit zu benennen: Der Patient ist Experte für sich, insbesondere sein hochbegabungsspezifisches Erleben, und trägt die Verantwortung für inhaltliche Entscheidungen. Der Therapeut hingegen übernimmt die Verantwortung für die Prozessgestaltung, d. h. das Planen diagnostisch-therapeutischen Vorgehens, die geeignete Auswahl von Interventionen und die Strukturierung des Therapieverlaufs. »Klassischerweise« wird an dieser Stelle die Berg-Metapher eingesetzt, um sinngemäß zu verdeutlichen, dass der Therapeut den Patienten beim Gehen der Schritte (Bewältigen der Bergtour) unterstützt, er diesem die Schritte jedoch nicht abnehmen kann (ihn also nicht über den Berg trägt). In der Praxis hat sich gezeigt, dass sich Hochbegabte vor dem Hintergrund ihres aktiven Mitdenkens und ihres Strebens nach Eigenständigkeit von der Therapie ohnehin Hilfe zur Selbsthilfe erhoffen und die klassische Metapher dementsprechend redundant erscheint. Um die Strukturierung der Rollen dennoch explizit zu gestalten, hat sich folgendes Vorgehen in der Praxis bewährt:

- den Hochbegabten in seinem (Mit-)Denken abholen, bspw. bestärken, dass er sich bereits umfassende Gedanken gemacht/die Grundproblematik sehr gut analysiert hat etc.; der Therapeut signalisiert, dass er Überlegungen mit dem Patienten *teilen* möchte.
- sich mittels Metapher als Änderungsassistent mit »*Mehrwert*« für den Patienten einführen, bspw.:
  – Der Hochbegabte hat den schnelleren Prozessor, der Therapeut hat andere Programme auf seiner Festplatte installiert (Heil, 2021b).
  – Der Therapeut verhilft dem Patienten zu einem Out-of-the-box-Denken (Redefinition des Problems) für neue Lösungsansätze, angelehnt an das 9-Punkte-Problem nach Duncker[58] (Kanfer et al., 2012) (▶ Abb. 7.2).
  – Der Hochbegabte hat bereits eine mathematische Gleichung seines Problems aufgestellt, der Therapeut verhilft ihm, neue Variablen einzufügen, um den Term auflösen zu können.

---

58 Die neun als Quadrat angeordneten Punkte sind durch vier zusammenhängende Linien zu verbinden, die ohne den Stift vom Papier abzuheben alle Punkte vollständig erfassen. Die Lösung gelingt nur, wenn »über den Rand« gezeichnet wird (Kanfer et al., 2012).

- gleichzeitig einen möglichen »Widerstand«[59] vorwegnehmen, indem verdeutlicht wird, dass der Therapeut zuweilen ausbremst, nicht um zu frustrieren, sondern um bspw. das Problem detaillierter zu erfassen etc.

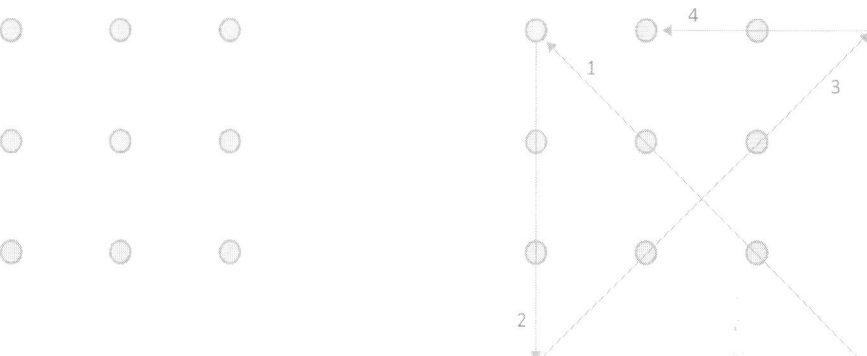

Abb. 7.2: Das 9-Punkte-Problem (nach Duncker) (aus Kanfer et al., 2012, S. 50)

Um neben dieser expliziten Rollenklärung den Patienten noch weiter zu unterstützen, Vertrauen zum Therapeuten aufzubauen und damit eine kooperative Patientenrolle einzunehmen, erscheint es an dieser Stelle zielführend, die eigenen *Kenntnisse um Hochbegabung einfließen zu lassen.* Hierbei lassen sich sehr gut gemeinsame »Spielregeln« im Sinne impliziter Verträge für die Interaktion aushandeln (Gmelch & Press, 2012; Kanfer et al., 2012): Der Therapeut ...

- ... benennt, dass er Kenntnisse über Hochbegabung hat.
- ... vermittelt, dass er die Hochbegabung des Patienten in der Therapie berücksichtigen möchte und Interesse daran hat, die spezifische Merkmalsausprägung des Patienten kennen zu lernen.
- ... erklärt, dass er nachfragt, wenn er etwas nicht versteht.
- ... lädt den Patienten ein, ebenfalls nachzufragen oder Rückmeldungen an den Therapeuten zu geben.

Sollte der hochbegabte Patient zudem noch weitere spezifische Merkmale aufweisen (bspw. 2e, Underachievement, Höchstbegabung), empfiehlt es sich, die benannten Rückmeldungen an den Patienten auch auf diese Merkmalsbereiche auszudehnen.

Hat der hochbegabte Patient bereits Therapievorerfahrung gesammelt, erscheint es nach Studienlage (▶ Kap. 6.1) ebenfalls zielführend, explizit nach diesen zu fragen, um ggf. negative Erlebnisse (v. a. im Zusammenhang mit der eigenen Hoch-

---

59 Als Widerstand wird dasjenige Patientenverhalten bezeichnet, welches in therapeutischen Interaktionen auftritt und verhindert, dass bestimmte Veränderungsziele erreicht werden (Kanfer et al., 2012).

begabung) nicht zu wiederholen oder die Therapie noch besser am Einzelfall auszurichten.

> Eine hochbegabte Patientin berichtete zu Beginn der Therapie, dass ihre letzte Therapeutin ihr immer vermittelt habe, sie sei nicht stark belastet, weil sie mit ihren ganzen Kompetenzen es ja im Alltag »hinkriege«. Sie wünsche sich, dass auch einmal ihre belastete Seite wahrgenommen werde.

Mithilfe dieser Interventionen zur Gestaltung der Rollen gelingt es erfahrungsgemäß, dass der hochbegabte Patient sich verstanden fühlt und dem Therapeuten als interessiertes Gegenüber *personales Vertrauen* entgegenbringt (Sachse, 2016b). Zumeist geht in Therapien mit nicht hochbegabten Patienten das personale Vertrauen mit dem Vertrauen in die fachliche Kompetenz des Therapeuten einher. Hochbegabte möchten jedoch auch im therapeutischen Kontakt verstehen, was vor sich geht, eigene Überlegungen anstellen, diese teilen und vor allem nachvollziehbare Antworten, basierend auf Wissen und Logik, auf ihre Fragen erhalten (Ridolfo & Nauta, 2017). In der Praxis hat sich gezeigt, dass mit einem Begegnen auf Augenhöhe im Sinne des offenen Austausches das *Kompetenz-Vertrauen* (Sachse, 2016b) in den Therapeuten gefördert werden kann: Der Therapeut …

- … lädt den Patienten ein, jederzeit offene Fragen zu stellen, fachlich, wissensbezogen oder bezogen auf die eigenen beruflichen Qualifikationen.
- … antwortet offen, transparent und authentisch und benennt ggf. eigene Grenzen (bspw. »Das kann ich Ihnen gerade nicht gut erklären, ich kann jedoch gerne für die nächste Sitzung etwas vorbereiten.« oder »Das ist interessant, dass Sie XYZ gelesen haben, ich selbst kenne XYZ noch nicht.«)
- … stellt dem Patienten bei Interesse Fachliteratur zum Nachlesen zur Verfügung.
- … bietet dem Patienten bei noch vorhandenen Zweifeln an, den Therapeuten in den nächsten Sitzungen für sich zu »prüfen«, inwieweit er die Expertise für die Prozesssteuerung übernehmen kann; am Ende des Beobachtungszeitraumes sollte eine Nachbesprechung folgen, ob die weitere Zusammenarbeit gelingen kann.

> Zusammenfassend lässt sich hinsichtlich der *Rollenstrukturierung* festhalten, dass der Therapeut den hochbegabten Patienten in dessen Wissen und mitdenkender Art sehr ernst nimmt, jedoch gleichzeitig die Expertise für die Prozesssteuerung beibehält.

Beziehungsgestaltung

Die aktive und bewusst geplante Beziehungsgestaltung spielt in jeder Psychotherapie eine wesentliche Rolle und stellt eine zentrale Daueraufgabe für den Therapeuten dar (Wampold et al., 2018). Im Folgenden sollen drei unterscheidbare Gestaltungsmöglichkeiten für den Aufbau, die Aufrechterhaltung und Steuerung der therapeutischen Beziehung (Sachse, 2016b) und deren spezifische Anpassung an hochbegabte Patienten betrachtet werden.

(1) Unter *allgemeiner Beziehungsgestaltung* wird die Umsetzung derjenigen therapeutischen Basisvariablen, welche dem klientenzentrierten Konzept nach Rogers (1902–1987) entspringen und für jeden therapeutischen Beziehungsaufbau unerlässlich sind, verstanden (Sachse, 2016b; Weinberger, 2013).

- *Einfühlendes Verstehen/Empathie*:
  Der Therapeut kann mit seinem spezifischen Wissen (▶ Kap. 3) dem Patienten durch klare Rückmeldungen in hypothesengeleiteter Form verdeutlichen, dass er nachvollziehen kann, wie der Patient sich fühlt, denkt oder handelt. Es geht hierbei besonders um ein vertieftes interessiertes Verstehen des hochbegabungsspezifischen Erlebens.
- *Unbedingte Wertschätzung/Akzeptanz*:
  Gerade vor dem Hintergrund möglicher invalidierender Lernerfahrungen über die Lebensspanne erscheint die wertfreie Akzeptanz des hochbegabungsspezifischen Erlebens wesentlich. Nur so wird eine zunehmende Selbstöffnung respektive das Reduzieren von Anpassungsstrategien gefördert (▶ Kap. 4.2.3). Aufgabe des Therapeuten ist hierbei vor allem, sich von eigenen stereotypen (▶ Kap. 1.5) und neurotypischen (▶ Kap. 2.6) Bewertungsmaßstäben zu distanzieren und eben nicht alltagsintuitiv mit bspw. Bewunderung, Misstrauen, Verunsicherung, Neid oder Ignoranz zu reagieren. Für hochbegabte Patienten ist es wichtig, sich in der therapeutischen Beziehung offen hinsichtlich sonst »zensierter« Eindrücke bewertungsfrei aussprechen zu können, bspw. unterfordert oder von anderen gelangweilt zu sein, zu wissen, dass hervorragende Leistung gezeigt wird oder das Gefühl zu haben, dass andere »dumm« erscheinen, etc.
- *Echtheit/Kongruenz*:
  Hochbegabte Patienten im Besonderen wünschen sich ein verlässliches, greifbares und authentisches Gegenüber; widersprüchliche, nicht sinnhaft-einzusortierende Signale eines Gesprächspartners werden häufig als sehr irritierend erlebt, lösen vielfältige Überlegungen (bspw. alle Möglichkeiten durchdenken, wie es gemeint sein könnte) oder Misstrauen vor dem Hintergrund problematischer Beziehungserfahrungen aus (bspw. Angst, abgelehnt zu werden) (▶ Kap. 4). Gemäß der in ▶ Kap. 6.3 dargestellten therapeutischen Haltung ist es in der Arbeit mit Hochbegabten daher besonders wichtig, konsistent zu erscheinen und Abweichungen transparent zu kommunizieren.

> Diese spezifische Umsetzung der therapeutischen Basisvariablen trägt sicherlich zu einem Großteil dazu bei, dass sich der hochbegabte Patient verstanden fühlt und dem Therapeuten in seinen Reaktionen vertrauen kann.

(2) Daneben sollte auch die Umsetzung der *komplementären (motivorientierten) Beziehungsgestaltung* an hochbegabte Patienten angepasst werden. Nach dem ursprünglichen Konzept, entwickelt nach Grawe und Caspar, verhält sich der Therapeut zu den interaktionellen Plänen/Motiven des Patienten motiv-/bedürfnisbefriedigend (komplementär) (Caspar, 2018; Grawe, 2004). Dies ist jeweils auf den Einzelfall hoch spezifisch abgestimmt, kann nicht verallgemeinert werden und

bedarf einer vorausgehenden individuellen Plananalyse (siehe Phase 3). Sachse (2016b/2019) hingegen entwickelte ein Konzept der komplementären Beziehungsgestaltung hinsichtlich grundlegender Beziehungsmotive, welches im Rahmen der Klärungsorientierten Psychotherapie zum Einsatz kommt. Aufgrund der Ausrichtung auf übergeordnete Motive ist dieses Vorgehen umfassender und breiter angelegt; selbstredend muss dies für den Aufbau des Vertrauens in den Therapeuten, des sog. Beziehungskredits, noch gezielter auf den jeweiligen Patienten abgestimmt werden (Sachse, 2016b). Übertragen auf hochbegabte Patienten kann das eigene Therapeutenverhalten folgendermaßen ausgerichtet werden, um die formulierten übergreifenden Motive Hochbegabter (▶ Kap. 3.5) in der Therapie bestmöglich »sättigen« zu können: Der Therapeut ...

- ... formuliert explizit, den Patienten im *Verstehen-Wollen* zu unterstützen; er nimmt wahr, dass der Patient kritische Fragen stellt und sich intensiv mit der eigenen Lage auseinandersetzen möchte; er drückt aus, dass er dies als hilfreiche Ressource im therapeutischen Problemlöseprozess erlebt.
- ... gibt dem Patienten anspruchsvolle, komplexe Beobachtungsaufgaben, um das Motiv *Herausforderung suchen* zu befriedigen.
- ... setzt die Bemühungen und Lösungsversuche des Patienten in Bezug zu dessen persönlichen *Bedeutungs- und Sinnzusammenhang*; er lädt den Patienten ein, vorgeschlagene Interventionen vor dem Hintergrund eigener Vorstellungen zu betrachten.
- ... betont, dass der Patient vielfältige Ressourcen mitbringt und sich sehr gut auf seine *eigenen Kompetenzen verlassen* kann; er drückt Zutrauen aus, dass der Patient bereits auf einem guten Weg ist und auch die aktuellen Anforderungen gut bewältigen wird.
- ... ist interessiert am persönlichen *Weiterentwicklungs*prozess des Patienten; er unterstützt ihn im Umsetzen persönlicher (hoch gesteckter) Ziele und akzeptiert eine positiv perfektionistische Haltung.

Ein hochbegabter Patient fasste es in der Therapie einmal treffend zusammen: »Es muss einfach alles stimmen!« In der Regel fühlen sich Hochbegabte erst dann wohl, wenn rundum alles passt, alle Ziele zu einem persönlichen Zufriedenheitsmaß erreicht sind. Wie genau das definiert ist, entscheidet natürlich jeder Einzelfall. Jedoch haben Hochbegabte zumeist alles im Blick, sehen alles im Zusammenhang und in ihrer Komplexität (▶ Kap. 3), so dass es auch in der Therapie vielfach darum geht, eine optimale Lösung aller Facetten umzusetzen. »Faule Kompromisse« einzugehen, wie bspw. bei Unterforderung im Beruf in den Modus »Dienst-nach-Vorschrift« überzugehen und das »Enrichment« im Privaten umzusetzen, gelingt erfahrungsgemäß bei vielen hochbegabten Patienten nur kurzfristig. Es geht auch in der Therapie zumeist um eine *umfassende* persönliche Weiterentwicklung für den Patienten.

- ... regt den Patienten zum *eigenständigen und freien* Entscheiden und Handeln an; er bespricht transparent eigene Sichtweisen und »lebt« die geteilte Verantwortung der Rollenteilung (s. o.).

- ... lädt den Patienten ein, offen über seine Lernerfahrungen und seine Hochbegabung mitsamt der Ressourcen und Herausforderungen zu sprechen, um das Gefühl zu vermitteln, *verstanden zu werden*.
- ... stellt sich als interessiertes Gegenüber zur Verfügung, fragt intensiv nach, versucht *gemeinsam* mit dem Patienten die Probleme zu durchdringen und stellt sich *gemeinsam* aufkommender Schwierigkeiten, um im Therapeuten einen Art *Gleichgesinnten* anzutreffen.

> Diese gezielten Strategien können dem Patienten vermitteln, sich nicht um die Befriedigung spezifischer mit der Hochbegabung verbundener Motive »als Alleinkämpfer« anstrengen zu müssen[60], sondern das in der Arbeitsbeziehung zum Therapeuten zu erhalten, was er »braucht« (vgl. Sachse, 2016b).

(3) Und schließlich kann noch die *(störungs-)spezifische Beziehungsgestaltung* als dritte Form unterschieden werden, welche sich hauptsächlich am typischen mit einer bestimmten psychischen Störung verbundenen Interaktionsverhalten ausrichtet (bspw. Soziale Phobie, Traumafolgestörung oder Persönlichkeitsstörung) (Sachse, 2016b). Für die Übertragung auf hochbegabte Patienten soll der Fokus auf weitere *hochbegabungsspezifische Aspekte* gelegt werden, welche die obigen Beziehungsgestaltungskonzepte sinnhaft erweitern (selbstverständlich sind diese Strategien auch bei hochbegabten Patienten an die jeweilige Diagnose anzupassen):

- Wie in ▶ Kap. 4.2.4 beschrieben, können auch bei hochbegabten Patienten sog. *Interaktions-/Beziehungstests* vorkommen. Um diese zu »bestehen« und dem Patienten zu signalisieren, dass der Therapeut wirklich an seinem spezifischen Erleben und Verhalten interessiert ist, ohne die befürchteten Reaktionen zu zeigen (bspw. eingeschüchtert oder verunsichert zu sein), können die soeben dargestellten Beziehungsgestaltungsstrategien eingesetzt werden. Reagiert ein hochbegabter Patient weiterhin zurückhaltend und angepasst, kann es hilfreich sein, mögliche Befürchtungen vorwegzunehmen, bspw.: »Wissen Sie, ich habe bereits mit hochbegabten Patienten gearbeitet und weiß um leider immer noch aktuell vorhandene Stereotype, mit denen ein Hochbegabter konfrontiert sein kann. Ich möchte Sie einladen, frei von Ihrem Erleben zu berichten. Ich bin sehr daran interessiert, Sie in Ihrem Denken und Verhalten kennen zu lernen.«
- Zumeist erhalten Hochbegabte im Alltag die Rückmeldung, sie seien »zu viel, zu anstrengend, zu perfekt etc.« (▶ Kap. 3.3), so dass es empfehlenswert ist, die hochbegabungsspezifischen Denk- und Verhaltensmuster *ressourcenorientiert* zu betrachten (bspw. »Das ist ja spannend, dass Sie in Ihrem Denken zumeist schon fünf Schritte voraus sind. Können Sie mir erläutern, wie es sich hier in unserer Interaktion anfühlt? Wie kann ich Sie hier unterstützen, dass Sie sich in Ihrer Art zu denken einbringen können?«). Gerade bei 2e-Patienten ist es hilfreich, die

---

60 Viele Hochbegabte berichten, dass sie sich in der Beziehung zu anderen oft anstrengen, den anderen »dahin zu bringen«, dass er interessierte Fragen stellt oder »mitdenkt«, um sich selbst abgeholt zu fühlen. Um eine positiv-korrigierende Beziehungserfahrung zu ermöglichen, ist es besonders wichtig, dass der Therapeut von sich aus die Motive berücksichtigt.

neurodivergenten Spezifika nicht zu pathologisieren, sondern offen ressourcenorientiert zu explorieren (bspw. »Sie sagen, dass Sie klare, konkrete Aussagen sehr schätzen und indirekte Botschaften schwer entschlüsseln können. Das können wir sehr gerne in unserer Interaktion umsetzen.«).
- Auch wenn ein Patient in der Therapie von seiner Hochbegabung berichtet, sollten prinzipiell die therapeutischen Reaktionen hierauf *dosiert* eingebracht werden. Nicht jeder Hochbegabte hat sich bereits selbst eingänglich damit beschäftigt oder hat diese Seite angemessen in sein Selbstkonzept integriert. Wie in ▶ Kap. 4.3 beschrieben, kann der Hochbegabte selbst noch eine *internalisierte Negativität* aufweisen, so dass er durch bestehende negative Überzeugungen den vom Therapeuten eingeführten ressourcenorientierten Blick auf die Hochbegabung entwerten könnte. Vielleicht bildet die Therapie auch den ersten Schritt, sich dem *Identitätsentwicklungsprozess* zu stellen. Vor diesem Hintergrund ist es hilfreich, nachzufragen, ob und inwieweit der Patient sich bereits damit beschäftigt hat, was er selbst von Hochbegabung und dem damit verbundenen Erleben und Verhalten hält, ob er schon einmal jemandem davon berichtet hat oder es in der Therapie das erste Mal ist etc.

Diese Spezifika runden die diversen Beziehungsgestaltungsstrategien sinnvoll ab und können als Ergänzung zu den »klassischen« Bausteinen betrachtet werden.

Exkurs: Kontrollierte Selbstöffnung (self-disclosure)

Gleichwohl der Einsatz von Selbstöffnung im Rahmen der Kognitiven Verhaltenstherapie in der Vergangenheit kontrovers diskutiert wurde (Goldfried et al., 2003), stellt sie doch heute bspw. durch das integrative Vorgehen nach CBASP (Cognitive Behavioral Analysis System of Psychotherapy) eine Technik in der dritten Welle der Verhaltenstherapie dar (McCullough, 2006). Die kontrollierte Selbstöffnung des Therapeuten kann dabei persönliche Informationen über den Therapeuten außerhalb der Therapie betreffen (bspw. Familienstatus, vergangene eigene Erfahrungen) oder die persönliche Reaktion auf den Patienten beinhalten (bspw. aufgrund eines Verhaltens verärgert zu sein) und dabei mehrere Funktionen erfüllen, unter anderem die Stärkung der therapeutischen Beziehung. Indem der Therapeut sich als »echte« Person einbringt, wird er für den Patienten besser einschätzbar und greifbar, was das Vertrauen in den Therapeuten fördert (Goldfried et al., 2003).

Hochbegabte Patienten wünschen sich – wie schon dargestellt – ein vertrauensvolles, authentisches Arbeitsbündnis mit dem Therapeuten, weshalb der Einsatz von self-disclosure – in Bezug auf die eigene Hochbegabung bzw. Nichthochbegabung – an dieser Stelle nicht unerwähnt bleiben soll. Selbstverständlich geht es hier um eine *kontrollierte* Selbstöffnung unter Einhaltung des berufsrechtlichen Rahmens (Abstinenzregel nach der Berufsordnung) und der persönlichen Grenzen des Therapeuten und kann demnach kein Muss darstellen. Dennoch kann das Offenbaren, als Therapeut selbst hochbegabt oder nicht hochbegabt zu sein, einen zusätzlichen Aspekt in der Beziehungsgestaltung einnehmen.

Aufbau von Arbeitsorientierung/Eigenaktivität

Bereits durch die Strukturierung der Rollen wird dem Patienten vermittelt, dass Therapie einen zielgerichteten Problemlöseprozess darstellt, in dem der Patient seine aktive Mitarbeit einbringt (Kanfer et al., 2012). In der praktischen Arbeit mit hochbegabten Patienten hat sich gezeigt, dass diese ohnehin eine umfassende Arbeitsorientierung und Motivation zur Eigenaktivität vor dem Hintergrund ihres Strebens nach aktiver, selbstbestimmter Auseinandersetzung zeigen. »Klassische« Strategien, um dies explizit aufzubauen oder zu fördern, erscheinen oftmals nicht notwendig. Jedoch empfiehlt es sich, die Motivation des hochbegabten Patienten zur aktiven Mitarbeit in die Struktur der therapeutischen Abläufe einzubetten, bspw. über (Haus-)Aufgaben, so dass sich dadurch die impliziten Regeln der Zusammenarbeit festigen können. Die Umsetzung bei hochbegabten Patienten kann folgendermaßen angepasst werden:

- *Auf Augenhöhe begegnen:*
  Dem Patienten können frühzeitig (bereits am Ende der ersten Sitzung, falls die Zusammenarbeit weiter gehen kann) Aufgaben bis zur nächsten Sitzung gestellt werden, um ihn als »Experte« mit ins Boot zu holen.
- *Kognitiv fordern:*
  Während in »klassischen« Therapien in der probatorischen Phase eher notwendige formale Aufgaben (bspw. Konsiliarbericht, Fragebögen, Vorbefunde mitbringen) aufgetragen werden, können bei hochbegabten Patienten durchaus bereits erste inhaltliche Aufgaben formuliert werden (bspw. Vorüberlegungen zusammenschreiben, Problemverhalten mittels SORK-Protokollen beobachten, Ressourcenliste erstellen, Fachliteratur zur Verfügung stellen etc.).
- *Sich als interessiertes Gegenüber bereitstellen:*
  Vor dem Hintergrund komplexer (Vor-)Überlegungen seitens des Patienten kann bspw. angeboten werden, die (umfänglichen) Ausarbeitungen der Aufgaben vorab zu übersenden, damit der Therapeut Zeit hat, diese zu sichten und in der nächsten Sitzung mit einfließen zu lassen.
- *Kreativität berücksichtigen:*
  Bietet der Therapeut bereits von Beginn an Raum, dem eigenen Denk- und Problemlösestil zu folgen, bringen hochbegabte Patienten zumeist eigene kreative Ideen ein; diesen kann deshalb »zugemutet« werden, eine eigene (Haus-) Aufgabenidee zu formulieren und umzusetzen.
- *Sinnhaft einbetten:*
  Damit der hochbegabte Patient nachvollziehen kann, warum welche Aufgabe aus therapeutischer Sicht Sinn ergibt, sollte von Beginn an ein transparentes Vorgehen eingeschlagen werden (vgl. Niehues, 2021). Der Patient kann ggf. kritisch

nachfragen und mit dem Therapeuten eine gemeinsame Vorstellung vom Therapieprozess generieren.
- *Gegebenenfalls auf 2e-Merkmale eingehen:*
Liegt eine ADHS vor oder ist der hochbegabte Patient Autist, sollten die (Haus-)Aufgaben daran angepasst werden; bspw. kann der Patient gefragt werden, ob ihm eine schriftliche Ausarbeitung liegt oder er eine andere Herangehensweise (bspw. via App) bevorzugt, ob er eine Struktur braucht, um sich nicht zu verzetteln etc.

7.1.2 Adaption der problembezogenen Informationssammlung

Neben dem Aufbau der therapeutischen Allianz stellt das gemeinsame Problemverständnis einen weiteren zentralen Baustein der Phase 1 dar (Kanfer et al., 2012).

Sichtung der Eingangsbeschwerden

Zu Beginn der Therapie verschafft sich der Therapeut einen Überblick über kritische Problembereiche und verschiebt den Fokus von Irrelevantem hin zu den zentralen Problemen. Dies lässt sich mit einem Art *Trichterungsprozess* beschreiben (Kanfer et al., 2012): Der Patient benennt Beschwerden, durch Rückfragen werden diese präzisiert, Symptome und Probleme benannt und schließlich immer weiter auf Mikroebene konkretisiert (Phase 3). Am Ende dieses Prozesses sollte eine gemeinsame Problembeschreibung möglich sein, welche durch neue Sichtweisen mithilfe des Therapeuten angereichert wurde (Kanfer et al., 2012).

In der Praxis mit hochbegabten Patienten hat sich gezeigt, dass diese zumeist mit einem eigenen Überblick über die Schwierigkeiten zur Therapie erscheinen. Sie erfassen Probleme nicht eindimensional, sondern in ihrer Komplexität, weshalb der Überblick erfahrungsgemäß sehr umfänglich und oftmals sehr geordnet und strukturiert ausfällt. Vor dem Hintergrund bestimmter Lernerfahrungen (▶ Kap. 4) finden Hochbegabte jedoch (statistisch selten) ein gleichgesinntes Gegenüber, mit dem über das Ausmaß der eigenen vielfältigen Überlegungen gesprochen werden kann. Das Bedürfnis, sich umfänglich zu erklären, kann deshalb recht groß sein. Dominiert lerngeschichtlich das Gefühl, nicht verstanden zu werden, bereiten Hochbegabte das zu Erklärende zuweilen »mundgerecht« vor, um andere in ihrem Denkprozess mitzunehmen und nicht missverstanden zu werden (▶ Kap. 4.2.2). Gelingt die obige Beziehungsgestaltung und der hochbegabte Patient erlebt den Therapeuten als interessiertes Gegenüber, sollte deshalb gerade bei der Sichtung der Eingangsbeschwerden genügend Raum für die Ausbreitung eigener Überlegungen eingeräumt werden.

Therapeuten sollen an dieser Stelle sensibilisiert werden, dass umfängliche Ausführungen aus Sicht des Hochbegabten »notwendig« erscheinen, um die Komplexität eigener Überlegungen darstellen zu können. »Klassischerweise« reagiert der Therapeut bei Patienten, welche monologisierend vielfältigste Themenbereiche einbringen, eingrenzend, um frühzeitig den Aufmerksamkeitsfokus auf die wesentlichen Bereiche zu lenken. Diese Gesprächsführungstechnik würde jedoch den hochbegabten Patienten in seinem Erleben nicht abholen und das Risiko beinhalten, diesen zu frustrieren.

Folgende Strategien erscheinen daher geeignet, dem hochbegabten Patienten Raum zu geben und gleichzeitig als Therapeut in das gemeinsame Verständnis einzusteigen:

- *Komplexität zulassen:*
  Den Patienten darin bestärken, bspw. Notizen, Listen oder Schaubilder mitzubringen, und ihn einladen, dem Therapeuten einen umfassenden Überblick zu geben.
- *Zeitliche Grenzen transparent besprechen:*
  Erfolgt der Überblick zu umfänglich, erscheint es zielführend – vor dem Hintergrund der anderen noch zu bewerkstelligen Aufgaben in der Probatorik –, die Sitzungen transparent zu strukturieren (bspw. »Ich merke, Sie haben bereits hilfreiche Zusammenhänge erfasst. Mich würde das sehr interessieren, jedoch sind in den ersten Stunden noch weitere formale und inhaltliche Aufgaben zu erledigen. Ich möchte Sie allerdings auch ungern unnötig begrenzen. Was ich Ihnen anbieten kann: Wenn Sie möchten, schicken Sie mir gerne vor der nächsten Sitzung Ihre Überlegungen. Ich werde sie lesen und wir können in der nächsten Sitzung gemeinsam ergänzen oder Rückfragen klären. Hierfür benötige ich etwas Zeit. Passt das für Sie?«).
- *Gegebenenfalls »Spielregeln« der Interaktion wiederholen:*
  Manche hochbegabte Patienten bremsen sich an dieser Stelle auch aus und halten sich mit ihren Ausführungen zurück, um das Gegenüber nicht zu überfordern (▶ Kap. 4). In diesem Fall können die obigen Spielregeln der Zusammenarbeit wiederholt und explizit werden (bspw. »Sie müssen mich nicht schonen und können gerne Ihre ganzen vielfältigen Überlegungen einbringen. Ich stelle gerne Rückfragen, wenn ich etwas nicht verstehe oder es mir zu schnell geht«).

Neben der reinen Exploration der Beschwerden erfolgt an dieser Stelle zumeist auch der Einsatz klassifikatorischer, störungsspezifischer und verlaufsdiagnostischer Verfahren via Interviews, Fragebogen oder Checklisten. Zudem ist es hilfreich, bereits bestehende Vorbefunde zu bspw. IQ-/ADHS-/Autismus-Diagnostik zu sichten. Bei hochbegabten Patienten können folgende Fragebogenverfahren[61] eine sinnvolle Erweiterung darstellen (▶ Tab. 7.1).

---

61 Zur Einschätzung der Anwendbarkeit und deren Grenzen sei auf die entsprechenden angegebenen Kapitel im Buch sowie die Original-Quellen verwiesen. Nicht alle genannten Verfahren sind frei verfügbar oder käuflich erwerbbar, sondern deren Verwendung muss ggf. bei den Autoren angefragt werden.

Tab. 7.1: Überblick über ergänzende Fragebogenverfahren bei hochbegabten Patienten

Bereich	Name	Quelle
Overexcitability (▶ Kap. 2.1.1)	Overexcitability-Questionnaire-Deutsch (OEQ-D)	Rost et al. (2014)
Hochsensibilität (▶ Kap. 2.1.2)	Fragebogen zur Feinfühligkeit	Blach & Egger (2014)
	German version of the Highly Sensitive Person Scale (HSPS-G)	Konrad & Herzberg (2017)
	HSP-Test für Hochsensibilität	Satow (2022)
Impostor-Selbstkonzept (▶ Kap 2.4)	Impostor-Selbstkonzept-Fragebogen (ISF)	Hogrefe Testzentrale (Rohrmann et al., 2020)
Need for Cognition (▶ Kap. 1.5 und ▶ Kap. 3)	Deutsche Version der Need for Cognition Scale (NFC-Skala)	Bless et al. (1994)
	Need for Cognition Kurzskala (NFC-K)	Beißert et al. (2014)
ADHS-Screening (▶ Kap. 2.6)	Homburger ADHS-Skalen für Erwachsene (HASE)	Hogrefe Testzentrale (Rösler et al., 2021)
Autismus-Spektrum-Screening (▶ Kap. 2.6)	Autismus-Quotient (AQ)	open source
	German Broader Autism Phenotype Questionnaire (BAPQ-G)[62]	Lorenz & Algner (2021)

Sichtung der Eingangserwartungen

Zur problembezogenen Informationssammlung und Screening der Symptome gehört auch die Erfassung der Eingangserwartungen des Patienten für und an die Therapie, welche den Therapieprozess und die Gestaltung der therapeutischen Beziehung maßgeblich mit beeinflussen können (Kanfer et al., 2012). Neben den Rollenerwartungen, welche bereits mit dem Beziehungsaufbau explizit geklärt und ggf. verändert wurden, können noch weitere Formen unterschieden werden (Kanfer et al., 2012):

- Prognostische Erfolgserwartungen (Hat der Patient Hoffnung auf Erfolg?)
- Inhaltliche Erwartungen (Welche Themen sollen bearbeitet werden?)
- Ablauferwartungen (Wie soll der Therapieprozess laufen?)
- Erwartungen aufgrund subjektiver Krankheitsüberzeugungen (Health Beliefs) (Wie erklärt sich der Patient die Probleme?)

Übergeordnetes Ziel bei der Erfassung ist die Prüfung, inwieweit diese Erwartungen angemessen und realistisch sind oder durch explizite Aufklärung im gemeinsamen

---

[62] Fragebogen zur Einschätzung von Persönlichkeits- und Sprachmerkmalen, welche einem phänotypischen Ausdruck autistischer Merkmale bei neurotypischen Personen entsprechen (Lorenz & Algner, 2021).

Gespräch angepasst werden müssen (Kanfer et al., 2012). Für die therapeutische Arbeit mit hochbegabten Patienten sollten die Erwartungen vor dem Hintergrund der spezifischen Lerngeschichte betrachtet werden (▶ Kap. 4):

> Ein hochbegabter Patient, spät erkannt mit Underachievement, kommt mit wenig Hoffnung auf Veränderung zur Therapie (*Erfolgserwartung*), da er bereits alles Mögliche versucht habe, um seinen Job zu verändern. Er werde seit Jahren zunehmend depressiv, da er das Gefühl habe, chronisch unterfordert zu sein; nun mit dem Wissen um seinen IQ sei er noch mehr frustriert, da er sein Leben lang von allen gesagt bekommen habe, er sei zu dumm, um etwas Anspruchsvolles zu machen (*Health Belief*). Er möchte sich deshalb in der Therapie mit seinen Stärken beschäftigen und lernen, sich zuzutrauen, doch den Job zu wechseln und das Risiko zu scheitern einzugehen (*inhaltliche Erwartung*). Die Therapie soll ihm dabei eine neue Perspektive ermöglichen, damit er weiß, wie er vorangehen kann; er möchte nicht jede Woche vorbeikommen, sondern genügend Zeit zum Überlegen dazwischen haben (*Ablauferwartung*).

7.1.3 Klären der Rahmenbedingungen

Ein weiterer Aspekt zur Klärung der therapeutischen Zusammenarbeit stellt das Besprechen der *Merkmale der äußeren Therapiesituation* dar (Kanfer et al., 2012).

Organisatorische Belange

Gemäß den rechtlichen Rahmenbedingungen (bspw. Patientenrechtegesetz (PatRG), Berufsordnung (BO), Psychotherapie-Richtlinie (PT-RL) etc.) erfolgt an dieser Stelle des therapeutischen Prozesses die Aufklärung des Patienten zur organisatorischen Gestaltung der Therapie. Dies umfasst unter anderem auch die Schweigepflicht des Therapeuten. Bei hochbegabten Patienten, welche von einem ebenfalls hochbegabten Therapeuten behandelt werden, kann sich hierbei noch ein zusätzlicher Klärungsaspekt ergeben.

Neben dem prinzipiellen Abwägen der kontrollierten Selbstöffnung bzgl. der eigenen Hochbegabung (s. o.) wird insbesondere dann die Frage danach aufgeworfen, wenn der Therapeut ebenso wie der Patient Mitglied desselben Hochbegabtenvereins (▶ Kap. 8.1) ist. Entsprechend der jeweilig gültigen Berufsordnung sind Therapeuten zur Verschwiegenheit über die Behandlung und im Sinne der Abstinenz verpflichtet, außertherapeutische Kontakte auf das Nötigste zu beschränken und so zu gestalten, »dass eine therapeutische Beziehung möglichst wenig gestört wird« (BPtk, 2022, S. 8). Folglich muss im Falle einer aktiven Vereinsmitgliedschaft dies seitens des Therapeuten offen angesprochen und der Rahmen zur Begrenzung außertherapeutischer Kontakte und der Wahrung der Schweigepflicht gemeinsam mit dem Patienten geklärt werden.

Unter organisatorische Belange können zudem noch das Abstimmen der Struktur/Aufbau einer Psychotherapiesitzung ebenso wie die Handhabung mit therapeutischen Kontakten zwischen vereinbarten Therapiesitzungen oder die Gestaltung der Sitzungsfrequenz fallen (Kanfer et al., 2012). Auch in Bezug auf diese Punkte hat sich in der therapeutischen Arbeit mit hochbegabten Patienten bewährt, den Wünschen mit Flexibilität (natürlich unter Einhaltung eigener Grenzen) entgegenzutreten. Gerade entsprechend dem Unabhängigkeitsbedürfnis der Patienten können Therapeuten »viel Freiraum geben und die Stunde nur leicht strukturieren« (Niehues, 2021, S. 131). Folgende Hinweise lassen sich aus der Praxis ergänzend anführen:

- Ggf. benötigt der hochbegabte Patient zwischen den Sitzungen genügend Zeit, um eigene Überlegungen voranzubringen, weshalb nicht immer ein einwöchiger Turnus indiziert sein kann.
- Manche hochbegabten Patienten, welche umfassende komplexe Überlegungen anstellen oder denen es schwerfällt, alles in einer Sitzung strukturiert einzubringen, profitieren von einem Angebot, dem Therapeuten auch zwischen den Sitzungen bspw. schriftliche Aufzeichnungen zukommen lassen zu können.
- Die meisten hochbegabten sowie 2e-Patienten bevorzugen, direkt in die Sitzung einzusteigen; so wäre der berühmte »Aufwärm-Small-Talk« unnötig, da sie diesen ohnehin nicht mögen und dadurch die Therapiezeit für ausführliche Ausführungen geschmälert wird.

Therapeutisches Setting

Natürlich können auch in sonstigen Therapien die äußeren Faktoren der Therapiesituation anfänglich eine Rolle spielen (bspw. inwieweit die Stühle bequem sind oder wieviel Dekoration im Praxisraum vorhanden ist); in der Regel wird dies zunehmend im Therapieverlauf für die Patienten irrelevanter (Kanfer et al., 2012).

Insbesondere bei der Arbeit mit 2e- oder hochsensiblen hochbegabten Patienten sollte jedoch explizit geprüft werden, inwieweit äußere Merkmale der Praxisräumlichkeiten (bspw. Geräusche, (wechselnde) Ausstattung, Lichtverhältnisse, Gerüche etc.) als störend empfunden werden und wie diese, falls anpassbar und seitens des Therapeuten erwünscht, veränderbar wären (vgl. Aron, 2014; Brown, 2022; Dziobek & Stoll, 2019).

Fazit zu Phase 1:

Gerade mit diesen Anpassungen an hochbegabte Patienten zu Beginn einer Psychotherapie können bereits die Eckpfeiler für eine maßgeschneiderte Therapie auf Augenhöhe festgelegt werden.

7.2 Phase 2: Aufbau von Änderungsmotivation und vorläufige Auswahl von Änderungsbereichen

Nachdem in Phase 1 die Weichen für eine günstige Zusammenarbeit gestellt wurden, liegt der Schwerpunkt in Phase 2 auf der Motivation zur Veränderung und der vorläufigen Auswahl an Änderungsbereichen, was den Beginn des Zielklärungsprozesses (Phase 4) darstellt (Kanfer et al., 2012).

7.2.1 Motivationsklärung und -aufbau bei hochbegabten Patienten

Vor dem Hintergrund einer der Motivation immanenten Variabilität erscheint es unabdingbar, bevor die nächsten therapeutischen Schritte der Therapieplanung eingeleitet werden, die Frage zu klären, wie stark der Patient aktuell auf welche Ziele hin motiviert erscheint (Kanfer et al., 2012).

Motivieren als therapeutische Grundhaltung

Dabei spielt an dieser Stelle die klientenzentrierte therapeutische Haltung (▶ Kap. 6.3) als allgemeine Motivationsbedingung eine zentrale Rolle (Kanfer et al., 2012). Gerade in der Arbeit mit hochbegabten Patienten hat sich dieser rote Faden des therapeutischen Vorgehens bewährt:
Motivieren durch (Kanfer et al., 2012) ...

- ... *Maximierung des Ausmaßes an persönlicher Kontrolle*:
  Durch die oben genannte geteilte Verantwortung im Therapieprozess kann der hochbegabte Patient es als persönliche Angelegenheit betrachten, den Überblick zu behalten und sich als gleichberechtigt wahrgenommen zu fühlen.
- ... *Selbststeuerung anhand eigener Ziele/Werte*:
  Der Patient wird ermutigt, eigene Ziele und Vorstellungen in die Therapie einzubringen, welche vor dem Hintergrund seiner Hochbegabung spezifisch ausgestaltet werden können (bspw. Literatur für eigene Nachbereitungen zu erhalten, sich kreativ in der Gestaltung der Interventionen zeigen zu dürfen).
- ... *Steigerung der Selbstwirksamkeit*:
  Indem der Therapeut von Beginn an dabei unterstützt voranzukommen und erste Schritte der Veränderung einleitet, bspw. durch früh im Prozess eingesetzte (Haus-)Aufgaben (s.o.), stärkt er stetig die Selbstwirksamkeitserwartung des Patienten.
- ... *maximale Transparenz*:
  Durch die von Beginn an gestaltete Transparenz im Vorgehen wird der hochbegabte Patient in seinem Bedürfnis nach Nachvollziehbarkeit abgeholt.
- ... *Freiwilligkeit*:
  Der Therapeut verdeutlicht an jeder Stelle des therapeutischen Prozesses, dass der

Patient selbst entscheidet, wie weit er in Richtung Veränderung gehen möchte, was dem Motiv nach Freiheit (s. o.) sehr entgegenkommt.

In der Praxis hat sich gezeigt, dass hochbegabte Patienten zumeist durch ihre Vorüberlegungen die Entscheidung zur Therapie bewusst fällen und eine hinreichende Therapie- und Veränderungsmotivation mitbringen. Wird diese durch die therapeutische Haltung weiter unterstützt respektive verstärkt, braucht es oftmals keinen ausführlichen Fokus auf Motivationsanalyse/-aufbau. Selbstredend bestätigen Ausnahmen die Regel, weshalb es auch bei hochbegabten Patienten dazu kommen kann, die Veränderungsmotivation gezielt mit den folgenden Strategien aufzubauen.

Reduktion der Demoralisierung

Patienten erleben den Leidensdruck, welcher sie zur Therapie führt, nicht nur aufgrund ihrer Beschwerden und Symptome, sondern durch ein mit den Problemen verbundenes Gefühl der Unzulänglichkeit, welches als *Demoralisierung* (Frank, 1987) bezeichnet wird. Dieser Zustand umfasst dabei: »Verlust von Selbstwertgefühl, subjektives Erleben persönlicher Unfähigkeit, Entfremdung, Hoffnungslosigkeit (= das Gefühl, dass niemand helfen kann) bzw. Hilflosigkeit (= das Gefühl, dass jemand durchaus helfen könnte, es jedoch nicht tut)« (Kanfer et al., 2012, S. 168). Dementsprechend sollte der therapeutische Blick ziel- und lösungsfokussiert sowie auf Ressourcen des Patienten gerichtet werden, um wieder Hoffnung und Optimismus aufkommen zu lassen (Gmelch & Press, 2012; Willutzki & Teismann, 2013).

In Bezug auf hochbegabte Patienten kann hier der Fokus auf die mit der Hochbegabung verbundenen Aspekte gerichtet werden, indem die Patienten bspw. an frühere (vielfältige) Interessen im Alltag anknüpfen, eine kreativ gestaltete Lösungsvision anfertigen (bspw. als Collage/Bild), verlässliche Ressourcen (welche außerhalb des Problembereiches umgesetzt werden können) reaktivieren (bspw. den »Kopf anstrengen« durch kognitive Herausforderung beim Lernen, Rätsellösen etc.).

Gegebenenfalls Einsatz bestimmter Strategien

Reichen die allgemeinen motivierenden Bedingungen nicht aus, eine hinreichende Therapie- und vor allem Veränderungsmotivation beim Patienten aufzubauen, ist der Einsatz spezifischer Motivationsstrategien indiziert (Kanfer et al., 2012). Zuvorderst sollte sich der Therapeut via *Motivationsanalyse* einen Überblick verschaffen, an welchen Einzelkomponenten – unerwünschter Ausgangszustand (IST), potenzieller Weg (von IST nach SOLL) und erwünschter Zielzustand (SOLL) – anzusetzen ist (Kanfer et al., 2012), um daraufhin geeignete Strategien – *entsprechend des eigenen Methodeninventars* – für den Aufbau der Veränderungsmotivation einzusetzen.

Gerade Patienten mit einer Alienation, der Entfremdung von eigenen Motiven, Zielen, Bedürfnissen oder Werten, was auch bei Hochbegabten mit entsprechender Lernbiografie vorkommen kann (▶ Kap. 4.2.3), profitieren von therapeutischen Ansätzen zur Ziel-Wert-Klärung (ZWK) (Kanfer et al., 2012). Durch die Hinwendung zu eigenen Visionen, Träumen oder auch Fantasieräumen wird der Patient angehalten, wieder Bezug zum eigenen »System« aufzunehmen, und Annäherungs- statt Vermeidungsziele schrittweise zu formulieren (Gmelch & Preß, 2012; Grawe, 2004). Hochbegabte Patienten profitieren dabei zumeist von einem Angebot zum visuell-kreativen Vorgehen (Niehues, 2021) – durchgeführt entsprechend der eigenen therapeutischen Methodenkompetenz.

Im Sinne eines transparenten Vorgehens kann an dieser Stelle der hochbegabte Patient auch auf eine gemeinsame Analyse der eigenen aktuell vorhandenen Veränderungsmotivation mithilfe einer mathematischen Gleichung eingeladen werden. Ein logisch nachvollziehbares Vorgehen anhand fester Kriterien kommt dem hochbegabten Denken meistens sehr entgegen. Sachse und andere (2016) haben das komplexe Konstrukt der Veränderungsmotivation mit folgenden Variablen als Formel beschrieben (▶ Abb. 7.3):

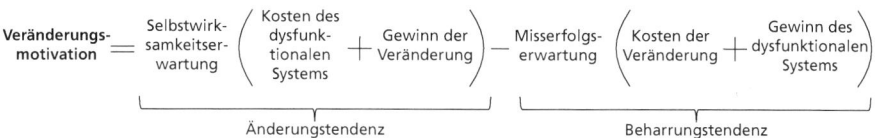

Abb. 7.3: Einzelkomponenten der Veränderungsmotivation als mathematische Formel (nach Sachse et al., 2016)

Indem der Therapeut die einzelnen Aspekte gemeinsam mit dem Patienten vor dem Hintergrund seiner Lerngeschichte beleuchtet, insb. um die Selbstwirksamkeits- bzw. Misserfolgserwartung einschätzen zu können, lässt sich die Veränderungsmotivation sinnbildlich »berechnen«. Je nach Ergebnis können folglich gezielte Interventionen zur Steigerung der Änderungstendenz respektive zur Reduktion der Beharrungstendenz eingesetzt werden (Sachse et al., 2016).

7.2.2 Auswahl von Änderungsbereichen

Am Ende dieses motivationsfördernden Prozesses werden gemeinsam mit dem Patienten die jeweilig zu verändernden Bereiche nach sachlichen und motivationsabhängigen Kriterien ausgewählt. Damit werden jene Bereiche fokussiert, welche bspw. die größtmögliche aktuelle Belastung mit sich bringen, unter den derzeitigen Bedingungen gut veränderbar sind oder worauf die meiste Änderungsmotivation hin ausgerichtet ist (Kanfer et al., 2012).

In Bezug auf hochbegabte Patienten ist anzumerken, dass es nur unter Berücksichtigung der mit der Hochbegabung einhergehenden Aspekte möglich ist, manche Belastungen bzw. Bedingungen als *Tatsachen* und nicht als *Probleme* zu identifizieren. Gerade bei der Auswahl von Änderungsbereichen stellt sich die Frage nach »Ändern vs. Akzeptieren« (Kanfer et al., 2012, S. 190). Würde der Therapeut die Hochbegabung des Patienten nicht berücksichtigen, so könnte er bspw. fälschlich annehmen, dass das als belastend erlebte Gefühl, anders zu sein, in Gänze veränderbar wäre. Natürlich kann es ein Therapieziel sein, die damit verbundenen negativen Lernerfahrungen (▶ Kap. 4.2) zu verarbeiten oder die sozialen Kontakte zu verändern, um bestmöglich Gleichgesinnte zu treffen, so dass die aktuell erlebten aversiven Gefühlszustände abnehmen. In Bezug auf das Gros der Bevölkerung und – je nach sozialem Umfeld – bei den meisten Alltagskontakten wird der Hochbegabte jedoch weiterhin die Erfahrung machen, sich anders als die anderen zu erleben. Dementsprechend gilt es, die auszuwählenden Bereiche vor dem Hintergrund des hochbegabungsspezifischen Erlebens und Verhaltens auf Veränderbarkeit hin zu prüfen.

Fazit zu Phase 2:

Durch die therapeutische Grundhaltung kann gerade bei hochbegabten Patienten die Veränderungsmotivation gestärkt werden. Sind spezielle motivationsfördernde Interventionen nötig, sollte die Kreativität der Patienten einbezogen werden. Insbesondere bei der Auswahl der Änderungsbereiche sind das hochbegabungsspezifische Erleben und Verhalten zu berücksichtigen, um zu klären, welche Bereiche tatsächlich veränderbar sind.

7.3 Phase 3: Erarbeiten eines Hypothetischen Funktionalen Bedingungsmodells

Der Schwerpunkt von Phase 3 liegt darin, die problembezogenen Informationen auf Mikro- und Makroebene zu präzisieren, damit ein Hypothetisches Funktionales Bedingungsmodell aufgestellt werden kann (Kanfer et al., 2012). Mithilfe einer Analyse unter funktionalen Gesichtspunkten (▶ Abb. 7.4) wird auf der konkreten situationsbezogenen Mikroebene ein SORK[63]-Modell erstellt; zudem werden in der Makroanalyse die biografische Einbettung der Problemverhaltensweisen erfasst und Hypothesen zu den prädisponierenden, auslösenden und aufrechterhaltenden Bedingungen formuliert (Brunner, 2022). Der Fokus sollte dabei auf denjenigen Bedingungen liegen, welche im Rahmen der Therapie zu einer Veränderung des Problems in Richtung des Ziels führen (Reinecker, 2015).

7.3.1 Berücksichtigung der Hochbegabung im SORK-Modell

Gerade im Rahmen der Verhaltensanalyse besteht die Gefahr, hochbegabungsspezifisches Erleben und Verhalten fälschlich als Problemverhalten zu benennen, woraufhin wiederum Ansatzpunkte für die Therapie abgeleitet werden würden, an welchen der Patient nur bedingt etwas ändern kann bzw. will. Dies soll anhand eines

---

[63] Da die Erfassung der Kontingenz in der therapeutischen Praxis eine eher untergeordnete Rolle einnimmt, wird die Verhaltensanalyse als SORK-Gleichung dargestellt, mit K als Konsequenzen gemäß der deutschen Schreibweise (vgl. Bockwyt, 2020).

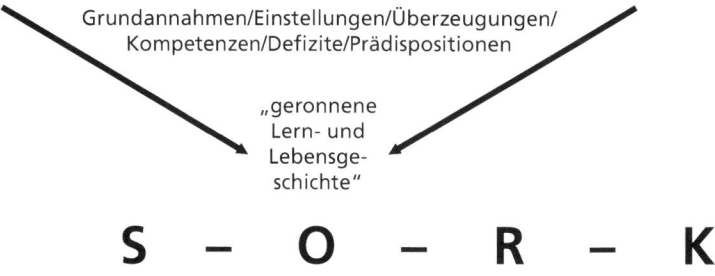

Abb. 7.4: Schwerpunktziele für Phase 3 (Kanfer et al., 2012; Reinecker, 2015) (ergänzt aus Brunner, 2022)

Beispiels für einen fiktiven hochbegabten Studenten mit Generalisierter Angststörung (GAS) (F41.1/6B00) verdeutlicht werden:

Fälschlich zugeordnete hochbegabungsspezifische Merkmale (HB)

S: Der Patient sitzt zu Hause am Schreibtisch und beginnt, sich mit der aktuellen Seminararbeit zu beschäftigen.

O: Ängstliche Prädisposition; Frustration des Grundbedürfnisses nach Orientierung/Kontrolle; dysfunktionaler Oberplan: »Ich darf keine Fehler machen«; dysfunktionaler Perfektionismus

$R_{physiologisch}$: Innere Unruhe

$R_{emotional}$: Angst, Verzweiflung

$R_{kognitiv}$: »Wie soll ich nur anfangen, das Thema kann man auch so ... oder so ... oder so ... betrachten [*HB-spezifisch: komplexes umfassendes Nachdenken*]. Wenn ich es falsch darstelle, dann ... Es wird bestimmt wieder so sein ... Das schaffe ich niemals und ich werde exmatrikuliert. Wenn ich noch länger solche Gedanken habe, werde ich noch wahnsinnig.«

$R_{Verhalten}$: Der Patient starrt auf den PC und durchdenkt alle Möglichkeiten (zu viel Denken und Sorgenketten).

$K_{kurzfristig}$: Erhöhtes Kontrollgefühl durch das Durchdenken (C+)
Reduzierte Angst/Verzweiflung (₵-)

$K_{langfristig}$: Defizite im konkreten Problemlösen bleiben bestehen.

In diesem Fall wird das der Hochbegabung immanente komplexe umfassende Denken fälschlich pathologisiert und als Problemverhalten R aufgenommen. Demnach bekäme der Patient die Rückmeldung, seine Art zu denken sei nicht angemessen. Zudem würden die hochbegabungsspezifischen hohen Ansprüche fälschlich als dysfunktionaler Perfektionismus im O generalisiert (und nicht in eine funktionale und dysfunktionale Form unterschieden). Durch den Fokus auf den dysfunktionalen Umgang mit einer anstehenden Seminararbeit (S) (über R »zu viel Nachdenken«/»sich sorgen«) würde bei den langfristigen Konsequenzen angenommen, es könnten angemessene Problemlösestrategien nicht ausreichend gelernt werden (gleichwohl der Patient mit seinen kognitiven Ressourcen durchaus wüsste, wie strukturiert an eine Seminararbeit heranzugehen wäre).

Die von solch einer Mikroanalyse abgeleiteten Ansatzpunkte wären demnach das übermäßige Denken (R), der überdauernde Perfektionismus mit Angst vor Fehlern (O) und die mangelnden Problemlösekompetenzen ($K_{langfristig}$) im Umgang mit Studium Anforderungen (S). Es könnten folglich weder die Hochbegabung des Patienten als Ressource noch die Ansatzpunkte vor dem Hintergrund hochbegabungsspezifischer Lernerfahrungen differenziert betrachtet werden. Es bestünde die Gefahr, dass der Patient sich in seiner Art zu denken, in seinen Ansprüchen, in seinen Kompetenzen und in seiner Lerngeschichte nicht gesehen und sich vom Therapeuten in seiner spezifischen Belastung missverstanden fühlt.

Das hochbegabungsspezifische Erleben und Verhalten ist jedoch ein Identitätsteilaspekt und gehört zur »Grundausstattung« des Patienten dazu. Unter der Voraussetzung, dass der Patient dies in für ihn typischer Form zeigt (und es keinen Verhaltensexzess darstellt), wäre es im Beispiel folgendermaßen einzuordnen:

Angemessene Berücksichtigung der hochbegabungsspezifischen Merkmale (HB)

S_{extern}: Patient sitzt am Schreibtisch und setzt sich vertieft mit der anstehenden Seminararbeit auseinander [*HB-Verhalten: komplexes Nachdenken*].

S_{intern}: »Beim letzten Mal hat der Professor nicht verstanden, was ich eigentlich ausdrücken will.« [*HB-spezifische biografische Erinnerung*]

O: Ängstliche Prädisposition; Frustration des Grundbedürfnisses nach Orientierung/Kontrolle; [*HB-spezifische*] Frustration des »need for cognition« (andauerndes Unterforderungsgefühl: »Kopf ist nicht ausgelastet«); [*HB-spezifische*] Kompetenzen: komplexes Denken, hohe Ansprüche i. S. eines funktionalen Perfektionismus als intrinsischer Motivationsfaktor (bspw. Wunsch nach umfassender fundierter Darstellung von Sachverhalten), hohe Kreativität; dysfunktionaler Oberplan: »Ich darf keinen Fehler machen« mit z.T. dysfunktionalem Perfektionismus; [*HB-spezifisches*] Schema: »Wenn ich mich nicht so ausdrücke/zeige wie die anderen, passiert etwas Schlimmes/werde ich abgelehnt.«

$R_{physiologisch}$: Innere Unruhe

$R_{emotional}$: Angst, Verzweiflung

$R_{kognitiv}$:	»Wenn ich es falsch darstelle, dann … Es wird bestimmt wieder so sein … Das schaffe ich niemals und ich werde exmatrikuliert. Wenn ich noch länger solche Gedanken habe, werde ich noch wahnsinnig.«
$R_{Verhalten}$:	Starrt auf den PC und durchdenkt alle problematischen Möglichkeiten (sich Sorgen machen).
$K_{kurzfristig}$:	Erhöhtes Kontrollgefühl durch das Sich-Sorgen-Machen (C+) Entspannung durch das Durchdenken-Können (auch wenn es Sorgenketten sind) [*HB-spezifisch: »Kopf ist beschäftigt«*] (C+) Reduzierte Angst/Verzweiflung (₵-)
$K_{langfristig}$:	Dysfunktionale Schemata und defizitäre Emotionsregulationsregulation bleiben bestehen, *hochbegabungsspezifische* Kompetenzen in der Auseinandersetzung mit Sachverhalten werden unterdrückt.

In diesem SORK-Modell wird S differenziert betrachtet: Nicht die Konfrontation mit der Seminararbeit per se fungiert als Auslöser, sondern erst der mit dem komplexen Nachdenken über die Seminararbeit verbundene Gedanke (vor dem Hintergrund spezifischer biografischer Erfahrungen). In diesem Fall würde es sich um einen Patienten handeln, welcher übergreifend aufgrund negativer invalidierender Erfahrungen gelernt hat, dass das Zeigen seines hochbegabungsspezifischen Erlebens und Verhaltens mit aversiven Konsequenzen verbunden ist (missverstanden zu werden, abgelehnt zu werden), was als hochbegabungsspezifisches Schema im O aufgeführt werden kann. Die hochbegabungsspezifischen Kompetenzen werden diesmal als »Grundausstattung« im O vermerkt und die spezielle Bedürfnisfrustration (kognitiv nicht ausgelastet zu sein) ergänzt. Im R werden nur die (gemäß der GAS) vorliegenden dysfunktionalen Sorgenketten und Metasorgen erfasst und nicht mehr das komplexe Nachdenken über einen Sachverhalt, was als hochbegabungsspezifische Grundausstattung nicht pathologisch ist. Bei $K_{kurzfristig}$ kann die positiv für den Patienten wirkende Konsequenz, dass »der Kopf wenigstens beschäftigt ist«, als hochbegabungsspezifische funktionale Bedingung vor dem Hintergrund des frustrierten need for cognition ergänzt werden. Langfristig wird vor allem der Umgang mit den biografisch verknüpften Emotionen (Angst vor Ablehnung/Fehlern/Kontrollverlust) – statt Problemlösekompetenzen per se – nicht gelernt und die starke Anpassung des eigenen Verhaltens an die Umwelt (▶ Kap. 4.2.3: Nicht-Zeigen/Unterdrücken/Verheimlichen des hochbegabungsspezifischen Denkens) wird dysfunktional verstärkt.

Die abgeleiteten Ansatzpunkte wären wie folgt: Aversive Erinnerungen an biografische Lernerfahrungen (S), Frustration des need for cognition (Unterforderung) sowie dysfunktionale Schemata (unter Berücksichtigung besonderer Lernerfahrungen) (O), dysfunktionale Sorgenketten/Metasorgen (R) und mangelnde Emotionsregulationsstrategien (insb. im Umgang mit Angst, missverstanden zu werden, biografisch verknüpft) sowie dysfunktionale Bewältigungsstrategien im Umgang mit der Hochbegabung (K).

Indem sowohl die hochbegabungsspezifischen Kompetenzen als auch die damit verbundenen spezifischen Lernerfahrungen an passender Stelle ins SORK-Modell

> eingebettet werden, können für den Patienten die funktionalen Zusammenhänge und geeignete Ansatzpunkte für eine Veränderung herausgearbeitet werden. Der Patient sieht sich in seiner Hochbegabung und seinem Erleben wahrgenommen und verstanden.

7.3.2 Hochbegabungsspezifische Anamneseerhebung

Nachdem das konkrete Problemverhalten eines hochbegabten Patienten im situativen Kontext betrachtet wurde, verschiebt sich der Fokus nun von der Mikro- zur Makroebene. Um ein umfängliches hypothetisches Makromodell aufstellen zu können, bedarf es einer angepassten Anamneseerhebung. Die »klassischen« Fragestellungen bei der Exploration der Anamnese können um die folgenden hochbegabungsspezifischen ergänzt werden (▶ Tab. 7.2).

Tab. 7.2: Leitfragen zur hochbegabungsspezifischen Anamneseerhebung

Bereich	Fragen
IQ-Test	In welchem Lebensalter wurde welcher Test mit welchen Subskalen in welchem Kontext durchgeführt? Welches Ergebnis wurde erzielt?
Wissen/Metaperspektive des Patienten bzgl. seiner Hochbegabung	Wurde über das Ergebnis (bzw. das Testprofil) oder das Thema Hochbegabung aufgeklärt? Falls ja, in welchem Umfang? Hat sich der Patient darüber hinaus mit dem Thema Hochbegabung beschäftigt (bspw. Ratgeber, Verein)? Was denkt er selbst über seine Hochbegabung?
Hochbegabungsausprägung/-merkmale	Wie wird das hochbegabungsspezifische Erleben, Denken und Verhalten beschrieben (bspw. hinsichtlich Komplexität, Intensität, Konnektivität, Kompetenz und Vielfältigkeit)? Welche hochbegabungsspezifischen Herausforderungen werden beschrieben? Gibt es noch weitere Besonderheiten (bspw. Hochsensibilität, OE, ADHS, ASS, LGBTQ)?
Formale Konsequenzen aus der Testung	Ergaben sich konkrete Konsequenzen für Schule/Studium/Ausbildung/Beruf aus dem Testergebnis (bspw. Überspringen einer Klasse, Förderung, Stipendium)? Falls ja, welche Erfahrungen wurden damit gemacht? Falls nein, weshalb erfolgten keine Konsequenzen?
Persönliche Konsequenzen aus der Testung	Welche persönlichen Konsequenzen ergaben sich aus dem Testergebnis (bspw. Besprechen in der Familie, Stärkung des Selbstbewusstseins, Akzeptanz als Erklärungsrahmen oder Verunsicherung/Überforderung/Leistungsdruck)? Falls es keine persönliche Relevanz hatte, weshalb?

Tab. 7.2: Leitfragen zur hochbegabungsspezifischen Anamneseerhebung – Fortsetzung

Bereich	Fragen
Spezifische biografische Lernerfahrungen	Welche Reaktionen zeigte welche Bezugsperson in welchem sozialen Kontext auf das hochbegabungsspezifische Erleben und Verhalten (bspw. fördernd, verständnisvoll oder akzeptierend vs. ablehnend, missgünstig oder zu stark fordernd)? Welche Art von Nicht-Passung zwischen sich und dem sozialen Umfeld wurde in welchem Kontext in welcher Intensität erlebt (insb. hinsichtlich der Art zu denken, die Verarbeitungsgeschwindigkeit, die Interessen, die ggf. intensiven Emotionen, das hohe Energielevel etc.)? Welche Annahmen über sich und andere wurden im Laufe der Biografie in Bezug auf das eigene hochbegabungsspezifische Erleben und Verhalten gelernt (Schemata)? Welche »inneren Anweisungen«, bspw. »Ich muss …« oder »Ich darf nicht …«, haben sich daraus gebildet, um die negativen Lernerfahrungen zukünftig nicht mehr eintreten zu lassen (kompensatorische Schemata)? Wie wurde versucht, mit der erlebten Nicht-Passung oder negativen Lernerfahrungen in Bezug auf das eigene Authentischsein umzugehen (Copingstrategien auf dem Kontinuum der Sichtbarkeit der Hochbegabung)? Inwieweit wird die Hochbegabung als Teilselbstkonzept und damit als Teil der eigenen Identität angenommen?

7.3.3 Berücksichtigung der hochbegabungsspezifischen Lernerfahrungen in der Makroanalyse

In der Makroanalyse werden die *prädisponierenden Bedingungen* im biografischen Kontext für die Entstehung bestimmter psychischer Belastungen bzw. Störungen herausgearbeitet; zudem werden Hypothesen über die *konkreten Auslöser* für die aktuelle Dekompensation der Symptomatik erfasst, welche vor dem Hintergrund der biografischen Analyse stimmig nachvollziehbar erscheinen. Schließlich werden aktuelle *aufrechterhaltende Bedingungen* im Sinne einer intraindividuellen und interaktionellen Funktionalität sowie im Rahmen störungsspezifischer Modelle formuliert (Brunner, 2022).

Auch bei der Makroanalyse besteht die Gefahr, die Hochbegabung als »Grundausstattung« des Patienten nicht angemessen als Erklärungsrahmen einfließen zu lassen. Liegen ausreichende Informationen aus der biografischen Anamnese vor, kann die Makroanalyse zielführend um spezifische Aspekte erweitert werden. Dies soll anhand eines fiktiven Beispiels einer Patientin mit einer depressiven Episode (F32.1/6 A70.1) verdeutlicht werden:

Berücksichtigung hochbegabungsspezifischer Lernerfahrungen (HB)

Prädisponierende Bedingungen:
Die *hochbegabte [HB]* Patientin wuchs in einem als leistungsorientiert beschriebenen Elternhaus auf, in welchem der Schein nach außen (als »perfekte Familie«) besonders gewahrt wurde. Durch die als dominant dargestellte Mutter und den als emotionsvermeidend und abwesend geschilderten Vater kann eine andauernde Bedürfnisfrustration hinsichtlich Bindung (insb. geliebt werden) und Lustgewinn (insb. sich verwirklichen/authentisch sein) angenommen werden. Das Lernen am Modell der dominanten Mutter schien zur Ausbildung überkompensierender Verhaltensmuster, insb. das Zeigen hervorragender Leistung, beizutragen. Einerseits lernte die Patientin durch das Erfüllen hoher Ansprüche sich Bindungssignale der Eltern zu sichern (bspw. durch Lob), *andererseits gelang dies der Patientin vor dem Hintergrund der weit überdurchschnittlichen kognitiven Leistungsfähigkeit [HB] besonders leicht. Demnach scheint das hohe Leistungsmotiv konfliktär für die Patientin besetzt zu sein: durch das Verhindern von Versagen sich die Anerkennung von außen sichern und den Erwartungen entsprechen (Selbstwertschutz und Bindung), jedoch durch das Erreichen hoher (eigener) Ziele auch ein Ventil für das eigene Authentischsein zu erreichen [HB] (Selbstwerterhöhung und Lustgewinn).* Die Patientin übernahm außerdem frühzeitig eine vermittelnde Rolle zwischen den Eltern und beschreibt eine *vorliegende emotionale Hochsensibilität [HB]*, weshalb ihr das Wahrnehmen von Spannungen und Konflikten besonders leichtfiel. Aufgrund fehlender Modelle für eine funktionale Emotionsregulation ist jedoch anzunehmen, dass sie mit dem Übermaß an vorhandener emotionaler Spannung nicht angemessen lernen konnte umzugehen. Durch das Einnehmen der rationalen, kompetenten parentifizierten Rolle sicherte sie sich die Bedürfnisbefriedigung von Orientierung/Kontrolle und Unlustvermeidung. Vor diesem Hintergrund erlebte sie wiederholt in der Biografie sie überfordernde Phasen, insb. bei typischen mit Leistung verknüpften Entwicklungsaufgaben.

Auslösende Bedingungen:
Aufgrund der Aneinanderreihung massiver Stressoren kam es aktuell zu einer Exazerbation der Belastungs-/Überforderungssymptome, was in der Entwicklung einer depressiven Episode kulminierte.

Aufrechterhaltende Bedingungen:
In dem Versuch, mit bisherigen Bewältigungsstrategien (insb. Leistung um jeden Preis zeigen/funktionieren, Zurückstellen eigener Bedürfnisse) auf die Stressoren zu reagieren, sichert sich die Patientin ein Selbstwirksamkeitserleben. Durch die Abnahme der eigenen Leistungsfähigkeit und die in den Vordergrund drängenden intensiven Gefühle gelingt es ihr jedoch zunehmend weniger zu funktionieren. Somit ist es nicht mehr möglich, auch die *mit der Hochbegabung verbundenen Motive (insb. eigenständig handeln, sich auf eigene Kompetenzen verlassen) angemessen zu befriedigen [HB]*, wodurch sich ein zunehmendes Inkongruenzerleben entwickelt. Die depressive Entwicklung trägt somit zu einer dysfunktionalen Entlastung bei, führt allerdings zu einer Verstärkung bestehender dys-

funktionaler Grundannahmen und Schemata und verhindert positiv-korrigierende Lernerfahrungen im Umgang mit eigenen Gefühlen und Bedürfnissen.

Ressourcen:
Weit überdurchschnittliche kognitive Leistungsfähigkeit, hohe intrinsische Motivation zur Veränderung/Weiterentwicklung *[HB]*, stabile Partnerschaft, als unterstützend wahrgenommener Freundeskreis, als positiv wahrgenommene berufliche Tätigkeit.

In diesem Beispiel wird ersichtlich, dass das überkompensierende Leistungsverhalten nicht als bloße »narzisstisch anmutende Notlösung« im Umgang mit den biografischen Lernbedingungen betrachtet werden kann, sondern mit den der Hochbegabung immanenten Motiven und Kompetenzen verwoben scheint. Aus diesem Grund würde sich diese Patientin im abgeleiteten Teilziel der »Reduktion des überhöhten Leistungsmotivs« mit hoher Wahrscheinlichkeit in ihrem Erleben nicht »abgeholt« fühlen. Vielmehr scheint es darum zu gehen, sie zu befähigen, ihre eigenen Autonomiewünsche und Wünsche nach Ausleben eigener Kompetenzen umzusetzen, ohne sich hierfür instrumentalisiert zu fühlen.

Exkurs: Darstellung differenzialdiagnostischer Überlegungen

Angelehnt an das Beispiel bestünde die Gefahr, die überkompensierenden Leistungsverhaltensweisen als narzisstische Persönlichkeitsakzentuierung (Z73.1/QE50.7) fehlzuinterpretieren. Die oben skizzierte Patientin hätte sicherlich ein stark ausgeprägtes Anerkennungsmotiv, die biografisch geprägte Grundannahme »Ich genüge nicht« bei dem gelernten kompensierenden positiven Schema »Ich bin hoch leistungsfähig« (vgl. Sachse, 2019). Wird die biografische Entwicklung jedoch mit dem hochbegabungsspezifischen Erklärungsrahmen betrachtet und gezielt die (In-)Flexibilität der Verhaltensmuster sowie die dahinterliegende Motivstruktur geprüft, könnte sich in diesem Beispiel auch ein anderes Bild ergeben: Die Patientin kann sich flexibel an Lebenskontexte anpassen; umgibt sie sich bspw. mit ebenfalls Hochbegabten, »blüht« sie in ihrem Erleben auf, hat nicht mehr den Druck, die Beste sein zu müssen, sondern hat endlich das Gefühl, so angenommen zu werden, wie sie ist. Oder sie hat sichtlich Spaß beim Erreichen hochgesteckter Ziele im eigenen beruflichen Kontext. Lediglich in Zusammenhang mit den Eltern erlebt sie den Druck, die Leistungsansprüche um jeden Preis erfüllen zu müssen, um anerkannt und geliebt zu werden. Folglich könnte im Psychotherapieantrag die (Differenzial-)Diagnosestellung wie folgt formuliert werden:
»Es besteht nach ICD-10/-11 eine depressive Episode, gegenwärtig mittelgradig (F32.1/6 A70.1). DD: Die narzisstisch anmutenden, überkompensierenden Verhaltensmuster erscheinen vor dem Hintergrund biografischer Prägungen und im Zusammenhang mit der Hochbegabung der Patientin aktuell flexibel und kontextspezifisch; die Kriterien für eine Persönlichkeitsstörung/-akzentuierung sind aktuell nicht erfüllt.«

7.3.4 Exkurs: Plananalyse bei hochbegabten Patienten

Einen weiteren Baustein des Hypothetischen Funktionalen Bedingungsmodells stellt die Plananalyse dar; diese kann »als Mittel zum Erarbeiten einer ›Momentaufnahme‹ vom Funktionieren eines Patienten« (Caspar, 2018, S. 42) beschrieben werden. Mithilfe der hypothetisch und hierarchisch formulierten Mittel-Ziel-Relationen (Pläne) sollen sämtliche instrumentellen Strategien erfasst werden, um den Menschen als zielgerichtet handelnd im intra- und interpersonellen Kontext zu verstehen (Caspar, 2009). Gerade für die therapeutische Fallkonzeption können mit Hilfe der Plananalyse Hypothesen zu den wichtigsten Annäherungs- und Vermeidungszielen des Patienten und zu therapierelevanten Plankonflikten (Diskordanz) und Inkongruenzerleben des Patienten aufgestellt werden (Caspar, 2009/2018; Grawe 2004; Grosse Holtforth & Grawe, 2004)[64]. Zudem wird die Analyse der Motive und Pläne eines Patienten auch als Grundlage für die motivorientierte Beziehungsgestaltung vorausgesetzt. Der Therapeut folgt in der instrumentellen Plananalyse den Plänen bottom-up, bis er einen unproblematischen Plan erreicht hat, zu dem er sich motivbefriedigend verhalten kann (Caspar, 2018). Damit kann der Patient innerhalb der Therapiebeziehung eine positiv-korrigierende Erfahrung sammeln.

Auch beim Erstellen der Plananalyse für hochbegabte Patienten ist es relevant, die Spezifika im Zusammenhang mit der Hochbegabung angemessen zu berücksichtigen. Insbesondere lassen sich die in der Lebensgeschichte gelernten Copingstrategien Hochbegabter einordnen und das Auftreten von Interaktionstests voraussehen. Dies soll anhand einer Plananalyse für eine fiktive hochbegabte Patientin verdeutlicht werden, welche wiederholte invalidierende Lernerfahrungen im Zusammenhang mit ihrem hochbegabungsspezifischen Erleben und Verhalten gesammelt hat (▶ Abb. 7.5).

Die Patientin versucht über stark *angepasstes Verhalten (1)*, ihre hochbegabungsspezifischen Denk- und Verhaltensweisen zurückzuhalten, um aversiv erlebte Konsequenzen zu vermeiden. Pläne wie »Zeige nicht, wer du wirklich bist!« und »Sei nicht zu viel im Kontakt!« dienen als Mittel, um »Passe dich an!« und »Vermeide andere zu überfordern!« zu erfüllen. Somit sollen die darüberliegenden Vermeidungsziele, insb. nicht missverstanden oder ausgeschlossen werden, erreicht werden, um Bindung zu sichern.

Die *Anpassung auf Verhaltensebene (1)* dient gleichzeitig auch dem Plan »Lass andere nicht wissen, was Du kannst!«, um vor allem Leistungserwartungen zu vermeiden. Hier könnten Lernerfahrungen zugrunde liegen, dass an die Patientin wegen ihrer Hochbegabung seitens der Bezugspersonen und in der Schule über-

---

64 Grawe (2004) beschreibt in seiner Konsistenztheorie zwei Arten von sog. Inkonsistenzerleben, welche schließlich zu psychischen Belastungen führen: Diskordanz liegt dann vor, wenn zwei oder mehr motivationale Ziele/Pläne miteinander in Konflikt stehen, so dass durch die gleichzeitige Aktivierung annähernder und vermeidender Tendenzen die darüberliegenden Grundbedürfnisse nicht befriedigt werden können. Zur Inkongruenz hingegen kommt es dann, wenn die realen Erfahrungen nicht mit den aktivierten motivationalen Zielen übereinstimmen, die Person folglich merkliche Abweichungen in der Realität zu den dazugehörigen Zielen erlebt.

7 Spezifische Therapiekonzeption anhand des 7-Phasen-Modells

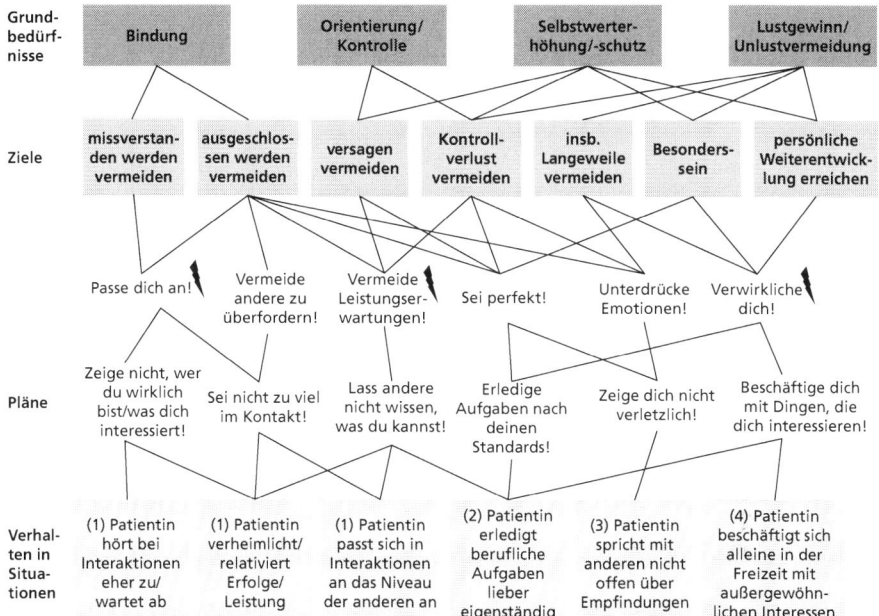

Abb. 7.5: Beispiel-Plananalyse (Darstellung der Ebenen nach Reinecker, 2015)

höhte Erwartungen gestellt worden sind, die sie als unbedingt zu erfüllen wahrgenommen zu haben scheint. In der Folge kann sich eine Angst vor Versagen gebildet haben, welche über die darunterliegenden Mittel zu verhindern versucht wird. Gleichzeitig dient der Plan »Vermeide Leistungserwartungen!« ebenso dem Vermeidungsziel nicht ausgeschlossen werden, so dass das Unterdrücken der hochbegabungsspezifischen Kompetenzen auf der höchsten Ebene schließlich Bindung sichert, Kontrolle und Selbstwertschutz befriedigt.

Die Patientin scheint sich als eine *weitere Art Coping (2)* angeeignet zu haben, Aufgaben lieber eigenständig für sich zu erledigen. Sie erfüllt dadurch den Plan »Erledige Aufgaben nach deinen Standards!«, was wiederum dem Plan »Sei perfekt!« dient, welcher eine starke Mehrfachbestimmtheit aufweist und demnach zentral für die Patientin ist. Sie sichert sich dadurch vermeintlich die Vermeidungsziele nicht ausgeschlossen werden, nicht zu versagen, Kontrolle nicht zu verlieren und befriedigt gleichzeitig das Annäherungsziel besonders zu sein. So scheint es nicht nur als Coping zu dienen, sondern auch das eigene Authentischsein zu befriedigen (insb. über das Erfüllen des Plans »Verwirkliche dich!«). Auf der höchsten Ebene werden dadurch alle vier Grundbedürfnisse befriedigt.

Auf unterster Ebene folgt dieses *Verhalten (2)* jedoch ebenso dem Plan »Lass andere nicht wissen, was du kannst!«, was wiederum dem Plan »Vermeide Leistungserwartungen!« dient. Im Ausleben des Authentischseins werden demnach annähernde und vermeidende Motive aktiviert. In der Planstruktur zeigt sich auch bei »Vermeide Leistungserwartungen!« eine starke Mehrfachbestimmtheit, so dass übergeordnet alle vier Grundbedürfnisse gesichert werden.

Zudem versucht die Patientin auf Verhaltensebene – salopp ausgedrückt – sich nicht in die Karten schauen zu lassen, also eigene *Gefühle und Empfindungen nicht offen zu zeigen (3)*. Dadurch soll der Plan »Zeige dich nicht verletzlich!« gesichert werden, welcher wiederum »Sei perfekt!«, aber auch »Unterdrücke Emotionen!« dient. Letzteres versucht als Mittel den übergeordneten Vermeidungszielen zu dienen: nicht ausgeschlossen werden, keinen Kontrollverlust und auch nicht den aversiven Zustand der Langeweile erleben. So sichert sich die Patientin Bindung, schützt sich vor einem »Angriff« auf den Selbstwert und verhindert Unlusterleben.

Und schließlich wählt die Patientin für das *Ausleben eigener Interessen den privaten Freizeitbereich (4)*, so dass über das Mittel »Beschäftige dich mit Dingen, die dich interessieren!« der Plan »Verwirkliche dich!« und schließlich das Ziel, Langeweile zu vermeiden, aber auch die Annäherungsziele, besonders zu sein und sich weiterzuentwickeln, erreicht werden können, was den Selbstwert stärkt und mit Lustgewinn verbunden ist.

Plananalytisch zeigt sich eine Patientin, welche vornehmlich über Vermeidungsziele versucht, die Grundbedürfnisse zu befriedigen. Lediglich im Ausleben eigener Interessen und Kompetenzen werden Annäherungsziele erfüllt, was wiederum mit hohen Kosten für sie verbunden scheint. Auf Planebene stehen »Verwirkliche dich!« und »Passe dich an!« sowie »Vermeide Leistungserwartungen!« in Diskordanz, so dass sie den »Spagat« zu erreichen versucht, im sozialen und beruflichen Kontext unauffällig, im privaten Bereich authentisch und besonders zu sein. Lebt sie ihre Kompetenzen jedoch zu stark aus und wird der Plan »Sei perfekt!« erfüllt, werden gleichzeitig auch vermeidende Tendenzen aktiviert (»Lass andere nicht wissen, was Du kannst!«). Demnach ist anzunehmen, wenn sie »zu erfolgreich/perfekt« ist, dass insbesondere die Vermeidungspläne der Anpassung nicht erfüllt werden, was zu einer Inkongruenz führt. In der Summe erlebt die Patientin eine wiederkehrende hohe Inkonsistenzspannung im psychischen System und wird zunehmend psychisch belastet.

Mögliche Interaktionstests

Interaktionell ist anzunehmen, dass sich die Patientin auch im therapeutischen Kontakt anfänglich zurückhaltend ob ihrer Kompetenzen, Interessen und Denkweisen verhält und ggf. den Therapeuten »testet«, indem sie sich nur in gewissen Aspekten offenbart, um zu prüfen, inwieweit er ablehnend oder auch stark fordernd reagiert.

Motivorientierte Beziehungsgestaltung

Der Therapeut kann sich demnach motivorientiert verhalten, indem er signalisiert, nicht überfordert von ihr und ihren Kompetenzen zu sein, und sie wirklich verstehen möchte. Zudem scheint es ratsam, ihr in der Ausgestaltung der therapeutischen Aufgaben genügend Spielraum für eigene Standards und Anforderungen zu geben. Werden gleichzeitig das Anerkennen des Besondersseins und das Annehmen der Patientin in der therapeutischen Beziehung gestärkt, kann sie positiv-korrigierende Erfahrungen sammeln: das Sichausleben erscheint nicht bindungsgefährdend. Und schließlich kann durch komplexe therapeutische Aufgaben Langeweile vermieden werden. Zumindest kann im therapeutischen Kontakt versucht werden, dass die Patientin durch Abnahme der aversiven Emotion schließlich anderen Gefühlen und Zuständen mehr Raum ermöglichen kann, um ebenfalls korrigierende Erfahrungen zu sammeln.

Fazit zu Phase 3:

Wie aus diesem umfassenden Kapitel ersichtlich, wird das Aufstellen des Hypothetischen Bedingungsmodells als funktionale Analyse auf allen Ebenen nicht umsonst als das »Herzstück der Verhaltenstherapie« bezeichnet! Würde in diesem essenziellen Teil der Fallkonzeption das hochbegabungsspezifische Erleben und Verhalten eines Patienten nicht bzw. fehlerhaft zugeordnet, würde in der weiteren Therapieplanung an nicht passenden Stellen angesetzt. Durch eine um spezifische Fragen ergänzte Anamneseerhebung können ausreichend Informationen gesammelt werden, um die Hochbegabung und die damit verbundenen Lernerfahrungen adäquat in allen Bereichen der funktionalen Analyse einzufügen. Zu bedenken gilt jedoch: ex falso quodlibet – auch erfolgreiche Therapien bilden keinen hinreichenden Grund, das hypothetische Modell als wahr oder richtig zu bezeichnen, es kann immer nur mehr oder weniger hilfreich sein und stellt immer nur eine »relativ rationale Rechtfertigung« dar (Kanfer et al., 2012, S. 226; Reinecker, 2015).

7.4 Phase 4: Vereinbarung therapeutischer Ziele bei hochbegabten Patienten

Konnte in Phase 3 das therapeutische Verständnis des problematischen IST-Zustandes mit den vorausgehenden und aufrechterhaltenden Bedingungen auf Mikro- und Makroebene aufgebaut werden, folgt in Phase 4 die Präzisierung der therapeutischen Ziele, um schließlich in Phase 5 mit dem Aufstellen des Behandlungsplans die Fallkonzeption abzurunden (Kanfer et al., 2012).

Dabei ist zu betonen, dass es sich beim Festlegen der therapeutischen Ziele nicht um eine bloße Übersetzung des IST- in einen SOLL-Zustand handelt (Reinecker, 2005). Auch bei der Zielanalyse und Zielbestimmung vollziehen Patient und Therapeut einen Kommunikationsprozess auf Augenhöhe (Kanfer et al., 2012). Aufbauend auf Phase 1 mit der Klärung der Erwartungen und Rahmenbedingungen für die Therapie sowie Phase 2 mit der Motivationsanalyse spielen auch die eigenen Werte und Normvorstellungen des Patienten und dessen Bezugsgruppe eine Rolle für die Zielformulierung. Auf der anderen Seite stellen die Werte und Normen des

Therapeuten sowie dessen Repertoire an Techniken, seine therapeutische Kompetenz und Flexibilität gleichermaßen beeinflussende Faktoren dar (Reinecker, 2005).

Gerade in der Therapie mit hochbegabten (neurodivergenten) Patienten ist es deshalb besonders wichtig, die eigenen ggf. neurotypischen Vorstellungen zu prüfen, welche einen mitunter einseitigen Blick auf Ziel- und Lösungsfindung zulassen oder den Fokus der Veränderung auf etwas nicht Veränderbares lenken.

> Bspw. könnte es bei einer hochbegabten Patientin mit ADHS – wobei sowohl die ADHS als auch die Hochbegabung erst im Erwachsenenalter festgestellt wurden –, die zudem hochsensibel ist, im ersten Schritt darum gehen, sich ihres eigenen Neurodivergentseins im Alltag bewusst zu werden. Zudem wäre dann in der Folge auch herauszufinden, was ihre persönliche anzustrebende »Struktur im Alltag« überhaupt bedeutet. Die vorhandenen exekutiven Beeinträchtigungen und die intensive Reizwahrnehmung sind in diesem Fall lediglich durch äußere Bedingungen (Wahl des Settings, Prüfen der Anforderungen, für die ADHS eine entsprechende Medikation etc.) beeinflussbar. Mit hoher Wahrscheinlichkeit ist eine »klassisch neurotypische Alltagsstruktur« nur bedingt für diese Patientin geeignet. Würde jedoch in der Therapie kein Raum für das Selbstbeobachten und Selbstvalidieren der neurodivergenten Merkmale und Ressourcen geboten – eben durch eine vorschnelle neurotypisch geprägt Begrenzung durch den Therapeuten –, bestünde die Gefahr, dass diese Patientin (erneut) die nicht zu ihr passenden Zielvorstellungen übernähme und die dahinterliegende Grundannahme bestätigt würde (»Ich bin falsch und muss mich anpassen«).

Bei der Zielbestimmung mit den Patienten geht es insbesondere um das Entdecken und Umsetzen eines konsistenten Lebenswegs; dazu gehört, zu entscheiden, wann es sich vor dem Hintergrund der eigenen Werte lohnt, sich an einen (neurotypischen) Alltag der Majorität anzupassen, und wann es wichtig ist, eine originär eigene Umsetzungsweise zu finden.

Darüber hinaus sollte bei der Vereinbarung therapeutischer Ziele mit hochbegabten Patienten nicht nur der Blick auf die Veränderung des Verhaltens gelenkt, sondern eine Anpassung des Umfeldes gleichermaßen geprüft werden. Eine andauernde Nicht-Passung zwischen Hochbegabten und sozialem Umfeld (beruflich wie privat) kann zu psychischen Belastungen führen (insb., wenn der Patient sich stark daran anzupassen versucht und sein Authentischsein unterdrückt).

> Ein hochbegabter Patient (bspw. mit Depression oder einer Sozialen Phobie) wünscht sich mehr tragfähige, vertrauensvolle soziale Kontakte auf Augenhöhe und legt für die Therapie das Ziel fest »sich trauen, in Sozialkontakten offen über sich und eigene Interessen zu sprechen«. Auch wenn das Ziel in seiner Handlungskompetenz liegt und dieses mithilfe therapeutischer Interventionen aufgebaut bzw. erreicht werden kann, so könnte sich das dahinterliegende Motiv nach »Zugehörigkeit/Gleichgesinnte treffen« dadurch trotz alledem nicht in Gänze befriedigen lassen, wenn nicht auch gleichzeitig eine Veränderung des Umfeldes berücksichtigt werden würde.

7 Spezifische Therapiekonzeption anhand des 7-Phasen-Modells

Auch wenn sich die Patienten wünschen, dass allein mit umfassender Verhaltensänderung alle Herausforderungen, die mit einer Hochbegabung verbunden sind, »beseitigt« werden können, so bleibt doch die Abweichung im Denken, Erleben und Verhalten von durchschnittlich Begabten bestehen. Heil (2018) formulierte es folgendermaßen:

> »Hochbegabte sollten sich beispielsweise darüber im Klaren sein, dass sich viele Nichthochbegabte stark an Autoritätspersonen und gesellschaftlichen Konventionen orientieren, sie häufig eine weniger intensive Auseinandersetzung mit einem Thema als ausreichend erleben, sie mehr Erklärungen benötigen und sehr viele Fragen und lange Diskussionen sie überfordern können. Hochbegabte Menschen sollten dies akzeptieren und in ihrem Verhalten sowohl die eigenen Bedürfnisse als auch die der anderen berücksichtigen, beispielsweise indem sie das, was sie sagen möchten, ausführlicher erklären und darauf achten, dass der Gesprächspartner folgen kann.« (S. 223)

Gerade wenn erst spät erkannte Hochbegabte in der Auseinandersetzung mit der eigenen Vergangenheit hadern, sollte der Therapeut den Fokus auch auf die Akzeptanz des unveränderbaren Geschehens lenken[65]:

Bspw. könnte der Therapeut zusammen mit einem spät erkannten hochbegabten Patienten mit Underachievement folgende spezifische Therapieziele formulieren:

- Akzeptanz der im bisherigen (beruflichen/privaten) Leben verpassten Chancen (Zulassen der Wut und Trauer)
- Einnehmen des aktuellen Fokus: sich in den eigenen Stärken/Kompetenzen kennen und ausleben lernen
- Neuausrichtung (Ziel-/Wertklärung) des privaten und beruflichen Lebensalltags (Akzeptanz der mit der Hochbegabung verbundenen Ressourcen und Herausforderungen im Rahmen der Identitätsentwicklung)

Auch wenn die Zielfestlegung vor dem Hintergrund einer individuellen Fallkonzeption erfolgt und nicht verallgemeinert werden kann (Mitmansgruber et al., 2020), sollen angelehnt an die häufig im Zusammenhang mit der Hochbegabung anzutreffenden Themen in der Psychotherapie (▶ Kap. 6.2) beispielhaft damit verbundene Zielüberlegungen abgeleitet werden[66] (▶ Tab. 7.3).

Die *eigene Hochbegabung kennenzulernen* spielt insbesondere bei Patienten eine wesentliche Rolle, welche sich selbst noch nicht mit dieser auseinandergesetzt haben. Manche Patienten haben dieses Thema in ihrer Biografie eher von sich »weggeschoben«, es wurde als »normal« und nicht weiter zu beachten angesehen

---

65 Vgl. das Konzept der radikalen Akzeptanz in der Dialektisch-Behavioralen-Therapie (DBT) – das Annehmen unabänderlicher Situationen und Begebenheiten samt eigener Reaktionen hierauf (Bohus, 2019).
66 Für das Explorieren konkreter hochbegabungsspezifischer Themen (wie bspw. sich schnell langweilen, sich ausgebremst zu fühlen) kann das aktuell publizierte Kartenset »Hochbegabung« für Coaching, Therapie und Selbstcoaching (Dreković & Nauta, 2023) unterstützend verwendet werden. Somit lassen sich über die vorliegenden Karten – im Sinne einer Auswahl – die Themen bspw. nach Wichtigkeit für die Therapie ordnen und konkrete Zielüberlegungen ableiten.

Tab. 7.3: Beispiele für hochbegabungsspezifische Zielüberlegungen für die Psychotherapie

Themen	Zielüberlegungen für die Therapie
Hochbegabung kennenlernen	Umgang mit dem Testergebnis finden (subjektive Bedeutung, Begabungsprofil, Hoch- vs. Höchstbegabung verstehen)
	Eigene Stärken und Herausforderungen erkennen
Authentizität, Identität und Selbstwert	Erklärungen für das Gefühl, anders zu sein, finden
	Biografische Erfahrungen verstehen und ggf. verarbeiten (Hochbegabung als Teilselbstkonzept integrieren)
	Sich im Kontakt mit anderen mehr zeigen (Anpassung reduzieren, eigene Interessen/Kompetenzen/Motive ausleben, ggf. innerpsychische Konflikte abbauen)
	Sinn in Aufgaben/im Leben finden
	ggf. Impostor-Selbstkonzept verändern etc.
Soziale Kontakte und Zugehörigkeit	Passendes Umfeld und Gleichgesinnte finden
	Umgang mit (vergangener/aktueller) Ausgrenzung/Mobbing/Neid anderer finden
	Umgang mit Einsamkeitsgefühl finden
	Umgang mit Partnerwunsch (Suche nach passendem Partner) finden
Intensität und Hochsensibilität	Sich mit der eigenen Intensität/Hochsensibilität auseinandersetzen
	Eigene emotionale Reaktionen wahrnehmen und regulieren
	Umgang mit Reizüberflutung/Beeinträchtigungen lernen
	Entspannung/Ausgleich finden (Stresserleben reduzieren)
Twice Exceptionality (2e)	Zusätzlich bestehende Diagnose(n) herausfinden
	Umgang mit Einschränkungen finden
	Eigenen neurodivergenten Lebensweg finden
Motivation, Leistungsfähigkeit und kognitive Herausforderung	Bestehendes Underachievement überwinden
	Umgang mit Leistungsdruck/-ansprüchen/dysfunktionalem Perfektionismus lernen
	Ausreichend kognitiv gefordert sein
	Umgang mit Motivationsproblemen/Entscheidungsschwierigkeiten/Prokrastination lernen, angemessene Lernstrategien aufbauen etc.
	Umgang mit hochbegabungsspezifischen Herausforderungen lernen
	Umgang mit der Suche nach Grenzen, aber auch vorgegebenen Begrenzungen (bspw. in der beruflichen Tätigkeit) lernen

oder spät erkannte Hochbegabte benötigen Unterstützung in der Annäherung an dieses Teilselbstkonzept. Gerade das Entdecken der eigenen Ressourcen und Herausforderungen stellt eine entsprechende Zielüberlegung dar (Niehues, 2021).

Der umfänglichste Themenkomplex umfasst *Authentizität, Identitätsentwicklung und Selbstwert.* Hierunter lassen sich etliche Fragestellungen subsummieren, wie bspw. einen Erklärungsrahmen für das Gefühl, anders zu sein, zu finden. Daran schließt sich an, eigene Lernerfahrungen vor dem Hintergrund hochbegabungsspezifischen Erlebens und Verhaltens zu verstehen, negative Erfahrungen zu verarbeiten und die damit verbundenen aversiven Gefühle abzubauen; insbesondere bei spät erkannten Hochbegabten kann damit eine Identitätskrise verbunden sein (▶ Kap. 2.5). Oftmals ist dieses Thema mit der Frage nach dem Justieren der Anpassungsstrategien verbunden: Viele Patienten fragen sich, wie viele psychische »Kosten« durch das Sich-Zurückhalten sie zukünftig eingehen wollen und wie authentisch sie sich zeigen möchten – insbesondere, wenn Gefühle wie Scham, Schuld oder Angst biografisch im Zusammenhang mit der eigenen Begabung verankert sind (Heil, 2018). Um sich authentisch zeigen zu können, müssen Patienten jedoch zuerst die eigenen Interessen, Kompetenzen und Motive, welche für sie handlungsleitend sind, entdecken. Zudem können in diesem Zusammenhang biografisch verankerte innerpsychische Konflikte eine Rolle spielen, das eine (bspw. sich zugehörig fühlen) nur auf Kosten des anderen Motivs (bspw. sich in der eigenen Kompetenz zeigen) zu erhalten (▶ Kap. 4.2.3 zum Forced-Choice-Dilemma). Viele hochbegabte Patienten bringen zudem die Frage nach einer sinnhaften (Lebens-)Aufgabe ein und können sich in einer existenziellen Sinnkrise befinden (Webb, 2020). Liegt ein Impostor-Selbstkonzept (▶ Kap. 2.4) oder Underachievement (▶ Kap. 2.3) vor, gilt es, damit verbundene übergeordnete Grundannahmen zu verändern und den Selbstwert zu stärken. Ist der Patient zusätzlich LGBTQ, können sich weitere Zielüberlegungen ergeben (▶ Kap. 2.2.2).

Ein weiteres zentrales Thema sind die *sozialen Kontakte und das Motiv der Zugehörigkeit.* Viele sehnen sich danach, das »Out-of-Sync-Gefühl« abzubauen (Neihart et al., 2021). Damit zusammenhängend ist es für manche Hochbegabte mit negativen biografischen Lernerfahrungen relevant, einen Umgang mit möglichen Ausgrenzungen, Mobbingerlebnissen oder dem Neid anderer zu lernen. Auch das Sprechen über mögliche Einsamkeitsgefühle oder den ggf. damit verbundenen Partnerschaftswunsch können in diesem Zusammenhang wesentliche Themen darstellen.

Hochbegabte Patienten, welche eine hohe *Intensität/Hochsensibilität* erleben, möchten diese angemessen einordnen und im Sinne einer Overexcitability (OE) oder Hochsensibilität kennen lernen (▶ Kap. 2.1). Gerade die damit verbundenen intensiven emotionalen Reaktionen und die Emotionsregulation können dabei ebenfalls Themen in der Psychotherapie werden. Bestehende Reizüberflutungszustände (▶ Kap. 5.3) oder andere Beeinträchtigungen, bspw. im Umgang mit anderen oder im Beruf, sollten in der Psychotherapie ebenfalls fokussiert werden. Zumeist spielt auch die Suche nach angemessenen Entspannungs- und Stressregulationsstrategien eine wesentliche Rolle (Heil, 2018).

Bei Patienten mit *Twice Exceptionality (2e)* gilt es, zuerst die zusätzliche Diagnose adäquat bei entsprechenden Fachpersonen stellen zu lassen und schließlich mit dem Patienten einen Umgang mit bestehenden Einschränkungen und einen eigenen stimmigen Lebensweg zu finden (▶ Kap. 2.6).

Und schließlich spielt noch der Themenkomplex der *Motivations- und Leistungsfähigkeit* sowie der Wunsch nach *kognitiver Herausforderung* eine Rolle. Darunter lassen sich der Umgang mit einem bestehenden Underachievement (▶ Kap. 2.3), der Umgang mit Leistungsdruck/-erwartungen oder dysfunktionalem Perfektionismus, ebenso wie mit dem Wunsch, ausreichend kognitiv gefordert zu sein (need for cognition), subsummieren. Manche Patienten konnten keine ausreichenden Lernstrategien entwickeln, was zu einem späteren Zeitpunkt in Aus- und Weiterbildung zum Problem werden kann. Zudem können Motivationsprobleme oder Prokrastination auftreten oder aufgrund vielfältiger Interessen Entscheidungsschwierigkeiten bspw. für den Studiengang/Beruf auftauchen (vgl. Achter et al., 1997). Zuletzt lassen sich auch der Umgang mit individuellen hochbegabungsbezogenen Herausforderungen in diesen Themenkomplex einordnen, wie bspw. zu starkes kritisches Denken, Sprunghaftigkeit etc. (▶ Kap. 3.3).

> **Fazit zu Phase 4:**
>
> Auch die Zielüberlegungen sollten an das hochbegabungsspezifische Erleben und Verhalten angepasst und spezifische Themen und Fragestellungen berücksichtigt werden. Entsprechend des in Phase 3 aufgestellten Hypothetischen Bedingungsmodells lässt sich mit dem Patienten prüfen, welche konkreten Themen für die Aufrechterhaltung der psychischen Belastung eine Rolle spielen und schließlich als Therapieziele in die Fallkonzeption eingehen.

7.5 Phase 5: Planung, Auswahl und Durchführung von Methoden und Techniken

Vor dem Hintergrund aller problem- und zielorientierten Informationen gilt es nun, einen individualisierten Behandlungsplan aufzustellen und während der Therapie die optimale Passung zwischen Therapeut, Patient und Intervention herzustellen (Brunner, 2022; Kanfer et al., 2012). Dabei greift jeder Therapeut auf seinen »Wissensspeicher« zurück, durch den die Auswahl möglichst effektiver Interventionen anhand vorhandener Kenntnisse und therapeutischer Handlungskompetenz ermöglicht wird (entspricht einer reproduktiven epistemischen Struktur nach Dörner, 1976) (Kanfer et al., 2012). Dieser »Wissensspeicher« beinhaltet jedoch auch eine sog. produktiv heuristische Struktur (nach Dörner, 1976), durch welche die Gestaltung der Interventionen über Kreativität (bspw. Kombinieren mehrerer Techniken) und Originalität (bspw. Zuschneiden der Intervention auf den individuellen Kontext) beeinflusst wird – natürlich unter Einhaltung ethischer kontrollierter Rahmenbedingungen (Kanfer et al., 2012).

Da Hochbegabung nichts klinisch Pathologisches ist, werden hierfür keine symptombezogenen spezifischen Interventionen benötigt. Es geht vielmehr darum, die hochbegabungsspezifischen Merkmale und Lernerfahrungen des Patienten für eine möglichst maßgeschneiderte Therapie zu berücksichtigen – von einem »Standardvorgehen« in der Therapie ist daher eher abzuraten!

7.5.1 Inhaltliche Erweiterung des störungsspezifischen Behandlungsplans

Gerade beim Aufstellen des individuellen Behandlungsplans genügt nicht nur eine bloße Aufzählung spezifischer Techniken. Es ist vielmehr gefordert, eine umfassende individualisierte Behandlungsstrategie vor dem Hintergrund des erarbeiteten Funktionalen Bedingungsmodells abzuleiten, damit ersichtlich wird, mit welchen Techniken an welchen prädisponierenden, auslösenden oder aufrechterhaltenden Bedingungen auf Mikro- und Makroebene angesetzt werden soll (Dieckmann et al., 2020).

In Bezug auf die obige Makroanalyse für die fiktive hochbegabte Patientin mit einer depressiven Episode (▶ Kap. 7.3.3) soll ein individualisierter Behandlungsplan unter Berücksichtigung der Hochbegabung auszugsweise aufgezeigt werden:

(1) Aufbau einer vertrauensvollen Therapiebeziehung:
Die Beziehungsgestaltung wird neben der Umsetzung der therapeutischen Basisvariablen (nach Rogers) um eine motivorientierte Vorgehensweise (nach Grawe) erweitert. Insbesondere erscheint es plananalytisch relevant, die Patientin für Erfolge und gelungene Bewältigungsversuche zu bestärken und die damit verbundenen positiven Gefühle zu validieren, dies vornehmlich zur Stärkung der eigenen Autonomie/Authentizität (Ausleben der hochbegabungsspezifischen Kompetenzen und Motive). Zudem werden (angelehnt an Sachse, 2019) insb. die Beziehungsmotive Anerkennung, Wichtigkeit und Solidarität unabhängig von gezeigter Leistung fokussiert. Die im Zusammenhang mit der Hochbegabung bestehenden Motive der Patientin (bspw. verstehen zu wollen, frei entscheiden/handeln zu können, es aus eigener Kompetenz zu schaffen) sollen im Rahmen der therapeutischen Beziehungsgestaltung vor allem durch hohe Transparenz des therapeutischen Vorgehens, explizite Rollenklärung (Patientin als Expertin für sich und Therapieinhalte, Therapeut als Experte für die Prozesssteuerung) und ggf. Anreicherung der therapeutischen Inhalte über Bibliotherapie erfolgen.

(2) Aufbau eines vertieften Störungsverständnisses:
Um dem Wunsch der Patientin, die Therapie auf Augenhöhe zu gestalten, nachzukommen, sollte zunächst eine gemeinsame Wissensbasis geschaffen werden, insb. durch Psychoedukation zu Depression (bspw. Modell XYZ), Hochbegabung und Hochsensibilität (ggf. ergänzt um Ratgeberbücher). Beim Erarbeiten eines plausiblen Erklärungsmodells hinsichtlich prädisponierender, auslösender und aufrechterhaltender Faktoren (bspw. Modell XYZ) sollten wesentliche im Zusammenhang mit der Hochbegabung bestehenden Lernerfahrungen explizit berücksichtigt werden (bspw. in Ergänzung: Adaptiertes Modell der doppelten Handlungsregulation). Die Verwobenheit mit eigenen Kompetenz- und Leistungsmotiven sollte für die Patientin mittels geleitetem Entdecken

transparent herausgearbeitet werden. Zudem erscheint eine ausführliche Ressourcenstärkung hinsichtlich bisher bewältigter Herausforderungen und der Hochbegabung/-sensibilität relevant.

etc.

Es wird an dieser Stelle bewusst auf die Nennung konkreter Methoden und Techniken zur Erreichung der entsprechenden Elemente des Behandlungsplans verzichtet, um Therapeuten mit ihren jeweiligen methodischen Schwerpunkten in der Durchführung nicht zu begrenzen. Bekanntlich führen viele Wege nach Rom – vorausgesetzt hochbegabungsspezifische Themen und Ziele des Patienten wurden in Therapieziele übersetzt und in die Fallkonzeption mit aufgenommen. Die folgenden Elemente[67] können somit als Erweiterung für den Behandlungsplan in Betracht kommen (▶ Tab. 7.4).

Tab. 7.4: Erweiterung des Behandlungsplans um hochbegabungsspezifische Aspekte

Baustein im Behandlungsplan	Hochbegabungsspezifische Erweiterungen	siehe Kapitel
Psychoedukation	Hochbegabung (Intelligenz, Merkmale/Herausforderungen bei Hochbegabung, Hoch- vs. Höchstbegabung)	▶ Kap. 1–3
	Hochsensibilität oder Overexcitability	▶ Kap. 2.1
	Neurodiversität (entsprechend weiteren Diagnosen)	▶ Kap. 2.6
Erklärungsmodelle	Adaptiertes Modell der doppelten Handlungsregulation (bzgl. hochbegabungsspezifischer (In-)Validierungserfahrungen)	▶ Kap. 4.2
	Minoritätenstress-Modell	▶ Kap. 4.3.1
	Modell der Identitätsentwicklung	▶ Kap. 4.3.2
	Achievement Orientation Model (Underachievement)	▶ Kap. 2.3
	Impostor-Teufelskreis	▶ Kap. 2.4
	bei spät erkannten Hochbegabten ggf. Modell der Trauerphasen (nach Kübler-Ross)	▶ Kap. 2.5
	ergänzt um ggf. weitere Modelle (bspw. für ADHS, ASS)	▶ Kap. 2.7, ▶ Kap. 2.2.2
Ressourcen/Interessen	Nutzen der expliziten Ressourcen im Zusammenhang mit Hochbegabung, Hochsensibilität oder Neurodiversität	▶ Kap. 3

---

67 Das klassische Element der »Gestaltung der Therapiebeziehung« wird an dieser Stelle nicht aufgeführt, da die Anpassung an hochbegabte Patienten bereits in Phase 1 ausführlich beschrieben wurde. Ebenso stellt das klassische Element der »Rückfallprophylaxe« (im Sinne einer Stabilisierung und eines Transfers therapeutischer Fortschritte, der Prävention von Misserfolgen sowie des Umgangs mit Risikosituationen) einen Schwerpunkt der Phase 7 dar und wird in ▶ Kap. 7.7 näher ausgeführt.

Tab. 7.4: Erweiterung des Behandlungsplans um hochbegabungsspezifische Aspekte – Fortsetzung

Baustein im Behandlungsplan	Hochbegabungsspezifische Erweiterungen	siehe Kapitel
Arbeit mit Motiven/ Bedürfnissen	Berücksichtigung hochbegabungsspezifischer Motive (bspw. Freiheit/Unabhängigkeit, Herausforderung, Sinnerfüllung, need for cognition etc.)	► Kap. 3.5
Kognitive Umstrukturierung	Bearbeiten hochbegabungsspezifischer (kompensatorischer) Schemata	► Kap. 4.2.2
	Bearbeiten der ggf. internalisierten Negativität bzgl. der eigenen Hochbegabung	► Kap. 4.3
	Differenzierung funktionaler/dysfunktionaler Perfektionismus	► Kap. 1.5
	Stärkung des Selbstwerts (ggf. Veränderung des Impostor-Selbstkonzeptes)	► Kap. 2.4
Emotionsregulation	Umgang mit der emotionalen Intensität	► Kap. 4.2.1, ► Kap. 2.1
	Selbstvalidierung emotionaler Zustände (insb. bei Diskrepanz im sozialen Abgleich)	► Kap. 4.2
Copingstrategien	Prüfen/Verändern sozialer Anpassungsstrategien (Kontinuum der Sichtbarkeit im Umgang mit der Hochbegabung)	► Kap. 4.2.3
	Förderung der offenen Kommunikation mit anderen über hochbegabungsspezifische Motive	► Kap. 3.5
Veränderung äußerer Rahmenbedingungen	Knüpfen sozialer Kontakte über geeignete Anlaufstellen	► Kap. 8
	Anpassen der räumlichen Situation an Sinneswahrnehmungen (insb. bei Hochsensibilität/2e hinsichtlich Reizüberflutung)	► Kap. 2.1, ► Kap. 2.6
	Anpassen des beruflichen Umfeldes an Motive (insb. hohe Gestaltungsmotivation)	► Kap. 3.5
Identitätsentwicklung	Akzeptanz nicht veränderbarer Tatsachen (bspw. sich anders als andere fühlen, bisherige Vergangenheit mit verpassten Chancen)	► Kap. 3.4
	Integration schmerzlicher biografischer Erfahrungen im Zusammenhang mit der Hochbegabung (insb. Invalidierung)	► Kap. 4.2
	Neubewertung und Neuausrichtung im Leben unter Berücksichtigung des Teilselbstkonzeptes	► Kap. 4.3

7.5.2 Adaption der Durchführung von Methoden und Techniken

Die obigen Ausführungen zur therapeutischen Grundhaltung (▶ Kap. 6.3) und ressourcenorientierten Beziehungsgestaltung (▶ Kap. 7.1) bieten für eine individualisierte Durchführung der therapeutischen Interventionen bereits die grundlegenden Weichenstellungen. Im Vergleich »zu einer ›interventionistischen‹ Psychotherapie, die dem Klienten bestimmte Methoden aus einer Expertenhaltung ›verschreibt‹ […,] werden vielmehr durch die Orientierung der Methode an Motivation und Fähigkeit des Klienten dessen Selbstverantwortung, Zuversicht und Interesse, an Lösungen zu arbeiten, gesteigert und sein Rollenverständnis gefestigt« (Gmelch & Press, 2012, S. 90). Letztlich geht es um ein hochgradig idiosynkratisches Vorgehen.

Ein vorgefertigtes In-Kategorien-Denken oder die Anwendung von klassischen Standardinterventionen holt erfahrungsgemäß den hochbegabten Patienten in seinem von der Norm abweichenden Erleben und Verhalten nicht ausreichend ab (vgl. Heil, 2021a/b). Im Gegenteil, sie können sich, wenn sie auch in der Therapie in bestimmte »Schubladen« (wie bspw. *der* depressive Patient, *der* traumatisierte Patient, *der* Hochbegabte) eingeordnet werden, erneut nicht verstanden respektive nicht in der individuellen Belastung wahrgenommen fühlen. Zusammengefasst bedeutet dies:

Therapie sollte individuell, komplex, flexibel und spannend gestaltet werden!

- Eine Adaption an die *Individualität* (ohne Einordnung in »Schubladen«) bedeutet nun nicht, dass der Therapeut gefordert ist, das berühmte »Rad neu zu erfinden«. Es muss schließlich eine evidenzbasierte, kontrollierte Therapie bleiben. In der Praxis hat sich eine sog. modulare Psychotherapie, eine »auf individuelle Patientenmerkmalen basierende adaptive Zusammenstellung von psychotherapeutischen Techniken« (Herpertz & Schramm, 2022, S. 32), als hilfreich erwiesen. Dabei können allgemeine und störungsspezifische, aber eben auch störungsübergreifende Elemente in die adaptive Fallkonzeption aufgenommen werden. Denn gerade für Patienten mit Störungen aus dem neurodivergenten Spektrum kann nicht das Prinzip »one size fits all« gelten. Eine transdiagnostische Behandlung fokussiert die zugrundeliegenden zentralen Prozesse (bspw. Emotionsregulation), welche über Störungsgrenzen hinaus auftreten, statt vornehmlich die rein zur Diagnose gehörenden Symptome (Barlow et al., 2019). Durch das Abweichen »vom Schema F« kann zusammen mit dem Patienten die Sinnhaftigkeit der Intervention im *individuellen* Fall geprüft werden.
- Dadurch kann zugleich die Adaption an die *Komplexität* umgesetzt werden, denn es werden therapeutische Techniken eingesetzt, welche die dahinterliegenden Zusammenhänge verändern. Dieses Vorgehen ermöglicht den Transfer von Selbstmanagementfertigkeiten, da übergreifende Kompetenzen aufgebaut werden, was dem Hochbegabten in seinem Denken in Zusammenhängen und Me-

taperspektive entgegenkommt. Es kann als Maßeinheit durchaus »*Input pro Sitzung*« herangezogen werden, um das Erleben von »Unterforderungsspannung« (Niehues, 2021, S. 131) zu vermeiden (dies kann auch mit bibliotherapeutischem Anreichern umgesetzt werden, um als Therapeut selbst nicht unter Druck zu kommen).
- Seitens des Therapeuten ist darüber hinaus – ebenso wie beim Patienten selbst – eine *Flexibilität* im Denken gefragt. Bezogen auf die Durchführung der Therapie bedeutet dies, nach eingehender Prüfung auch bereit zu sein, den festgelegten Behandlungsplan zu verlassen und im Diskurs mit dem Patienten alternative ergänzende Techniken anzubieten. Flexibilität bedeutet aber auch, den im abstrakten Denken geübten Patienten auf *neue Perspektiven/Zugänge* aufmerksam zu machen, bspw. über emotions- und körperorientierte Interventionen (»Den Kopf auch einmal ausschalten können«). Auch Niehues (2021) schlägt vor, Interventionen auszuwählen, welche dem visuell-perzeptiven Denkstil der Patienten entgegenkommen und die Gefahr der Rationalisierung respektive Emotionsvermeidung minimieren.
- Und schließlich hat sich in der praktisch-therapeutischen Erfahrung ein zentrales Motto als hilfreich für die Adaption der Interventionen herauskristallisiert: *Der hochbegabte Patient muss (mit-)denken und aktiv mitgestalten dürfen!* Natürlich unterscheiden sich Patienten im individuellen Fall hinsichtlich dessen, wie umfänglich vertiefte Informationen über therapeutische Inhalte gewünscht werden. Jedoch gelingt eine *spannende Umsetzung* der Interventionen besonders dann, wenn der Patient die neuen Erkenntnisse durchdenken, einen Überblick behalten und Neugier im Sinne einer intrinsischen Motivation für die nächsten Schritte des Weges entwickeln kann[68]. Aber auch das Vermeiden von Wiederholungen bereits erklärter Inhalte oder des Ansetzens bei »Schritt 1« statt – den Vorüberlegungen des Patienten folgend – bei »Schritt 5« stellen wesentliche Elemente dar, um genügend »Spannung« aufrechtzuerhalten (im Sinne einer Akzeleration). In diesem Zusammenhang kann als weitere Maßeinheit »*Output pro Sitzung*« als Orientierung herangezogen werden.

In der Praxis hat sich neben diesen übergeordneten Prinzipien noch eine Art Standard für die Interventionen selbst als äußerst zielführend gezeigt:

Die eingesetzten Techniken sollten präzise sein!

Hochbegabte drücken sich in der Regel selbst sprachlich sehr überlegt und präzise aus; Begriffe werden bewusst und durchdacht verwendet. Der Bezug auf etwas wird *spezifisch* gesetzt. Schlägt der Therapeut eine bestimmte Intervention vor oder erarbeitet eine bestimmte Strategie mit dem Patienten, möchte erfahrungsgemäß der hochbegabte Patient wissen, wie präzise er sich auf den Vorschlag des Therapeuten »verlassen« kann.

---

68 Gerade deshalb erscheint die Ressourcenorientierung als Leitbild hinsichtlich der hochbegabungsspezifischen Merkmale besonders relevant (vgl. Flückiger et al., 2017).

Ein Patient hat es treffend formuliert: »Es gibt so viele Perspektiven, dass ich mich frage, ob die Therapeutin wirklich verstanden hat, worum es mir geht, und deshalb genau diese Intervention vorschlägt oder ob sie diese nur nennt, weil sie zu ihrem Standardrepertoire gehört, sie keine Lust zum Nachdenken hatte, sie es vielleicht gar nicht verstanden hat, was ich meine, oder, oder, oder … Solange ich mir nicht sicher bin, ob die Therapeutin auch wirklich ganz bewusst DIESE Intervention ausgewählt hat, mache ich mir im Nachgang viel zu viele Gedanken und bin von der Therapie nicht so ganz überzeugt.«

Es erscheint zielführend, die eingesetzten Interventionen tatsächlich präzise auf Therapieinhalte zu beziehen und dies nachvollziehbar für den Patienten zu begründen. Sollte eine Intervention individuell abgeleitet worden sein, hinsichtlich deren Effektivität sich der Therapeut noch nicht festlegen kann, empfiehlt es sich, dies klar zu benennen und eine konstruktive, kontrollierte »Trial-and-Error«-Haltung zusammen mit dem Patienten einzunehmen (s. o. Flexibilität).

Und zuletzt soll noch auf einen wesentlichen Effekt hingewiesen werden, welcher von hochbegabten Patienten im besonderen Maße geschätzt wird:

Das Hinweisen auf blinde Flecken bzw. das Stoppen des Sich-geistig-Vergaloppierens!

Hochbegabte möchten erfahrungsgemäß ihre Überlegungen aktiv teilen, ein mitdenkendes Gegenüber erleben, welches gemeinsam Lösungsideen erarbeitet. Im Alltag erleben Hochbegabte zumeist, dass sie selbst die ganze Denkarbeit bewerkstelligen »müssen«, so dass niemand als Gegenüber auf Denkfehler, falsche Pfade oder Irrwege aufmerksam macht. In der Therapie reicht oft schon ein kleines »Stopp«, ein Anhalten und Hinterfragen, ob dieser Zugang/diese Überlegung wirklich weiterzuverfolgen ist oder – die große Stärke der Therapie – der Therapeut aus seiner psychologischen Perspektive eine neue Tür zum Problemverständnis und -lösen öffnen kann, an welcher der Patient selbst ohne diese Hilfe womöglich vorbeigelaufen wäre. Dies nimmt für hochbegabte Patienten – aus der Erfahrung heraus – eine hohe Bedeutung ein: *Der Therapeut hat Resonanz erzeugt!*

> »Ich persönlich schätze es, wenn mich ein Therapeut dazu anleitet, Gedanken zu strukturieren, sofern die noch diffus sind – und wenn er mich knallhart mit meinen blinden Flecken konfrontiert. Letzteres ist schmerzhaft, aber (bei mir) effizient. Darüber hinaus habe ich den Anspruch, die Themen, auf die fokussiert werden soll, selbst zu benennen. Das soll nicht heißen, dass ich mich gegenüber Exkursen verweigere, wenn dem Therapeuten Baustellen auffallen, derer ich mir nicht bewusst bin oder die für die von mir gewählten Themen offensichtlich eine größere Bedeutung haben, als ich denke. Aber im Kern möchte ich ja die Therapiezeit nicht zur allgemeinen Selbstoptimierung nutzen, sondern um für ein konkretes Problem Hilfestellung zu erhalten, und dem soll dann auch der Hauptfokus gelten.« (Heil, 2021a, S. 75)

Fazit zu Phase 5:

Mithilfe spezifischer Themenerweiterungen im Behandlungsplan, aber auch Anpassungen bei der Durchführung von Interventionen sollte es möglich sein, den Wünschen hochbegabter Patienten an Psychotherapeuten (▶ Kap. 6.1) entgegenzukommen. Übergeordnetes therapeutisches Ziel ist es, dem Patienten Raum zu geben, sich mit seiner Individualität zu zeigen und zusammen mit einem verlässlichen Gegenüber, welches die Prozesssteuerung beibehält, nach Lösungen zu suchen.

7.6 Phase 6: Evaluation der Fortschritte und der Integration hochbegabungsspezifischer Aspekte

Eine Evaluation und Kontrolle der Fortschritte erfolgt für eine optimale Prozesssteuerung natürlich nicht erst am Ende der therapeutischen Arbeit, was mit dem Schwerpunkt in Phase 6 irrtümlich angenommen werden könnte. Kanfer und andere (2012) betonen explizit, dass die fortdauernde Erfolgskontrolle gleichsam eine »›evaluative Schiene‹ [ist], welche dem Therapiefortgang nicht nur kontinuierlich parallel läuft, sondern diesen sogar konstituiert« (S. 275) und damit eine notwendige Voraussetzung für die Grob- und Feinsteuerung des Prozesses darstellt. Dementsprechend findet sich deren Beginn mit der therapiebegleitenden Diagnostik bereits in Phase 1 (bspw. mittels Fragebogenverfahren). Jedoch kann eine Prä-/Post-Evaluation erst nach dem Einsatz weitreichender Interventionen in Phase 5 zielführend stattfinden, weshalb die Erfolgskontrolle als Schwerpunkt in Phase 6 formuliert wurde (Kanfer et al., 2012).

Neben den klassischen symptom-/störungsbezogenen Fragebogenverfahren können bei hochbegabten Patienten die zu Beginn der Therapie ergänzend eingesetzten Tests (▶ Kap. 7.1) ebenfalls zur Verlaufsmessung sowie für den Prä-/Post-Vergleich genutzt werden. Dementsprechend erhalten Therapeut und Patient objektivierbare Rückmeldungen über die Veränderung hochbegabungsassoziierter Merkmale. Zudem sollte auch eine zielabhängige (Verlaufs-)Evaluation hinsichtlich der in Phase 4 formulierten hochbegabungsspezifischen Themen und Therapieziele gemeinsam mit dem Patienten erfolgen.

Wie aus der Psychotherapieforschung bekannt ist, verlaufen die Veränderungen in Therapien nicht immer linear, sondern es können sog. *substanzielle Sprünge* zwischen zwei Sitzungen auftreten (Kanfer et al., 2012; Schnell, 2018). Der Patient fokussiert nicht mehr das »Warum« der Störung, sondern beschäftigt sich mit der zumeist problemaufrechterhaltenden bisherigen dysfunktionalen Lösung, betrachtet also das Problem aus einer Metaperspektive und geht über zum »Was-kann-hier-und-jetzt-getan-Werden« im Sinne einer *Lösung zweiter Ordnung* (Watzlawick et al., 2020). Denn zumeist ist die alte Lösung zum neuen Problem geworden; setzt der Patient an, das neue Problem (bspw. die dysfunktionale Vermeidung) statt des ursprünglichen Problems der Entstehung (bspw. die Angst) zu fokussieren, erschafft er in sich selbst die Voraussetzung zur Veränderung (Watzlawick et al., 2020). Diese Momente erlebt der Therapeut als »*turning point*«, als plötzliche merkliche Verbesserung zwischen zwei Sitzungen. Es ist entsprechend diverser Studien anzunehmen, dass 39 % der Patienten mindestens einmal eine plötzliche erhebliche Symptomreduktion (sudden gain) erleben; 18.9 % der Patienten zeigen ausschließlich eine plötzliche Verbesserung, 5.5 % jedoch eine ausschließliche Verschlechterung (sudden loss) und 4.5 % erleben beide Richtungen (Ehrlich & Lutz, 2015). Auch wenn es für hochbegabte Patienten aktuell keine Therapieprozessstudien gibt und sich somit keine aussagekräftigen Zahlen anführen lassen, so kommt es in der Praxis erfreulicherweise zu immer wieder auftretenden »sudden gains«. Salopp ausgedrückt erscheint es, als ob der Hochbegabte – hat er das Prinzip der Lösung zweiter Ordnung erst einmal verstanden – den »turbo boost« einschaltet. Betont werden soll dies insbesondere deshalb, da aus der Erfahrung heraus gerade in der Evaluation solcher positiver Sprünge mit hochbegabten Patienten ein hohes Potenzial liegt. Bezugnehmend auf die hochbegabungsspezifischen Motive (▶ Kap. 3.5) lässt sich durch ausführliche Klärung dieses plötzlichen Erfolgs das Selbstwirksamkeitserleben und das Vertrauen in die eigenen Kompetenzen fördern. Ebenso kann dadurch das Verstehen-Wollen, das In-einen-sinnvollen-Bedeutungsbezug-Setzen und das Sich-Weiterentwickeln bestärkt werden. Schließlich lassen sich durch das Explizieren der dem plötzlichen Erfolg zugrundliegenden Prozesse Selbstmanagementstrategien ableiten, was in der Zukunft das selbstverantwortliche Handeln des Hochbegabten fördert. Gleichzeitig wird die therapeutische Beziehung gefestigt, indem der Therapeut den Patienten noch einmal besser versteht und dieser Moment in der therapeutischen Arbeit gemeinsam geteilt wird.

Ergänzend zu diesem patientenbezogenen Fokus der Evaluation – therapiebegleitende Diagnostik, Prä-/Post- und zielabhängige Evaluation – beinhaltet Phase 6 auch die Evaluation des eigenen therapeutischen Handelns im Sinne einer kontrollierten Praxis; der Therapeut sollte fähig sein, »seine Kriterien und Entscheidungen im Einzelfall zu explizieren und therapeutische Veränderungen im Hinblick auf bestimmte Ziele zu beurteilen« (Kanfer et al., 2012, S. 96). Bezogen auf die Arbeit mit hochbegabten Patienten geht es in den bisherigen Ausführungen zur Fallkonzeption insbesondere darum, die hochbegabungsspezifischen Aspekte angemessen einzubeziehen. Hochbegabte Patienten formulieren – entsprechend der Erfahrung der Autorin – im Rahmen der Therapieevaluation häufig zwei Aspekte:

Wie wichtig es für sie ist/war, dass der Therapeut …

- … den Prozess steuert und sie sich somit auf sich konzentrieren können (und nicht wie im Alltag ständig alles im Blick behalten »müssen«, sondern sich auf den Therapeuten verlassen können).
- … sie in der Hochbegabung ernst genommen und in der Intensität des Erlebens (aus-)gehalten hat, so dass sie sich damit gesehen und verstanden gefühlt haben.

Zwar existiert hierzu kein explizites Evaluationstool, jedoch erscheinen einige Verfahren geeignet, sie gerade für diesen Zweck einzusetzen (▶ Tab. 7.5).

Tab. 7.5: Nutzbare Verfahren zur Evaluation der Integration hochbegabungsspezifischer Aspekte in die Fallkonzeption

Verfahren	Inhalt	Adressat	Quelle
Session Rating Scale (SRS V.3.0)	4-Item-visuelle Analogskala zur Einschätzung der therapeutischen Beziehung, der Ziele und Themen, der Herangehensweise oder Methode und der Sitzung insgesamt	Patient	Duncan et al. (2003)
Skalen zur Erfassung von Bearbeitung, Inhalt und Beziehung im Therapieprozess (BIBS)	Rating-System zur Einschätzung konstruktiven Therapeuten- und Patienten-Handelns zur systematischen Therapieprozessanalyse	Therapeut	Sachse et al. (2015)
Mainzer Stundenbeurteilungsbogen (MSB)	Erfassung dreier Wirkfaktoren nach Grawe (therapeutische Beziehung, Problemaktualisierung und Problembewältigung) in jeder fünften Therapiesitzung mittels 15-Items auf einer 7-stufigen Skala	Patient und Therapeut	Bräscher & Witthöft (2021)

Der Patient kann instruiert werden, die *Session Rating Scale (SRS)* im Hinblick auf die Berücksichtigung der hochbegabungsspezifischen Aspekte für die therapeutische Beziehungsgestaltung, die Themenauswahl und den Methodeneinsatz auszufüllen, um entweder nach jeder Sitzung oder zu verschiedenen Messzeitpunkten im Therapieverlauf gezielt Rückmeldung über die angepasste Fallkonzeption zu erhalten. Insbesondere die Bereitstellung von formalem, kontinuierlichem Feedback an den Therapeuten hinsichtlich der therapeutischen Allianz und des Therapiefortschritts führt nachweislich zu Verbesserung des Therapieoutcomes (Miller et al., 2006).

Die *Skalen zur Erfassung von Bearbeitung, Inhalt und Beziehung im Therapieprozess (BIBS)* wurden aus dem System der Klärungsorientierten Psychotherapie von Sachse abgeleitet. Die BIBS umfasst drei Patienten-Skalen (Einschätzung der Inhaltsebene, der Vermeidung und der Beziehungsgestaltung durch den Patienten) und sechs Therapeuten-Skalen (Beziehungsgestaltung durch den Therapeuten, Verstehen des Patienten, Steuerung des Prozesses, Bearbeitung der Vermeidung des Patienten, Umgang mit der sog. Spielebene des Patienten und Bearbeitung von Patienten-Schemata) (Sachse et al., 2015). Sicherlich ist dieses Rating-System umfänglich und – übertragen auf die Kontrolle des eigenen Therapeutenverhaltens in der Arbeit mit hochbegabten Patienten – mögen manche Items nicht gänzlich passend erscheinen. Dennoch stellt die BIBS ein evaluiertes Rating-System zur Kontrolle des Therapieprozesses dar und kann speziell unter dem Blickwinkel der Integration hochbegabungsbezogener Aspekte in die Therapie adaptiert werden.

Eine zeitökonomische und auf die praktische Anwendung in der Routineversorgung ausgerichtete Erfassung der Wirkfaktoren nach Grawe stellt der *Mainzer*

Stundenbeurteilungsbogen (MSB) dar (Bräscher & Witthöft, 2021). Dieser existiert in einer Patienten- und in einer Therapeutenversion und kann somit durch kontinuierliche Rückmeldungen zur Anpassung des therapeutischen Vorgehens auch im Hinblick auf die Integration hochbegabungsspezifischer Aspekte in die therapeutische Arbeit genutzt werden. Durch den Abgleich der Patienten- mit den Therapeuten-Ergebnissen erscheint es zudem als Tool zur Festigung der therapeutischen Beziehung (im Sinne eines Austausches auf Augenhöhe) geeignet.

> **Fazit zu Phase 6:**
>
> Es erscheint bei hochbegabten Patienten äußerst relevant, die Evaluation des Therapieprozesses um Tools zu erweitern, welche neben dem reinen patientenorientierten Fokus in der Fortschrittskontrolle eben auch die therapeutische Beziehungsgestaltung und Prozesssteuerung erfassen. Letztere bilden die Voraussetzung für eine gelungene maßgeschneiderte Therapie.

7.7 Phase 7: Abschluss der Therapie und Katamnese bei hochbegabten Patienten

Am Ende des therapeutischen Prozesses liegt der Fokus auf der Erhöhung des Selbstmanagements, dem Ausstieg aus der therapeutischen Beziehung und inhaltlich auf der Rückfallprophylaxe. Die Umsetzung mancher hierfür erforderlichen Maßnahmen beginnt selbstredend bereits während des Therapieprozesses, während andere Inhalte erst in den letzten Sitzungen Raum finden (Kanfer et al., 2012).

> **Rückfallprophylaxe und Einleitung des Therapieendes (Gandras, 2021; Kanfer et al., 2012; Schnell, 2018)**
>
> 1. Transfer der Strategien und Stabilisierung der therapeutischen Fortschritte
> 2. Prüfen der vollumfänglichen Bearbeitung therapierelevanter Aspekte
> 3. Aufbau von Selbstmanagementstrategien
> 4. Auflösen der therapeutischen Beziehung
> 5. Gestaltung der letzten Therapiesitzungen, der Abschlusssitzung sowie der Planung der Katamnese

Der (1) *Transfer* der Strategien in den Alltag und die *Stabilisierung* der therapeutischen Fortschritte erfolgen – aus der praktischen Erfahrung heraus – bei hochbegabten Patienten zumeist automatisch und werden sogar eher eingefordert denn vernachlässigt. Es hat sich als hilfreich bewährt, den hochbegabten Patienten während des therapeutischen Arbeitens (Phase 5), aber auch gegen Ende der Therapie genügend Zeit und Freiraum zwischen den Sitzungen einzuräumen, um eben genau den Transfer in den Alltag auf seine Tragfähigkeit hin prüfen zu können. Wird dies bereits von Beginn der Therapie an (siehe Anmerkungen zu Phase 1) umgesetzt, sind die Weichen für Phase 7 bereits günstig gestellt.

Zudem kann durch den anhaltenden Austausch auf Augenhöhe (▶ Kap. 7.1), das transparente Vorgehen und Abstimmen der Maßnahmen (▶ Kap. 7.5) oder die eingesetzte Evaluation der Therapiefortschritte (▶ Kap. 7.6) frühzeitig der Behandlungsplan um noch offene Themen, am Beginn zurückgestellte Ziele oder neu hinzugekommene Ansatzpunkte erweitert werden, so dass eine (2) *vollumfängliche Bearbeitung therapierelevanter Aspekte* mit hochbegabten Patienten erfolgen kann. Erfahrungsgemäß bringen sie sich offen mit ihren Einschätzungen hinsichtlich noch zu bearbeitender Punkte ein oder können reflektiert begründen, weshalb ein Thema nicht mehr erneut aufgegriffen werden muss.

Wurden die therapeutischen Interventionen und Strategien gemäß der Adaption in Phase 5 individualisiert, unterstützt dieses explizite und transparente Vorgehen ohnehin den (3) *Aufbau von Selbstmanagementstrategien* und kommt den hochbegabungsspezifischen Motiven (u. a. verstehen wollen, eigenständig handeln, sich selbstwirksam erleben etc.) sehr entgegen. Ein explizites Ableiten übergeordneter Regeln zur Anwendung der therapeutischen Strategien im Selbstmanagement wird demnach häufig bei hochbegabten Patienten überflüssig.

Sobald die Zielkriterien für das Ende einer Therapie erreicht sind, bspw. definierte Symptomreduktion/-freiheit unterhalb der diagnostischen Schwelle, definierte Erhöhung der Lebensqualität und der sozialen Integration, umstrukturierte Schemata und aufgelöste Konflikte sowie hergestelltes Kongruenzerleben, kulminiert das (4) *Auflösen der therapeutischen Beziehung* (Schnell, 2018). Die Verabschiedung vom Therapeuten und der Ausstieg aus der therapeutischen Beziehung ist bekanntlich im Vergleich zu Alltagsbeziehungen etwas Besonderes: Obwohl eine vertrauensvolle, tragfähige Beziehung besteht, wird diese aus freien Stücken beendet. Natürlich lässt sich nicht für alle hochbegabten Patienten hinweg generalisieren, wie sich das Therapieende konstelliert, so dass die Bandbreite an möglicher Ausgestaltung, bspw. ein angekündigter oder unerwarteter Abbruch, ein unmerklicher, dramatischer, selbstbestimmter oder konflikthafter Abschied (Gandras, 2021), denkbar ist. Die häufigste Erfahrung ist jedoch, dass hochbegabte Patienten sich herzlich, selbstbestimmt und respektvoll aus der therapeutischen Beziehung verabschieden. Gleichwohl eine zum Teil intensive und vertrauensvolle Beziehung gerade bei Berücksichtigung des hochbegabungsspezifischen Erlebens und Verhaltens umgesetzt werden kann, so verhindern gleichermaßen die Motive nach Autonomie und Selbstbestimmung in der Regel eine Abhängigkeit vom Therapeuten oder dessen Unterstützung. Werden die generellen Strategien zur Auflösung der Therapiebeziehung eingeleitet, bspw. Reduktion der supportiven Strategien, Übergabe der Verantwortung an den Patienten, Ausschleichen der Sitzungen, Reflexion über den Therapieprozess (Gandras, 2012; Kanfer et al., 2012; Schnell, 2018), kann erfahrungsgemäß der hochbegabte Patient »gut mitgehen« und sich dem Therapieende stellen. Zumeist hat sich gezeigt, dass sich auf eine schöne Art und Weise der Therapeut obsolet vorkommt und der hochbegabte Patient den Weg tatsächlich in Unabhängigkeit vom Therapeuten allein bewältigt, obwohl noch gemeinsame Sitzungen wahrgenommen werden. Es soll an dieser Stelle dafür sensibilisiert werden, dies nicht als Kränkung oder mangelnde Dankbarkeit zu erleben. Im Gegenteil, die Patienten scheinen so viel Vertrauen in die Therapie und den Therapeuten gefasst zu haben, dass sie sich in ihrem schnellen Denken, in ihrer individuellen Bewältigung und Autonomie zeigen, ohne Gegenregulation, Anpassung oder »schlechtes Gewissen«. Während zu Beginn der Therapie häufig Sitzungen genutzt werden, um ausführlich mit dem Therapeuten eigene Überlegungen zu teilen und hochbegabte Patienten vor allem vom Beziehungsangebot des interessierten Zuhörers profitieren, erscheinen oftmals die letzten Sitzungen von eher knappen Zusammenfassungen des Geschehenen, Erreichten oder Reflektierten geprägt. Ein gelungenes Zeichen, dass nun alles »abgearbeitet« ist und die Abschlusssitzung geplant werden kann.

Auch bei der konkreten (5) *Gestaltung der letzten Therapiesitzungen, der Abschlusssitzung sowie der Planung der Katamnese* sollte der Therapeut dem »roten Faden« treu bleiben und den hochbegabten Patienten nicht nur mit-, sondern selbst bestimmen lassen. Eine individuelle Ausgestaltung ist hierbei erfahrungsgemäß besonders wichtig. Als hilfreich hat sich ebenfalls erwiesen, sich als Therapeut greifbar zu zeigen und persönliche Empfindungen kontrolliert zu äußern, wie bspw. eigene Gefühle hinsichtlich des Abschieds kundzutun, sich über bestimmte Erlebnisse während der Therapiesitzungen oder Gemeinsamkeiten und Unterschiede des Erlebten auszutauschen (vgl. Gandras, 2021).

> **Fazit zu Phase 7:**
>
> Somit kann sich der hochbegabte Patient von einem authentischen Therapeuten als wichtigen Wegbegleiter verabschieden, dem gegenüber er sich selbst in seinem Authentischsein gezeigt und durch den er positiv-korrigierende Beziehungserfahrungen gesammelt hat.

7.8 Abweichung vom Idealfall: Nutzen des rekursiven Vorgehens

Die erarbeiteten Inhalte entsprechend der Schwerpunktziele der jeweiligen Phase gelten für den Einzelfall immer bis auf Weiteres. In diesem Meta-Konzept ist eine Rekursivität inkludiert, denn dynamische Veränderungen der Situation oder der jeweiligen Problematik des Patienten erfordern eine Erweiterung der Inhalte samt Revision der aufgestellten Hypothesen, Zielsetzungen und des Behandlungsplans (Kanfer et al., 2012). Im Folgenden werden mögliche Konstellationen bei hochbegabten Patienten vorgestellt, welche das rekursive Vorgehen notwendig erscheinen lassen.

7.8.1 Patient offenbart sich mit der Hochbegabung erst im Therapieverlauf

Manche Patienten offenbaren ihre bereits erkannte Hochbegabung nicht von Beginn einer Therapie an. Dies mag unterschiedliche Gründe haben: Bspw. ...

- ... ist dem Patienten die Bedeutung oder die Tragweite des eigenen hochbegabungsspezifischen Erlebens und Verhaltens hinsichtlich des Selbstkonzepts nicht bewusst, da dies in einer eigenen Biografie bisher keine Rolle gespielt hat oder die Testung sehr weit zurückliegt (► Kap. 4.3).
- ... hat der Patient in seiner Biografie hinsichtlich seiner Hochbegabung wiederholt negative Lernerfahrungen gesammelt, weshalb er dies in aktuellen Situationen zu verhindern sucht oder den Therapeuten erst »testen« möchte, um zu sehen, wie dieser auf die Selbstoffenbarung reagieren könnte (► Kap. 4.2).
- ... betrachtet der Patient die eigene Hochbegabung kritisch (im Sinne einer internalisierten Negativität) und möchte dies deshalb nicht zum Thema einer Psychotherapie machen oder darauf reduziert werden (► Kap. 4.3).
- ... hat der Patient keine Vorstellung davon, wie das Wissen um die Hochbegabung sinnvoll in die Therapie integriert werden könnte, da er ggf. negative therapeutische Vorerfahrung gemacht hat (► Kap. 6.1).

Ist dem Therapeuten die Hochbegabung des Patienten erst einmal nicht bekannt und werden Hinweise darauf seitens des Patienten eher verdeckt gehalten, wird die Fallkonzeption ohne diesen Erklärungsrahmen aufgestellt. Oftmals erfolgt die Selbstoffenbarung hinsichtlich der eigenen Hochbegabung, wenn der Patient dem Therapeuten ausreichend vertraut oder er beim Aufstellen des Funktionalen Bedingungsmodells oder der Umsetzung bestimmter Methoden und Techniken erkennt, dass doch ein wesentlicher Teil zum Verstehen oder Verändern bestimmter Probleme zu fehlen scheint. In diesem Fall empfiehlt es sich, den therapeutischen Prozess zu stoppen, um sich gemeinsam mit dem Patienten neu auszurichten. Hierbei kann sich der Therapeut an den einzelnen Schritten der sog. Störfall-Analyse (Kanfer et al., 2012) orientieren (► Tab. 7.6).

Tab. 7.6: Rekursives Vorgehen mittels der Störfall-Analyse (nach Kanfer et al., 2012)

Schritt	Spezifische Ausgestaltung
Orientierung	Aufgabe des Therapeuten (für sich selbst, in Inter- oder Supervision) ist, sich selbst hinsichtlich des Wissens um Hochbegabung zu hinterfragen, inwieweit dem Patienten eine angepasste Therapieplanung angeboten werden kann; ggf. muss abgewogen werden, ob weiterhin ein Therapieangebot ausgesprochen werden kann oder ein Therapeutenwechsel indiziert ist.
Situationsanalyse	Der Therapeut bestärkt die Offenheit des Patienten und verschafft sich gemeinsam mit diesem einen Überblick, weshalb dieser die Information erst zum gegebenen Zeitpunkt offenbart, was dieser über die eigene Hochbegabung denkt, wie sich

Tab. 7.6: Rekursives Vorgehen mittels der Störfall-Analyse (nach Kanfer et al., 2012) – Fortsetzung

Schritt	Spezifische Ausgestaltung	
	diese spezifisch zeigt, ob noch weitere neurodivergente Aspekte bei diesem zutreffen etc.	
Zielanalyse	Der Therapeut überprüft für jede zurückliegende Phase, inwieweit er bereits wesentliche Elemente für eine hochbegabungsspezifische Therapie umgesetzt hat (bspw. therapeutische Grundhaltung, Beziehungsgestaltung etc.); gemeinsam mit dem Patienten wird besprochen, dass eine Rückkehr zum Beginn des Therapieprozesses (Phase 1) zielführend erscheint, um strukturiert die Schwerpunktziele der jeweiligen Phasen an die neue Information anzupassen.	
Analyse der Umsetzung	Um bereits eine therapeutische Allianz auf Augenhöhe zu stärken, tauscht der Therapeut sich mit dem Patienten über Umsetzungsmöglichkeiten aus:	
	Phase 1	Was ist dem Patienten für die Zusammenarbeit besonders wichtig? Welche hochbegabungsspezifischen Parameter sollen mittels Fragebogenverfahren erfasst werden?
	Phase 2	Welche neuen Änderungsbereiche kommen hinzu? Welche darauf bezogenen Themen sind für die Therapieplanung relevant? Welche Informationen benötigt der Patient, um die Bedeutung der Hochbegabung für das eigene Selbstkonzept nachvollziehen zu können (Motivationsaufbau)?
	Phase 3	Welche Elemente des Funktionalen Bedingungsmodells benötigen eine wie umfängliche Überarbeitung? Müssen Diagnose(n) überprüft werden (Fehlinterpretation hochbegabungsspezifischer Phänomene)?
	Phase 4	Müssen Zielsetzungen neu bearbeitet werden? Kommen neue Themen hinzu?
	Phase 5	Welche neuen Ziele samt Interventionen müssen im Behandlungsplan ergänzt werden (und benötigen eine Erweiterung/Revision des Behandlungsplans)? Wie sollten die Interventionen angepasst werden?
	Sollte sich die Therapie bereits in Phase 6 oder 7 befunden haben, als der Patient sich mit seiner Hochbegabung offenbart hat, wäre zu prüfen, ob und inwieweit es überhaupt gelingt, noch einmal gezielt in den therapeutischen Prozess einzusteigen.	
Entscheidung und Durchführung	Im Anschluss erfolgt die therapeutische Entscheidung zur Umsetzung der entsprechenden Maßnahmen mit Beginn in Phase 1 (es empfiehlt sich eine chronologische Vorgehensweise).	
Evaluation	Die Umsetzung der Anpassungen wird auf Effektivität hin geprüft (s. Phase 6: Einsatz unterstützender evaluativer Elemente).	
Gegebenenfalls Revision einzelner Schritte	Entsprechend der Evaluation kann bei weiterhin vorhandenen Unstimmigkeiten der Prüfprozess erneut gestartet werden.	

7.8.2 Therapeut und/oder Patient vermuten im Therapieverlauf eine Hochbegabung

Entwickelt oder erhärtet sich im Laufe der Therapie die Vermutung über eine vorliegende Hochbegabung, sollte diese ernst genommen werden. Wie die Studienlage zeigt, hat das Wissen über und die Auseinandersetzung mit der eigenen Hochbegabung einen positiven Effekt auf das Selbstkonzept und die Identitätsentwicklung (Baudson & Ziemes, 2016) (▶ Kap. 4.4). Für bisher nicht einzuordnende Wahrnehmungen (bspw. sich anders und nicht zugehörig zu fühlen) steht endlich ein Erklärungsrahmen zur Verfügung. Nimmt der Patient sich mit diesem neuen Teilselbstkonzept an, werden ggf. lang unterdrückte Ressourcen freigesetzt und es kann zu einer Neuausrichtung im Leben kommen. Wird die eigene Hochbegabung erst (sehr) spät im Erwachsenenalter erkannt, kann dies auch mit einer regelrechten Identitätskrise verbunden sein (Gross, 2011). In der Therapie ist es demnach essenziell, den hochbegabten Patienten in dieser Auseinandersetzung und in seiner Entwicklung hin zu einem authentischen Ausdruck des eigenen Selbst begleiten zu können, insbesondere wenn dies im Funktionalen Bedingungsmodell ein wesentlicher Baustein zur Erklärung aktueller psychischer Belastungssymptome ist. Von der anfänglichen Leugnung »Ich kann niemals hochbegabt sein!« über den augenöffnenden Effekt »Das erklärt so viel aus meinem Leben!« über das Wuterleben »Weshalb hat mir das niemand früher gesagt?« sowie die Trauer »Was hätte ich alles erreichen können?« hin zur Neuausrichtung »Jetzt, wo ich weiß, wer ich bin, will ich …!« lassen sich – angelehnt an die Phasen der Trauer nach Kübler-Ross – oftmals alle Etappen finden (Harvey Sallin, 2006).

Bevor jedoch eine angemessene therapeutische Bearbeitung der damit verbundenen Themen erfolgen kann, braucht es das IQ-Testergebnis, um vom »Verdacht auf« zum »Wissen um« überzugehen. Übersetzt in das 7-Phasen-Modell, wäre Phase 2 erneut aufzusuchen, um die oftmals bestehenden Ängste vor einem Test therapeutisch auffangen und Motivationsarbeit leisten zu können. Erfahrungsgemäß weicht die ablehnende Haltung (»Ich kann niemals hochbegabt sein!«) einer Neugier (»Was wäre, wenn ich es wirklich wäre?«), welche mit einer großen Angst verbunden ist (»Was wäre, wenn ich nur denke, dass ich hochbegabt bin und es sich dann als falsch herausstellt, dann habe ich gar keine Erklärung?«). Patienten profitieren hier von der Validierung dieser mannigfaltigen Gefühle sowie einer Psychoedukation über Ablauf, Setting und Ansprechpartner für eine IQ-Testung (▶ Kap. 8.2). Auch wenn der IQ-Befund noch nicht vorliegt, kann es zuweilen sinnvoll sein, zu Phase 3 voranzuschreiten, um plausible Erklärungsmodelle unter Berücksichtigung der Hypothese der Hochbegabung »anprobieren« zu können; in der praktischen Erfahrung hat sich gezeigt, dass es die intrinsische Motivation für die IQ-Testung erhöhen kann, wenn der Patient selbst viele Hinweise für eine Hochbegabung herausfindet und deren Zusammenhang mit aktuellen psychischen Belastungen erkennt.

Liegt schließlich das IQ-Testergebnis vor, reagieren einige Hochbegabte noch immer sehr skeptisch und ablehnend und können ihr Ergebnis noch nicht als wahr für sich annehmen (»Das war nur Glück« oder »Der Testleiter hat mich gemocht«).

Bevor also weiter im 7-Phasen-Modell in der Therapieplanung vorangegangen wird, lohnt sich ein »Zwischenstopp«. Unterstützt mit Psychoedukation (insb. zum Abbau von stereotypen Vorstellungen) und Bibliotherapie gelingt es in der Regel, dass sich die Patienten dem Ergebnis positiv zuwenden können, so dass der Therapieprozess um die neue Information erweitert kann.

Liegt ausschließlich beim Therapeuten die Vermutung vor, der Patient könnte hochbegabt sein, empfiehlt es sich, die Hypothese dann im Therapieprozess einzubringen, wenn der Patient ausreichend Kapazität dafür hat. Damit ist gemeint, dass der Patient im Fall einer zu starken symptomatischen Belastung oder aufgrund mangelnder stabiler Ressourcen möglicherweise noch keinen »inneren Raum« zur Verfügung hat, sich einer so weitreichenden Perspektive zu öffnen. Auch hier lässt sich nicht über alle hochbegabten Patienten hinweg verallgemeinern, jedoch hat sich in der Praxis gezeigt, dass das Aussprechen der Hypothese von einer Fachperson, welche den Patienten (gut) kennt und mit welcher im optimalen Fall eine tragfähige, vertrauensvolle Arbeitsallianz existiert, doch »große Wellen schlagen« kann.

Schließlich kann es vorkommen, dass der Patient – nach Psychoeduktion und gemeinsamer Klärungsorientierung – für sich (noch) keinen ausreichenden Anlass formulieren kann, um sich testen zu lassen (▶ Kap. 1.3). Dabei muss es sich nicht um Vermeidungstendenzen handeln (aus Angst vor dem Testergebnis). Dies scheint vor allem bei Patienten der Fall zu sein, welche bereits wiederholt in ihrem Leben diese Vermutung hatten und es implizit wissen – oftmals sind andere Familienmitglieder hochbegabt getestet –, ohne jedoch auf ein Schwarz-auf-weiß-Ergebnis angewiesen zu sein. In diesem Falle können die therapeutischen Inhalte ab Phase 3 vorsichtig erweitert werden, jedoch sollte wiederholt im Prozess hypothesenprüfend, statt -bestätigend vorangegangen werden.

7.8.3 Twice Exceptionality wird erst im Therapieverlauf erkannt

Zudem kann es vorkommen, dass sich bei bereits hochbegabt getesteten Patienten im Therapieverlauf der Verdacht auf eine zusätzlich vorliegende ADHS im Erwachsenenalter oder ASS erhärtet (oder vice versa). Auch in diesem Fall ist indiziert, den aktuellen Therapieprozess für einen »Zwischenstopp« zu unterbrechen, um sich gemeinsam mit dem Patienten neu zu orientieren, die Hypothesen mittels valider Hinweise zu überprüfen und gemeinsam abzuwägen, inwieweit welche Testung in welcher Reihenfolge zielführend erscheint. In der Praxis hat sich gezeigt, dass bei manchen Patienten nach einer IQ-Testung noch offene Fragen zurückbleiben; nicht alle Erlebens- und Verhaltensweisen können alleinig durch die Hochbegabung für den Patienten erklärt werden. Sie schildern oft, dass »tief drin das Gefühl sagt, das ist noch nicht alles«. In diesem Fall lohnt es sich, noch weiter auf »Spurensuche« zu gehen. Da sich ADHS und ASS einen Teil genetischer Varianz teilen, treten sie sogar gehäuft zusammen auf (Schöttle et al., 2019), so dass auch eine »multi-exceptionality« bestehen kann.

Bei Verdacht auf ADHS können bspw. Screening-Verfahren[69] ergänzend eingesetzt werden oder das Vorliegen entsprechender Symptome im Kindesalter exploriert werden. Vor dem Hintergrund bestehender Fallstricke in der ADHS-Diagnostik – bspw. kann die Hochbegabung manche Symptome »maskieren«, nicht alle Symptome der kindlichen ADHS lassen sich im Erwachsenenalter gleichermaßen ausgeprägt finden oder es bestehen subklinisch ausgeprägte ADHS-Züge (Broader ADHD Phenotype) – empfiehlt es sich, den Patienten an ausgewiesene spezialisierte Anlaufstellen zu verweisen (Heine & Exner, 2021; Schöttle et al., 2019).

Da auch die Rate nicht diagnostizierter Erwachsener im Autismus-Spektrum noch sehr hoch ist, da das Asperger-Syndrom erst in den 1990er Jahren in die Klassifikationssysteme aufgenommen wurde (Riedel et al., 2016), so finden sich auch bei manchen hochbegabten Patienten Hinweise auf eben diese Auffälligkeit im neurodivergenten Spektrum. Liegt bspw. nur eine subsyndromale Ausprägung vor (Broader Autism Phenotype als autistische Basisstruktur/Züge) oder konnten die Patienten durch die weit überdurchschnittliche Intelligenz bereits Kompensationsstrategien erlernen, ist die Diagnose klinisch mitunter noch schwieriger im Erwachsenenalter zu stellen[70] und sollte von ausgewiesenen Diagnostikzentren übernommen werden – gleichwohl die Wartezeiten aufgrund zu weniger Anlaufstellen sehr lang sind (Kamp-Becker et al., 2020; Riedel et al., 2016; van Elst, 2019). Es ist teils belegt, teils wird diskutiert, dass eine autistische Basisstruktur auch als Vulnerabilitätsfaktor für psychische Störungen gilt, bspw. chronische Depression, Zwangsstörung, Borderline-Störung oder Anorexia nervosa (Riedel et al., 2016), so dass es besonders wichtig ist, diese Struktur/Diagnose bei der Therapieplanung zu berücksichtigen (Thaler & Falter-Wagner, 2023).

Unter praktischen Gesichtspunkten – vor dem Hintergrund weniger spezialisierter Ansprechpartner für eine umfassende ADHS- oder ASS-Diagnostik und daraus resultierender Terminlatenz – kann im ersten Schritt die IQ-Testung erfolgen. Ist die Hochbegabung nachgewiesen, kann für die weitere Therapieplanung rekursiv in Phase 1 mit einer erweiterten problembezogenen Informationssammlung (▶ Kap. 7.1) angeknüpft und explorativ versucht werden, die hochbegabungsspezifischen Aspekte von ADHS und/oder ASS zu trennen. Im Anschluss können erneut alle weiteren Phasen um die neuen Hypothesen erweitert werden. Sobald die ADHS- und/oder ASS-Diagnose gestellt wurde, empfiehlt es sich, die bereits erfolgten Anpassungen der Therapieplanung noch einmal zu überprüfen.

Auch in diesem Fall sollte der Therapeut selbstverständlich zuvorderst für sich selbst, in Inter- oder Supervision abwägen, ob und inwieweit er die auf 2e ausgerichtete Therapie dem Patienten anbieten kann oder ob ein Therapeutenwechsel indiziert ist.

---

69 Bspw. können die Homburger ADHS-Skalen für Erwachsene (HASE) herangezogen werden (Rösler et al., 2021).
70 Riedel und andere (2016) geben in ihrem interessanten Artikel hilfreiche Screeningfragen an, welche für eine erste Orientierung gemeinsam mit dem Patienten genutzt werden könnten.

Fazit zum rekursiven Vorgehen:

Dank dem mit dem 7-Phasen-Modell vorliegenden heuristischen Rahmen für die Prozesssteuerung lassen sich jederzeit neue diagnostische Hypothesen und Informationen in die Therapieplanung strukturiert einflechten. Der Therapeut kann dieses Meta-Konzept der Therapie nutzen, um auch gegenüber dem Patienten nachvollziehbar den »Zwischenstopp« sowie die inhaltliche Rückkehr zu früheren Therapieabschnitten zu erläutern und ihn auf Augenhöhe in seinem spezifischen Erleben abzuholen.

8 Anlaufstellen und Vernetzungsmöglichkeiten

Im Folgenden werden Vernetzungsmöglichkeiten für Patienten und/oder deren Angehörige sowie Hinweise für Therapeuten zu fachlichem Austausch, Ansprechpartnern für Diagnostik oder ggf. Weitervermittlung aufgezeigt. Zudem finden sich noch Tipps für verfügbare Informationsmaterialien für die Nutzung in der Therapie.

8.1 Hochbegabten-Vereine und Beratungsstellen

8.1.1 Vereine und Plattformen

Mensa in Deutschland e. V. (MinD) – IQ ≥ 130
Mensa ist aktuell das größte Netzwerk für Hochbegabte in Deutschland mit ca. 16.000 Mitgliedern[71]. Der Verein wurde 1979 gegründet und ist Teil des übergeordneten Dachverbandes Mensa International (MInt); weltweit gibt es derzeit ca. 145.000 Mitglieder in 90 verschiedenen Ländern. Wie Mensa weiter auf seiner Homepage schreibt, soll der Verein einen Ort für den privaten und beruflichen Austausch in einer intellektuell und sozial stimulierenden Atmosphäre bieten. Der Verein selbst verfolgt keine spezifischen politischen oder weltanschaulichen Ziele, möchte jedoch die Intelligenz zum Wohle der Menschheit einsetzen und Stereotype über Hochbegabte in der Gesellschaft abbauen. Neben dem Vereinsleben mit diversen Veranstaltungen online und vor Ort (lokal, regional und (inter-)national), Austauschmöglichkeit in Special Interest Groups (SIGs), Ausflügen oder Vortragsreihen (und vielem mehr) beteiligt sich Mensa aktiv für die Förderung von Wissenschaft und Forschung hinsichtlich Intelligenz und Förderung von Bildung und Erziehung. Zudem gibt es spezielle Angebote für Kinder und Jugendliche sowie junge Erwachsene zwischen 18 und 30 Jahren (MY – Mensa Youth).
https://www.mensa.de oder international https://www.mensa.org

---

71 Laut statistischem Bundesamt lebten Ende 2022 insg. ca. 84,3 Millionen Menschen in Deutschland (https://www.destatis.de); demnach müsste es 1,686 Millionen Hochbegabte darunter geben (2%), was wiederum bedeuten würde, dass nur 0,95% der Hochbegabten bei MinD Mitglieder sind.

Internationale Hochbegabten-Vereine

- *International High IQ Society (IHIQS) – IQ ≥ 124:* IHIQS wurde im Jahr 2000 gegründet, mit dem Ziel, dass Mitglieder dieser Online-Community an Forumsdiskussionen teilnehmen, mit Experten und intelligenten Menschen in Kontakt treten und sich weiterentwickeln können.
https://www.ihiqs.org/
- *Intertel – IQ ≥ 135:* Inertel wurde im Jahr 1966 gegründet und hat aktuell ca. 1.400 Mitglieder in über 30 Ländern. Der Verein möchte eine intellektuelle Gemeinschaft und den Austausch unter Hochbegabten fördern sowie die Forschung im Zusammenhang mit hoher Intelligenz fördern.
https://www.intertel-iq.org/

Internationale Höchstbegabten-Vereine

- *Triple Nine Society (TNS) – IQ > 145:* TNS wurde im Jahr 1978 gegründet und hat mehr als 1.900 Mitglieder in über 50 Ländern. Der Verein bietet u. a. einen Austausch für persönliches Wachstum oder Möglichkeiten des Mentoring im Bildungs- oder Geschäftsumfeld.
https://www.triplenine.org/
- *Giga Society – IQ ≥ 190:* Giga Society ist ein Netzwerk für extrem hochbegabte Menschen und umfasst aktuell weltweit 10 Mitglieder.
https://www.gigasociety.net/

(Internationale) Plattformen

- Plattform für hochbegabte Frauen: https://www.uniqate.org
- Netzwerk Hochbegabung und Twice-Exceptionality: https://www.intergifted.com/
- Netzwerk Hochbegabung und Hochsensibilität: https://www.sensique.net/

8.1.2 Beratungsstellen

Deutsche Gesellschaft für das hochbegabte Kind (DGhK)
Die DGhK ist ein deutschlandweiter gemeinnütziger Verein und wurde 1978 gegründet, heute mit über 3.000 Mitgliedern. Der Bundesverein ist in 14 Regionalvereine untergliedert und unterstützt die Förderung hochbegabter Kinder und Jugendlicher. Es finden sich Beratungsangebote für Kinder/Jugendliche und deren Eltern, Elterngesprächskreise, Förderangebote, Lehrerberatung/-fortbildung etc.[72]
https://www.dghk.de/

---

[72] In der Praxis hat sich gezeigt, dass einige hochbegabte Erwachsene Therapie/Beratung aufsuchen, nachdem die eigenen Kinder hochbegabt getestet worden sind und über den Kontakt mit der DGhK die Hinweise erfolgt sind, sich ggf. selbst testen lassen. Oftmals erkennen sich die Eltern in der Auseinandersetzung der Hochbegabung ihrer Kinder stark wieder.

Karg Fachportal Hochbegabung
Das Karg Fachportal bietet eine Datenbank zu qualifizierten Beratungsstellen zum Thema Hochbegabung, einen Überblick über IQ-Testrezensionen sowie umfangreiche Informationen rund um die Begabungsförderung in Kita, Schule und Beratungskontexten an.
https://www.fachportal-hochbegabung.de/

8.2 Berufliche Netzwerke sowie Ansprechpartner für Therapie, Beratung und Diagnostik

Münchner Zirkel Hochbegabung e. V.
Das ehrenamtliche Netzwerk wurde 2015 gegründet mit dem Ziel der kollegialen Vernetzung von Fachpersonen, welche die Beratung und Begleitung Hochbegabter mit unterschiedlichen Schwerpunkten in München anbieten. Es werden regelmäßig Netzwerk-Treffen für einen fachlichen Informationsaustausch organisiert und es findet sich auf der Homepage eine Übersicht über Netzwerkteilnehmer als Anlaufstellen.
https://www.muenchnerzirkel-hochbegabung.de/netzwerk

Expertenkreis Hochbegabung
Die seit 1994 tätige Expertengruppe freiberuflich tätiger Psychologen im Berufsverband Deutscher Psychologinnen und Psychologen e. V. (BDP) ist auf die Begabungsdiagnostik und -beratung spezialisiert. Sie stellt zudem eine Expertenliste für Anlaufstellen der Begabungsdiagnostik für Kinder, Jugendliche und Erwachsene zur Verfügung.
https://www.die-hochbegabung.de/expertenliste/

AlphaGenius Netzwerk
Das Netzwerk wurde 2005 gegründet und schließt Fachpersonen zusammen, um Hochbegabte zu unterstützen und zu fördern, sich auszutauschen und über das Thema Hochbegabung aufzuklären.
https://www.können-macht-spass.de/de/nachrichten-leser/alphagenius-netzwerk-fuer-hochbegabung.html

IQ-Testangebot im Gruppensetting
Auch der Verein Mensa bietet einen normierten, wissenschaftlich fundierten IQ-Test für Personen ab 14 Jahren im Gruppensetting an.
https://www.mensa.de/about/membership/iq-test-bei-mensa/

8.3 Bibliotherapie und Informationsmaterialien

Da aus Sicht der Autorin das Weiterempfehlen von Fach- oder Ratgeberbüchern immer etwas Subjektives ist und Bücherlisten schnell veralten, soll an dieser Stelle bewusst auf eine Nennung sämtlicher aktuell verfügbarer Fach- oder Ratgeberbücher verzichtet werden. Erfreulicherweise werden in den letzten Jahren immer mehr Ratgeberbücher nicht nur für hochbegabte Kinder und Jugendliche, sondern auch für Erwachsene publiziert, etliche auch aus dem Bereich der Twice Exceptionality oder der Hochsensibilität, so dass hochbegabte Patienten sicherlich fündig werden. Aus praktischer Sicht empfiehlt es sich, bei den Büchern selbst up to date zu bleiben, um ggf. Empfehlungen an die Patienten aussprechen zu können, welches Buch für welche Fragestellung »etwas hergibt«.

An dieser Stelle soll deshalb nur auf Online-Anlaufstellen hingewiesen werden, welche eine Übersicht über Bücher, Medien oder Informationsmaterialien anbieten, bspw.:

- Karg Stiftung: https://www.karg-stiftung.de/medien/ und https://www.karg-stiftung.de/stiftung/informationsmaterial/
- Antje Diller-Wolf: https://www.shsmedien.de/hochbegabung/buchtipps/
- Frauke Niehues: https://www.können-macht-spass.de/de/therapeuten-berater.html

Zudem gibt es auch zunehmend mehr Videobeiträge, Podcasts und seriöse Dokumentationen (bspw. in ARD- oder ZDF-Produktion, ebenso wie über das Medienprojekt Wuppertal), welche das Thema Hochbegabung aufgreifen. In diesem Zusammenhang empfiehlt es sich ebenso, als Therapeut die Beiträge zu sichten, um zielgerichtete Empfehlungen an Patienten aussprechen zu können.

> Erfahrungsgemäß schätzen es hochbegabte Patienten sehr, Bücher, Videos, Internetseiten oder Materialien als Add-ons zur Therapie hinzuzuziehen; es entspricht dem Wunsch nach Selbstrecherche im Sinne einer bibliotherapeutischen Arbeit. Zudem lässt sich so auch gemeinsam bspw. über diverse Beiträge konstruktiv kritisch diskutieren und der Abbau von ggf. übernommenen stereotypen Vorstellungen wird gefördert.

Teil IV Ausblick

Solange Stereotype gegenüber Hochbegabten noch in Laientheorien tradiert werden, die meisten Menschen das Phänomen Hochbegabung lediglich auf einen IQ ≥ 130 reduzieren und dazugehörige hochbegabungsspezifische Aspekte nicht konkret berücksichtigen, wird die »Abweichung von der Norm« bedauerlicherweise weiterhin negativ konnotiert bleiben. Welchen Beitrag können Fachpersonen für die Stärkung eines alternativen Blickwinkels leisten?

9 Der Blick in die Zukunft: Ein Paradigmenwechsel?

Um noch einmal an den Beginn des Buches anzuknüpfen: Die Konzeptualisierung von Hochbegabung ist eingebettet in einen bestimmten Zeitgeist und beeinflusst von den dazugehörigen Grundannahmen (Dai & Chen, 2013). Heute wird unumstritten angenommen, dass Hochbegabung domänspezifisch, modifizierbar und weiterentwickelbar ist (Subotnik et al., 2011). Dennoch verbleibt der Fokus auf der individuellen Leistungs- und Potenzialentwicklung der hochbegabten Person, welche im IQ-Test hoch scort, anstatt den sozialen, gesellschaftlichen oder sogar globalen Kontext, in welchen sich der Hochbegabte hineinentwickelt, gleichermaßen zu berücksichtigen (Chowkase, 2022). Heute werden neue Fragen aufgeworfen, welche denn die Merkmale von (hoch-)begabten Menschen sind, die besser in der Lage sein werden, die jetzigen und zukünftigen ernsthaften Probleme zu überwinden, und wie die Talente dieser (hoch-)begabten Menschen identifiziert und gefördert werden können (Sternberg, 2017). Es wird postuliert, dass vor dem Hintergrund unserer heutigen komplexen Gesellschaft Menschen ausgebildet werden sollten, die sich den Makroproblemen mit Kreativität, Leidenschaft, Umsicht und Durchhaltevermögen zuwenden und ihr Potenzial dahingehend ausschöpfen (Betts et al., 2016). Der Ruf nach einem neuen Paradigmenwechsel wird lauter: Weg vom Blick auf *den* Hochbegabten hin zur Entwicklung von hochbegabtem *Verhalten* im aktuellen Zeitgeschehen (Dai, 2016). Geht es folglich zukünftig darum, sich als Hochbegabter mehr mit seinem spezifischen Erleben und Verhalten zeigen und einbringen zu können?

Chowkase (2022) entwickelte jüngst das Drei-C-Konzept der Hochbegabung, in dem hochbegabtes Verhalten als Interaktion aus »competence in one's action«, »commitment to task« und »concern for others« beschrieben wird. Aus der Kombination der Ausprägung dieser drei Bestandteile ergeben sich insgesamt sieben Profile hochbegabten Verhaltens; dabei entspricht das »voll entwickelte Talent« den Personen, welche sich der Vernetztheit mit anderen vor dem Hintergrund der heute gegebenen Globalisierung ebenso wie ihrer eigenen Grenzen bewusst und daran interessiert sind, an einer positiven Selbsttransformation zu arbeiten (Chowkase, 2022). Dies knüpft an Sternbergs (2017) ACCEL-Modell an (Active Concerned Citizenship and Ethical Leadership). Es zielt darauf ab, Menschen darin zu fördern, einen Weg für eine bedeutsame, positive und dauerhafte Veränderung für sich und andere zu beschreiben, d. h. Hochbegabte zu befähigen, ihre Begabungen hinsichtlich analytischer, kreativer, praktischer, weisheitsbasierter und ethischer Fähigkeiten für das Allgemeinwohl zu nutzen. Sternberg betitelt diese Art von Hochbegabung als »transformational giftedness« (Sternberg, 2017/2022). Auch Baudson (2017d) kommentierte, dass Sternberg die Hochbegabtenförderung »von oben« konzipiere:

> »Wir brauchen mittel- und langfristig ethisch verantwortliche Vordenker, wenn unsere Welt nicht vor die Hunde gehen soll, und müssen sie deshalb erkennen und fördern. Derzeit belohnt unser System verantwortliches Handeln jedoch nur bedingt; Whistleblower, Wissenschaftler […] und viele andere kritisch Denkende und Handelnde stoßen auf massive Widerstände. Systeme sind träge; nicht zuletzt, weil diejenigen, die von ihnen profitieren, von ihren Pfründen nur ungern lassen, die sie häufig genug durch Verfolgung eher egoistischer als gemeinschaftsdienlicher Ziele errungen haben. […] Leistung für das Gemeinwohl muss sich wieder lohnen.« (S. 10)

Natürlich birgt diese komplexe Konzeptualisierung von Hochbegabung das Risiko, nicht ausreichend operationalisiert werden zu können, und die Ansicht von Sternberg und seinen Kollegen kann sicherlich kontrovers diskutiert werden. Insbesondere wenn er auf die Herausforderungen unserer heutigen Zeit hinweist und seine Überlegungen als Forderung verstanden werden könnten, dass Hochbegabte die Welt zu einem besseren Ort umwandeln *sollen* (»to make the world a better place« (Sternberg, 2022, S. 160)). Aus psychotherapeutischer Sicht könnte dieser übergeordnete Druck auf die hochbegabte Person mit einem möglicherweise bereits vorhandenen Erwartungsdruck des eigenen Lebenskontextes kumulieren. Vielleicht hat die in der Kindheit als hochbegabt identifizierte Person von unmittelbaren Bezugspersonen gehört, nun da sie hochbegabt sei, müsse sie dies auch tunlichst in ihren Leistungen zeigen, oder die hochbegabte Person mit Underachievement, nachdem sie spät als hochbegabt identifiziert wurde, hat im Rückblick auf ihr bisheriges Leben den Eindruck, absolut nicht genug geleistet zu haben. Werden auch noch globale Erwartungen unreflektiert und undifferenziert an die hochbegabte Person herangetragen, könnte sich schlimmstenfalls aus der daraus resultierenden selbst gestellten Frage »Was ist, wenn ich mit meiner Gabe nichts Vernünftiges mache?« auch die destruktive Grundannahme »Ich bin ein Versager« herausbilden.

Glăveanu und Kaufmann (2017) stimmten Sternberg hinsichtlich seines ACCEL-Modells zu, erweiterten dieses jedoch zu ACCEL-S (S steht dabei für »society«), um die Gesellschaft stärker in das Modell einzubetten. Unter diesem Blickwinkel reduziert sich der Druck auf die hochbegabte Person, indem die soziale Gemeinschaft die Last mitträgt. Demnach wäre die Gesellschaft nicht nur der Empfänger der Ergebnisse aus einer transformationalen Hochbegabung, sondern sollte als eigentlicher Motor der Entwicklung fungieren (Glăveanu & Kaufmann, 2017).

Als Konsequenz kann sich aus dieser neuen Konzeptualisierung ein anderer bereichernder Blick auf hochbegabte Personen in unserer Gesellschaft entwickeln. Die Förderung von Weisheit, kritischem Denken und moralischem, empathischem sowie verantwortungsvollem Handeln kann eine positive Wahrnehmung von Hochbegabten bewirken. Der Hochbegabte darf und soll sich entfalten und seine Passion im sozialen Gefüge finden. Es kann als Ermutigung verstanden werden, sich mit seinem Potenzial – nicht nur im Leistungskontext – zu zeigen. Bei der Entwicklung und Förderung von Hochbegabung geht es schließlich nicht darum, Kinder lediglich in einem Schulfach zu akzelerieren oder ihren Lernstoff anzureichern, sondern ihnen zu helfen, einen Sinn in ihrem Leben zu finden, um überhaupt fähig zu sein, einen bedeutungsvollen und bestmöglich dauerhaften Unterschied für andere in der Welt zu bewirken (Sternberg et al., 2021). Folglich muss sich auch der Blick der Berater,

Erzieher, Pädagogen, Psychologen und Psychotherapeuten auf Hochbegabte ändern. Webb (2020) betont:

> »Hochintelligente Menschen sind in der Regel intensiver, sensibler und idealistischer, haben einen ausgeprägten Gerechtigkeitssinn und erkennen rasch, wenn die Werte anderer Menschen nicht mit ihrem Verhalten übereinstimmen. [...] Ihre Sensibilität und ihr Idealismus sorgen dafür, dass sie sich selbst schwierige Fragen stellen, etwa über den Sinn und Zweck ihres eigenen Daseins und des Lebens der Menschen in ihrem Umfeld« (S. 22).

In dieser Auseinandersetzung können Hochbegabte Desillusionierung bis zu existenziellen Sorgen empfinden, wobei sie wahrnehmen, dass viele andere dies nicht erleben (Webb, 2020). Es ist bedauernswert, wenn gerade solche tiefgreifenden Überlegungen nicht mit anderen geteilt, die hochbegabungsspezifischen Aspekte wegen schmerzhafter Lernerfahrungen nicht gezeigt werden können und demnach eine Selbstverwirklichung und Weiterentwicklung hin zu einer transformationalen Begabung nicht angestoßen wird (vgl. Dabrowski, 2016). Nach Webb (2020) »erwächst Sinn aus authentischen Beziehungen zu anderen, denn in ihnen findet unser Verständnis von uns selbst Ausdruck und unsere Beziehung zur Welt einen Kontext« (S. 168). Folglich liegt es auch an Beratern, Erziehern, Pädagogen, Psychologen und Psychotherapeuten, eine authentische Arbeitsbeziehung mit Hochbegabten einzugehen, im Rahmen derer sie sich mit allen ihren Facetten zeigen können, ein interessiertes Gegenüber vorfinden, um Überlegungen zu teilen, um vielleicht sogar eine Entwicklung in Richtung transformationaler Nutzung der Begabungen zu unterstützen.

Entsprechend einer therapeutischen Grundhaltung, mit der einem Patienten in seiner Individualität auf Augenhöhe autonomiefördernd begegnet werden kann, und unter Berücksichtigung dieses neuen, vielleicht noch ungewohnten Blicks auf Hochbegabung kann es als Bereicherung erlebt werden, einen fähigen Menschen zu begleiten und ihm zu seiner Entfaltung verhelfen zu dürfen, ihn nicht nur in der Bewältigung seiner aktuellen Probleme und seiner persönlichen Selbstverwirklichung zu unterstützen, um ein glückliches und zufriedenes Leben führen zu können, sondern ihn zu ermutigen, sich im sozialen Gefüge zu zeigen, sich in seiner Kompetenz zu offenbaren und seine Begabung in einer für ihn sinnhaften Weise zu entfalten.

> »For the client, the feeling of being truly met, in the context of a deeply meaningful exchange, provides hopefulness and new energy for creativity. This co-creation of human sensitivity and connection may take place in a professional arena, but its effect is derived from real relationship in space and time, which the client deeply feels. The nature and consequence of such intense, mutually contemplative, and integrated encounters can catalyze the intense client into profound levels of reconstruction, filled with renewed acceptance of self and of purpose and meaning« (Daniels & Piechowski, 2008, S. 124).

Ein übergeordnetes Ziel in der Therapie kann demnach sein, den Hochbegabten darin zu bestärken, dass er sich zutraut, ein wesentlicher Teil der Welt sein zu können, diese – trotz der Widrigkeiten und Ungerechtigkeiten – nicht abzulehnen oder gar vor ihr zu erschrecken, sondern seinen Platz darin zu finden, und dass er darauf vertraut, etwas zu bewirken, im Kleinen wie im Großen. Um an dieser Stelle mit den Worten eines der aktuellen Nobelpreisträger für Physik, Herrn Prof. Dr. Ferenc Krausz vom Max-Planck-Institut für Quantenoptik in München, aus seinem

Nobelpreisvortrag zu schließen: »we badly need all of them [children] to carry on once our time comes to an end« (Nobel Prize, 2023).

Teil V Verzeichnisse

Literatur

Abele, A. E., & Wojciszke, B. (2007). Agency and communion from the perspective of self versus others. *Journal of Personality and Social Psychology, 93*(5), 751–763. https://doi.org/10.1037/0022-3514.93.5.751

Achter, J. A., Benbow, C. P., & Lubinski, D. (1997). Rethinking multipotentiality among the intellectually gifted: A critical review and recommendations. *Gifted Child Quarterly, 41*(1), 5–15. https://doi.org/10.1177/001698629704100102

Ackerman, C. M. (2009). The essential elements of Dabrowski's theory of positive disintegration and how they are connected. *Roeper Review, 31*(2), 81–95. https://doi.org/10.1080/02783190902737657

Ackerman, P. L., Beier, M. E., & Bowen, K. R. (2002). What we really know about our abilities and our knowledge. *Personality and individual differences, 33*(4), 587–605. https://doi.org/10.1016/S0191-8869(01)00174-X

Armstrong, T. (2015). The myth of the normal brain: Embracing neurodiversity. *AMA journal of ethics, 17*(4), 348–352. https://doi.org/10.1001/journalofethics.2015.17.4.msoc1-1504

Aron, E. N. (2014). *Hochsensible Menschen in der Psychotherapie*. Junfermann.

Aron, E. N., & Aron, A. (1997). Sensory-processing sensitivity and its relation to introversion and emotionality. *Journal of Personality and Social Psychology, 73*(2), 345–368. https://doi.org/10.1037/0022-3514.73.2.345

Aydin, N., & Fritsch, K. (2015). Stigma und Stigmatisierung von psychischen Krankheiten. *Psychotherapeut, 60*(3), 245–257. https://doi.org/10.1007/s00278-015-0024-9

Baldwin, L., Baum, S., Pereles, D., & Hughes, C. (2015). Twice-exceptional learners: The journey toward a shared vision. *Gifted Child Today, 38*(4), 206–214. https://doi.org/10.1177/1076217515597277

Banek, N. (2022). *Die Selbsterkenntnis der Hochsensibilität*. Springer VS. https://doi.org/10.1007/978-3-658-39358-8

Barbey, A. K. (2018). Network neuroscience theory of human intelligence. *Trends in cognitive sciences, 22*(1), 8–20. https://doi.org/10.1016/j.tics.2017.10.001

Barlow, D. H., Farchione, T. J., Sauer-Zavala, S., Murray Latin, H., Ellard, K. K., Bullis, J., R., Bentley, K. H., Boettcher, H. T., & Cassiello-Robbins, C. (2019). *Transdiagnostische Behandlung emotionaler Störungen*. Hogrefe. https://doi.org/10.1024/85240-000

Baron-Cohen, S. (2017). Editorial Perspective: Neurodiversity – a revolutionary concept for autism and psychiatry. *Journal of Child Psychology and Psychiatry, 58*(6), 744–747. https://doi.org/10.1111/jcpp.12703

Batty, G. D., Deary, I. J., & Gottfredson, L. S. (2007). Premorbid (early life) IQ and later mortality risk: systematic review. *Annals of epidemiology, 17*(4), 278–288. https://doi.org/10.1016/j.annepidem.2006.07.010

Baudson, T. G. (2016). The mad genius stereotype: Still alive and well. *Frontiers in Psychology, 7*(368), 1–9. https://doi.org/10.3389/fpsyg.2016.00368

Baudson, T. G. (2017a, Februar). Hochbegabte: eine besondere Minderheit? SciLogs Spektrum. Abgerufen am 20.11.2022 von https://scilogs.spektrum.de/hochbegabung/hochbegabte-eine-besondere-minderheit/

Baudson, T. G. (2017b, April). *Was die Hochbegabung mit uns macht* [Konferenzbeitrag]. Mensa Jahrestreffen, Regensburg.

Baudson, T. G. (2017c, August). Wir sind Hochstapler. Bald wird jemand merken, dass ich hier eigentlich gar nicht hingehöre – und dann fliegt alles auf. *MinD Magazin, 119*, 9–12. https://www.mensa.de/about/mind-magazin/#mind-magazin-119/1/

Baudson, T. G. (2017d, September). *Der IQ reicht nicht mehr aus.* Spektrum. https://www.spektrum.de/kolumne/der-iq-reicht-nicht-mehr-aus/1502371

Baudson, T. G. (2021a, Dezember). Was hilft hochbegabten Underachievern? *MinD Magazin, 145*, 20–23. https://www.mensa.de/about/mind-magazin/#mind-magazin-145/1/

Baudson, T. G. (2021b). *Was Menschen über (Hoch-)Begabung und (Hoch-)Begabte denken.* In V. Müller-Oppliger & G. Weigand (Hrsg.), *Handbuch Begabung* (S. 115–132). Beltz.

Baudson, T. G., & Preckel, F. (2013). Teachers' implicit personality theories about the gifted: An experimental approach. *School psychology quarterly, 28*(1), 37–46. https://doi.org/10.1037/spq0000011

Baudson, T. G., & Preckel, F. (2016). Teachers' conceptions of gifted and average-ability students on achievement-relevant dimensions. *Gifted Child Quarterly, 60*(3), 212–225. https://doi.org/10.1177/0016986216647115

Baudson, T. G., & Ziemes, J. F. (2016). The importance of being gifted: Stages of gifted identity development, their correlates and predictors. *Gifted and Talented International, 31*(1), 19–32. https://doi.org/10.1080/15332276.2016.1194675

Baum, S., & Schader, R. (2021). *»Twice Exceptionality« – in zweifacher Hinsicht außergewöhnlich.* In V. Müller-Oppliger & G. Weigand (Hrsg.), *Handbuch Begabung* (S. 588–600). Beltz.

Baum, S. M., Schader, R. M., & Hébert, T. P. (2014). Through a different lens: Reflecting on a strengths-based, talent-focused approach for twice-exceptional learners. *Gifted Child Quarterly, 58*(4), 311–327. https://doi.org/10.1177/0016986214547632

Beißert, H., Köhler, M., Rempel, M., & Beierlein, C. (2014). *Eine deutschsprachige Kurzskala zur Messung des Konstrukts Need for Cognition: Die Need for Cognition Kurzskala (NFC-K).* https://www.gesis.org/fileadmin/kurzskalen/working_papers/WorkingPapers_2014-32.pdf

Benbow, C. P., Lubinski, D., Shea, D. L., & Eftekhari-Sanjani, H. (2000). Sex differences in mathematical reasoning ability at age 13: Their status 20 years later. *Psychological science, 11*(6), 474–480. https://doi.org/10.1111/1467-9280.00291

Bergjann, V. C. (2022, Juni). Es ist wie eine unsichtbare Wand. Über das Gefühl der Ablehnung und des »Anderssein«. *MinD Magazin, 148*, 34–36. https://www.mensa.de/mind-magazin/#mind-magazin-148/1/

Bergold, S., Hastall, M. R., & Steinmayr, R. (2021). Do mass media shape stereotypes about intellectually gifted individuals? Two experiments on stigmatization effects from biased newspaper reports. *Gifted Child Quarterly, 65*(1), 75–94. https://doi.org/10.1177/0016986220969393

Bergold, S., Wendt, H., Kasper, D., & Steinmayr, R. (2017). Academic competencies: Their interrelatedness and gender differences at their high end. *Journal of Educational Psychology, 109*(3), 439–449. https://doi.org/10.1037/edu0000140

Berlin, J. E. (2009). It's all a matter of perspective: Student perceptions on the impact of being labeled gifted and talented. *Roeper Review, 31*(4), 217–223. https://doi.org/10.1080/02783190903177580

Betts, G., Kapushion, B., & Carey, R. J. (2016). The Autonomous Learner Model: Supporting the Development of Problem Finders, Creative Problem Solvers, and Producers of Knowledge to Successfully Navigate the 21st Century. In D. Ambrose & R. J. Sternberg (Hrsg.), *Giftedness and talent in the 21st century. Adapting to the turbulence of globalization* (S. 201–220). Sense Publishers.

Blach, C., & Egger, J. W. (2014). Hochsensibilität – ein empirischer Zugang zum Konstrukt der hochsensiblen Persönlichkeit. *Psychologische Medizin, 25*(3), 4–16.

Bless, H., Wänke, M., Bohner, G., Fellhauer, R. F., et al. (1994). Need for Cognition: Eine Skala zur Erfassung von Engagement und Freude bei Denkaufgaben. *Zeitschrift für Sozialpsychologie, 25*(2), 147–154.

Blum, D., & Holling, H. (2017). Spearman's law of diminishing returns. A meta-analysis. *Intelligence, 65*, 60–66. https://doi.org/10.1016/j.intell.2017.07.004

Blut, T. C. (2020). *Die nicht-kognitiven Aspekte der Hochbegabung. Selbstkonzepte von hochbegabten Erwachsenen.* Springer. https://doi.org/10.1007/978-3-658-29987-3

Bockwyt, E. (2020). *Die Verhaltensanalyse*. Schattauer

Bohus, M. (2019). *Borderline-Störung*. Hogrefe. https://doi.org/10.1026/02853-000

Borchardt, K., Borchardt, D., Kohler, J., & Kradolfer, F. (2005). *Sensorische Verarbeitungsstörung: Theorie und Therapie der Sensorischen Integration*. Schulz-Kirchner.

BPtK (2022, 14. Mai). *Muster-Berufsordnung der Psychotherapeut*innen*. Abgerufen am 07.06.2023 unter https://www.bptk.de/wp-content/uploads/2022/05/Muster-Berufsordnung-der-BPtK.pdf

Brackmann, A. (2012). *Ganz normal hochbegabt. Leben als hochbegabter Erwachsener*. Klett-Cotta.

Brackmann, A. (2020a). *Extrem begabt. Die Persönlichkeitsstruktur von Höchstbegabten und Genies*. Klett-Cotta.

Brackmann, A. (2020b). *Jenseits der Norm – hochbegabt und hoch sensibel?* Klett-Cotta.

Brakemeier, E.-L., & Herpertz, S. C. (2019). Innovative Psychotherapieforschung: Auf dem Weg zu einer evidenz- und prozessbasierten individualisierten und modularen Psychotherapie. *Der Nervenarzt, 90*(11), 1125–1134. https://doi.org/10.1007/s00115-019-00808-9

Bräscher, A. K., & Witthöft, M. (2021). Die Erfassung allgemeiner Wirkfaktoren in der Psychotherapie. *Zeitschrift für Klinische Psychologie und Psychotherapie, 49*(2), 128–135. https://doi.org/10.1026/1616-3443/a000583

Bravata, D. M., Watts, S. A., Keefer, A. L., Madhusudhan, D. K., Taylor, K. T., Clark, D. M., Nelson, R. S., Cokley, K. O., & Hagg, H. K. (2020). Prevalence, predictors, and treatment of impostor syndrome: a systematic review. *Journal of General Internal Medicine, 35*(4), 1252–1275. https://doi.org/10.1007/s11606-019-05364-1

Brown, T. E. (2022). *ADHS bei Kindern und Erwachsenen – eine neue Sichtweise*. Hogrefe. https://doi.org/10.1024/85854-000

Brown, T. E., Reichel, P. C., & Quinlan, D. M. (2009). Executive function impairments in high IQ adults with ADHD. *Journal of Attention Disorders, 13*(2), 161–167. https://doi.org/10.1177/1087054708326113

Brown, H. M., Stahmer, A. C., Dwyer, P., & Rivera, S. (2021). Changing the story: How diagnosticians can support a neurodiversity perspective from the start. *Autism, 25*(5), 1171–1174. https://doi.org/10.1177/13623613211001012

Brunner, J. (2022). *Der Antrag in der Verhaltenstherapie*. Kohlhammer.

Brunning, L., & McKeever, N. (2021). Asexuality. *Journal of Applied Philosophy, 38*(3), 497–517. https://doi.org/10.1111/japp.12472

Cacioppo, J. T., & Petty, R. E. (1982). The need for cognition. *Journal of personality and social psychology, 42*(1), 116–133.

Caspar, F. M. (2009). Plananalyse und Schemaanalyse. *Verhaltenstherapie & Verhaltensmedizin, 30*(1), 24–34.

Caspar, F. (2018). *Beziehungen und Probleme verstehen*. Hogrefe. https://doi.org/10.1024/85625-000

Caspar, F., & Grosse Holtforth, M. (2009). Responsiveness – eine entscheidende Prozessvariable in der Psychotherapie. *Zeitschrift für Klinische Psychologie und Psychotherapie, 38*(1), 61–69. https://doi.org/10.1026/1616-3443.38.1.61

Cass, V. C. (1979). Homosexual identity formation: A theoretical model. *Journal of homosexuality, 4*(3), 219–235. https://doi.org/10.1300/J082v04n03_01

Cass, V. C. (1984). Homosexual identity formation: Testing a theoretical model. *Journal of Sex Research, 20*, 143–167. https://doi.org/10.1080/00224498409551214

Chakraverty, D. (2020). PhD student experiences with the impostor phenomenon in STEM. *International Journal of Doctoral Studies, 15*, 159–179. https://doi.org/10.28945/4513

Chowkase, A. A. (2022). Three C's conception of giftedness: A call for paradigm shift. *Gifted Education International*, 1–8. https://doi.org/10.1177/02614294211064703

Clance, P. R., & Imes, S. A. (1978). The imposter phenomenon in high achieving women: Dynamics and therapeutic intervention. *Psychotherapy: Theory, Research & Practice, 15*(3), 241–247. https://doi.org/10.1037/h0086006

Clinkenbeard, P. R. (2012). Motivation and gifted students: Implications of theory and research. *Psychology in the Schools, 49*(7), 622–630. https://doi.org/10.1002/pits.21628

Cochran, S. D., Sullivan, J. G., & Mays, V. M. (2003). Prevalence of mental disorders, psychological distress, and mental health services use among lesbian, gay, and bisexual adults in the United States. *Journal of Consulting and Clinical Psychology, 71*(1), 53–61. https://doi.org/10.1037/0022-006X.71.1.53

Coleman, L. J., & Cross, T. L. (1988). Is being gifted a social handicap? *Journal for the Education of the Gifted, 11*(4), 41–56. https://doi.org/10.1177/016235328801100406

Coleman, L. J., Micko, K. J., & Cross, T. L. (2015). Twenty-five years of research on the lived experience of being gifted in school: Capturing the students' voices. *Journal for the Education of the Gifted, 38*(4), 358–376. https://doi.org/10.1177/0162353215607322

Colom, R., Jung, R. E., & Haier, R. J. (2006). Distributed brain sites for the g-factor of intelligence. *Neuroimage, 31*(3), 1359–1365. https://doi.org/10.1016/j.neuroimage.2006.01.006

Cross, J. R., Vaughn, C. T., Mammadov, S., Cross, T. L., Kim, M., O'Reilly, C., Spielhagen, F., Pereira Da Costa, M., & Hymer, B. (2019). A cross-cultural study of the social experience of giftedness. *Roeper Review, 41*(4), 224–242. https://doi.org/10.1080/02783193.2019.1661052

Cross, T. L., Coleman, L. J., & Terhaar-Yonkers, M. (2014). The social cognition of gifted adolescents in schools: Managing the stigma of giftedness. *Journal for the Education of the Gifted, 37*(1), 30–39. https://doi.org/10.1177/0162353214521492

Cuddy, A. J., Fiske, S. T., Kwan, V. S., Glick, P., Demoulin, S., Leyens, J. P., Bond, M. H., Croizet, J.-C., Ellemers, N., Sleebos, E., Htun, T. T., Kim, H.-J., Maio, G., Perry, J., Petkova, K. Todorov, V., Rodríguez-Bailón, R., Morales, E., Moya, M., … Ziegler, R. (2009). Stereotype content model across cultures: Towards universal similarities and some differences. *British Journal of Social Psychology, 48*(1), 1–33. https://doi.org/10.1348/014466608X314935

Curci, A., & Rimé, B. (2012). The temporal evolution of social sharing of emotions and its consequences on emotional recovery: A longitudinal study. *Emotion, 12*(6), 1404–1414. https://doi.org/10.1037/a0028651

Dabrowski, K. (2016). *Positive disintegration.* Maurice Bassett.

Dai, D. Y. (2009). *Essential tensions surrounding the concept of giftedness.* In L. V. Shavinina (Hrsg.). *International handbook of giftedness, part one* (S. 39–80). Springer. https://doi.org/10.1007/978-1-4020-6162-2_3

Dai, D. Y. (2016). Envisioning a new century of gifted education: The case for a paradigm shift. In D. Ambrose & R. J. Sternberg (Hrsg.). *Giftedness and talent in the 21st century. Adapting to the turbulence of globalization* (S. 45–63). Sense Publishers.

Dai, D. Y., & Chen, F. (2013). Three paradigms of gifted education: In search of conceptual clarity in research and practice. *Gifted child quarterly, 57*(3), 151–168. https://doi.org/10.1177/0016986213490020

Dai, D. Y., Swanson, J. A., & Cheng, H. (2011). State of research on giftedness and gifted education: A survey of empirical studies published during 1998–2010 (April). *Gifted child quarterly, 55*(2), 126–138. https://doi.org/10.1177/0016986210397831

Daniels, S., & Piechowski, M. M. (Hrsg.). (2008). *Living with intensity: Understanding the sensitivity, excitability, and emotional development of gifted children, adolescents, and adults.* Great Potential Press.

Deary, I. J., & Pagliari, C. (1991). The strength of g at different levels of ability: Have Detterman and Daniel rediscovered Spearman's »law of diminishing returns«? *Intelligence, 15*(2), 247–250. https://doi.org/10.1016/0160-2896(91)90033-A

Deary, I. J., Penke, L., & Johnson, W. (2010). The neuroscience of human intelligence differences. *Nature reviews neuroscience, 11*(3), 201–211. https://doi.org/10.1038/nrn2793

Deci, E. L., & Ryan, R. M. (1993). Die Selbstbestimmungstheorie der Motivation und ihre Bedeutung für die Pädagogik. *Zeitschrift für Pädagogik, 39*(2), 223–238. https://doi.org/10.25656/01:11173

Deci, E. L., & Ryan, R. M. (2000). The« what« and« why« of goal pursuits: Human needs and the self-determination of behavior. *Psychological inquiry, 11*(4), 227–268. https://doi.org/10.1207/S15327965PLI1104_01

Dieckmann, M., Dahm, A., & Neher, M. (Hrsg.). (2020). *Faber/Haarstrick. Kommentar Psychotherapie-Richtlinie.* Elsevier.

Diekman, A. B., Brown, E., Johnston, A., & Clark, E. (2010). Seeking congruity between goals and roles: A new look at why women opt out of STEM careers. *Psychological Science, 21*(8), 1051–1057. https://doi.org/10.1177/0956797610377342

Doobay, A. F., Foley Nicpon, M., Ali, S. R., & Assouline, S. G. (2014). Cognitive, adaptive, and psychosocial differences between high ability youth with and without autism spectrum disorder. *Journal of Autism and Developmental Disorders, 44*(8), 2026–2040. https://doi.org/10.1007/s10803-014-2082-1

Dörner, D. (1976). *Problemlösen als Informationsverarbeitung.* Kohlhammer.

Dozier, T. H. (2016). *Misophonie verstehen und überwinden.* Lotus Press.

Dozier, T. H., Lopez, M., & Pearson, C. (2017). Proposed diagnostic criteria for misophonia: A multisensory conditioned aversive reflex disorder. *Frontiers in psychology, 8,* 1975. https://doi.org/10.3389/fpsyg.2017.01975

Dreković, A., & Nauta, N. (2023). *Hochbegabung. Das Kartenset für Coaching, Therapie und Selbstcoaching.* Klett-Cotta.

Duncan, B. L., Miller, S. D., Sparks, J. A., Claud, D. A., Reynolds, L. R., Brown, J., & Johnson, L. D. (2003). The Session Rating Scale: Preliminary psychometric properties of a »working« alliance measure. *Journal of brief Therapy, 3*(1), 3–12.

Dunne, O. (2023). Gifted and LGBTQ: A Review of the Literature. *SENG Journal: Exploring the Psychology of Giftedness, 2*(1), 57–66. https://doi.org/10.25774/VNTA-S564

Dweck, C. S. (2017). From needs to goals and representations: Foundations for a unified theory of motivation, personality, and development. *Psychological Review, 124*(6), 689–719. https://doi.org/10.1037/rev0000082

Dziobek, I., & Stoll, S. (2019). *Hochfunktionaler Autismus bei Erwachsenen.* Kohlhammer.

Ehrlich, T., & Lutz, W. (2015). Neue Ansätze zur Modellierung diskontinuierlicher Verläufe in der Psychotherapie. *Psychotherapeut, 60*(3), 205–209. https://doi.org/10.1007/s00278-015-0019-6

Endepohls-Ulpe, M (2012). *Begabte Mädchen und Frauen.* In H. Stöger, A. Ziegler & M. Heilemann (Hrsg.). *Mädchen und Frauen in MINT* (S. 103–134). Lit Verlag.

Ericsson, K. A., Krampe, R. T., & Tesch-Römer, C. (1993). The role of deliberate practice in the acquisition of expert performance. *Psychological review, 100*(3), 363–406. https://doi.org/10.1037/0033-295X.100.3.363

Evans, D. E., & Rothbart, M. K. (2008). Temperamental sensitivity: Two constructs or one? *Personality and Individual Differences, 44*(1), 108–118. https://doi.org/10.1016/j.paid.2007.07.016

Falk, R. F., Lind, S., Miller, N. B., Piechowski, M. M., & Silverman, L. K. (1999). *The Overexcitability Questionnaire-Two (OEQ-II).* Institute for Study of Advanced Development.

Fels, C. (1999). *Identifizierung und Förderung Hochbegabter in den Schulen der Bundesrepublik Deutschland.* Haupt.

Ferriman, K., Lubinski, D., & Benbow, C. P. (2009). Work preferences, life values, and personal views of top math/science graduate students and the profoundly gifted: Developmental changes and gender differences during emerging adulthood and parenthood. *Journal of Personality and Social Psychology, 97*(3), 517–532. https://doi.org/10.1037/a0016030

Fiedler, E. D., & Nauta, N. (2020). *Bore-out: A challenge for unchallenged gifted (young) adults. Recognizing and finding ways to deal with bore-out.* Abgerufen am 20.10.2022 von https://www.sengifted.org/post/bore-out-a-challenge-for-unchallenged-gifted-young-adults

Fietze, K. (2019). *Kluge Mädchen. Frauen entdecken ihre Hochbegabung.* Orlanda.

Fleiß, I. (2009). *Hochbegabung und Hochbegabte.* Tectum.

Fleischhauer, M., Enge, S., Brocke, B., Ullrich, J., & Strobel, A. (2010). Same or different? Clarifying the relationship of need for cognition to personality and intelligence. *Personality and Social Psychology Bulletin, 36,* 82–96. https://doi.org/10.1177/0146167209351886

Flückiger, C., Held, J., Wolfer, C., Allemand, M., & Visla, A. (2017). Ressourcenorientierung als Interventionsleitbild. *Psychotherapeut, 62*(2), 136–142. https://doi.org/10.1007/s00278-017-0168-x

Flückiger, C., Horvarth, A. O., Del Re A. C., Symonds, D., & Holzer, C. (2015). Die Bedeutung der Arbeitsallianz in der Psychotherapie. *Psychotherapeut, 60*(3), S. 187–192. https://doi.org/10.1007/s00278-015-0020-0

Flynn, J. R. (1999). Searching for justice: The discovery of IQ gains over time. *American Psychologist, 54*(1), 5–20. https://doi.org/10.1037/0003-066X.54.1.5

Foley Nicpon, M., Allmon, A., Sieck, B., & Stinson, R. D. (2011). Empirical investigation of twice-exceptionality: Where have we been and where are we going? *Gifted Child Quarterly*, *55*(1), 3–17. https://doi.org/10.1177/0016986210382575

Francis, R., Hawes, D. J., & Abbott, M. (2016). Intellectual giftedness and psychopathology in children and adolescents: A systematic literature review. *Exceptional Children*, *82*(3), 279–302. https://doi.org/10.1177/0014402915598779

Frank, J. D. (1987). Psychotherapy, rhetoric, and hermeneutics: Implications for practice and research. *Psychotherapy: Theory, Research, Practice, Training*, *24*(3), 293–302. https://doi.org/10.1037/h0085719

Freeman, J. (2010). Hochbegabte und Nicht-Hochbegabte: Ergebnisse einer über 35 Jahre laufenden Kontrollgruppenstudie. In D. H. Rost (Hrsg.). *Intelligenz, Hochbegabung, Vorschulerziehung, Bildungsbenachteiligung* (S. 85–124). Waxmann.

Freund, P. A., & Kasten, N. (2012). How smart do you think you are? A meta-analysis on the validity of self-estimates of cognitive ability. *Psychological bulletin*, *138*(2), 296. https://doi.org/10.1037/a0026556

Freund-Braier, I. (2009). Persönlichkeitsmerkmale. In D. H. Rost (Hrsg.). *Hochbegabte und hochleistende Jugendliche* (S. 161–210). Waxmann.

Freyberger, H. J. (2017). *Moderne operationalisierte Klassifikationssysteme psychischer Störungen*. In H.-J. Möller, G. Laux & H.-P. Kapfhammer (Hrsg.). *Psychiatrie, Psychosomatik, Psychotherapie* (S. 517–532). Springer. https://doi.org/10.1007/978-3-662-49295-6

Friedl, J., & Hoyer, T. (2014). »Momentan werden wir eben immer noch als Nerds dargestellt.« Fremdbilder über Hochbegabung. In T. Hoyer, R. Haubl & G. Weigand (Hrsg.). *Sozio-Emotionalität von hochbegabten Kindern* (S. 167–188). Beltz.

Fries, J., Kovacs, K., Zeilinger, E. L., & Pietschnig, J. (2022). Is there a »gifted personality«? Initial evidence for differences between MENSA and general population members in the HEXACO Personality Inventory. *Journal of Intelligence*, *10*(4), 92. https://doi.org/10.3390/jintelligence10040092

Frost, R. O., Heimberg, R. G., Holt, C. S., Mattia, J. I., & Neubauer, A. L. (1993). A comparison of two measures of perfectionism. *Personality and individual differences*, *14*(1), 119–126. https://doi.org/10.1016/0191-8869(93)90181-2

Galiana-Simal, A., Vela-Romero, M., Romero-Vela, V. M., Oliver-Tercero, N., García-Olmo, V., Benito-Castellanos, P. J., Muñoz-Martinez, V., & Beato-Fernandez, L. (2020). Sensory processing disorder: Key points of a frequent alteration in neurodevelopmental disorders. *Cogent Medicine*, *7*(1), 1736829. https://doi.org/10.1080/2331205X.2020.1736829

Gandras, G. (2021). *Die Therapeutische Beziehung in der Psychotherapie*. Springer. https://doi.org/10.1007/978-3-662-62112-7

Germann-Tillmann, T., Joder, K., Treier, R., & Vroomen-Marell, R. (2021). *Hochbegabung und Hochsensibilität*. Schattauer.

Glăveanu, V. P., & Kaufman, J. C. (2017). Socializing giftedness: Toward an ACCEL-S approach. *Roeper Review*, *39*(4), 226–229. https://doi.org/10.1080/02783193.2017.1362682

Gmelch, M., & Preß, H. (2012). *Der Klient als Experte! Ein Prozessmodell, das Selbstmanagement ernst nimmt*. In J. Siegl, D. Schmelzer & H. Mackinger (Hrsg.). *Horizonte der Klinischen Psychologie und Psychotherapie. Festschrift für Hans Reinecker* (S. 86–95). Pabst.

Goldfried, M. R., Burckell, L. A., & Eubanks-Carter, C. (2003). Therapist self-disclosure in cognitive-behavior therapy. *Journal of clinical psychology*, *59*(5), 555–568. https://doi.org/10.1002/jclp.10159

Gottfredson, L. S. (1997). Why g matters: The complexity of everyday life. *Intelligence*, *24*(1), 79–132. https://doi.org/10.1016/S0160-2896(97)90014-3

Gottfredson, L. S. (2003). Dissecting practical intelligence theory: Its claims and evidence. *Intelligence*, *31*(4), 343–397. https://doi.org/10.1016/S0160-2896(02)00085-5

Gouze, K. R., Hopkins, J., LeBailly, S. A., & Lavigne, J. V. (2009). Re-examining the epidemiology of sensory regulation dysfunction and comorbid psychopathology. *Journal of Abnormal Child Psychology*, *37*(8), 1077–1087. https://doi.org/10.1007/s10802-009-9333-1

Grawe, K. (2004). *Neuropsychotherapie*. Hogrefe.

Greiten, S. (2021). *Underachievement*. In In V. Müller-Oppliger & G. Weigand (Hrsg.). *Handbuch Begabung* (S. 546–555). Beltz.

Greve, W., & Thomsen, T. (2019). *Entwicklungspsychologie*. Springer. https://doi.org/10.1007/978-3-531-93432-7

Grobman, J. (2006). Underachievement in exceptionally gifted adolescents and young adults: A psychiatrist's view. *Journal of Secondary Gifted Education*, 17(4), 199–210. https://doi.org/10.4219/jsge-2006-408

Gross, M. U. (1989). The pursuit of excellence or the search for intimacy? The forced-choice dilemma of gifted youth. *Roeper Review*, 11(4), 189–194. https://doi.org/10.1080/02783198909553207

Gross, M. U. (1999). Small poppies: Highly gifted children in the early years. *Roeper review*, 21(3), 207–214. https://doi.org/10.1080/02783199909553963

Gross, M. U. (2004). *Exceptionally gifted children*. Routledge.

Gross, M. U. (2011, September). *The »me« behind the mask: Intellectually gifted students and the search for identity*. Abgerufen am 26.03.2022 unter https://www.sengifted.org/post/the-me-behind-the-mask-intellectually-gifted-students-and-the-search-for-identity

Grosse Holtforth, M. G., & Grawe, K. (2004). Inkongruenz und Fallkonzeption in der Psychologischen Therapie. *Verhaltenstherapie & psychosoziale Praxis*, 36(1), 9–21.

Gyseler, D. (2021). Hochbegabung und ADHS. In V. Müller-Oppliger & G. Weigand (Hrsg.). *Handbuch Begabung* (S. 556–563). Beltz.

Haier, R. J., Colom, R., Schroeder, D. H., Condon, C. A., Tang, C., Eaves, E., & Head, K. (2009). Gray matter and intelligence factors: Is there a neuro-g? *Intelligence*, 37(2), 136–144. https://doi.org/10.1016/j.intell.2008.10.011

Haier, R. J., Jung, R. E., Yeo, R. A., Head, K., & Alkire, M. T. (2005). The neuroanatomy of general intelligence: sex matters. *Neuroimage*, 25(1), 320–327. https://doi.org/10.1016/j.neuroimage.2004.11.019

Hambrick, D. Z., Burgoyne, A. P., Macnamara, B. N., & Ullén, F. (2018). Toward a multifactorial model of expertise: beyond born versus made. *Annals of the New York Academy of Sciences*, 1423(1), 284–295. https://doi.org/10.1111/nyas.13586

Harder, B. (2009). Twice exceptional – in zweifacher Hinsicht außergewöhnlich: Hochbegabte mit Lern-, Aufmerksamkeits-, Wahrnehmungsstörungen oder Autismus. *Heilpädagogik online*, 2, 64–89.

Harvey Sallin, J. (2016, 6. Oktober). *The Stages of adult giftedness discovery*. InterGifted. Abgerufen am 13.06.2022 von https://intergifted.com/stages-of-adult-giftedness-discovery/

Haslam, N. (2016). Concept creep: Psychology's expanding concepts of harm and pathology. *Psychological Inquiry*, 27(1), 1–17. https://doi.org/10.1080/1047840X.2016.1082418

Havighurst, R. J. (1956). Research on the developmental-task concept. *The School Review*, 64(5), 215–223. https://doi.org/10.1086/442319

Heil, C. (2018). Psychotherapie mit hochbegabten Erwachsenen. *Psychotherapeutenjournal*, 3, 218–224.

Heil, C. (2021a). *Hochbegabte Erwachsene – ihr persönliches Erleben der Begabung und ihre Erfahrung mit Psychotherapie*. Abgerufen am 04.06.2023 von https://www.psychotherapie-heil.de/publikationen/

Heil, C. (2021b). *Höchstbegabte Erwachsene – ihr persönliches Erleben der Begabung und ihre Erfahrung mit Psychotherapie*. Abgerufen am 03.08.2022 von https://www.psychotherapie-heil.de/publikationen/.

Heil, C. (2022). *Hoch- und höchstbegabte Erwachsene – Eine Vergleichsstudie hinsichtlich ihres persönlichen Erlebens der Begabung sowie ihrer Erfahrung mit Psychotherapie*. Abgerufen am 03.08.2022 von https://www.psychotherapie-heil.de/publikationen/

Heilemann, M., Hackl, J., Neubauer, T., & Stöger, H. (2012). Die Darstellung von Mädchen und Frauen in den Medien. In H. Stöger, A. Ziegler & M. Heilemann (Hrsg.). *Mädchen und Frauen in MINT* (S. 77–102). Lit Verlag.

Heine, S., & Exner, C. (2021). Aufmerksamkeitsdefizit-/Hyperaktivitätsstörung (ADHS) im Erwachsenenalter. Eine Übersicht mit Schwerpunkt auf leitliniengerechter Diagnostik und Behandlung. *Zeitschrift für Neuropsychologie*, 32(3), 141–157. https://doi.org/10.1024/1016-264X/a000329

Heisenberg, W. (2017). *Der Teil und das Ganze*. Piper.

Hermann, J. M., & Vollmeyer, R. (2016). Stereotype Threat in der Grundschule. *Zeitschrift für Entwicklungspsychologie und Pädagogische Psychologie*, 48(1), 42–49. https://doi.org/10.1026/0049-8637/a000143

Herpertz, S. C., & Schramm, E. (Hrsg.). (2022). *Modulare Psychotherapie. Ein Mechanismusbasiertes, personalisiertes Vorgehen*. Schattauer.

Herzberg, P. Y., Fricke, K. R., & Konrad, S. (2022). Normierung der deutschen Fassung der Highly Sensitive Person Scale (HSPS-G) – Selbstbeurteilungsskala an einer deutschsprachigen Stichprobe. *Psychotherapie, Psychosomatik, Medizinische Psychologie*, 72(03/04), 108–116. https://doi.org/10.1055/a-1494-3892

Hoberg, K., & Rost, D. H. (2009). Interessen. In D. H. Rost (Hrsg.). *Hochbegabte und hochleistende Jugendliche* (S. 339–365). Waxmann.

Hossiep, R., Frieg, P., Frank, R., & Scheer, H.-D. (2013). *Zusammenhänge zwischen Hochbegabung und berufsbezogenen Persönlichkeitseigenschaften* [Forschungsbericht, Ruhr-Universität Bochum, Projektteam Testentwicklung]. https://doi.org/10.13140/RG.2.1.4570.6005

Hull, P. M., Lashewicz, B. M., & Fritzler, M. J. (2021). High intelligence may exacerbate paediatric inflammatory response to SARS-CoV-2 infection. *Medical Hypotheses*, 155, 110677. https://doi.org/10.1016/j.mehy.2021.110677

Hutcheson, V. H., & Tieso, C. L. (2014). Social coping of gifted and LGBTQ adolescents. *Journal for the Education of the Gifted*, 37(4), 355–377. https://doi.org/10.1177/0162353214552563

Hyde, J. S. (2005). The gender similarities hypothesis. *American Psychologist*, 60(6), 581–592. https://doi.org/10.1037/0003-066X.60.6.581

Imhoff, R., & Koch, A. (2017). How orthogonal are the Big Two of social perception? On the curvilinear relation between agency and communion. *Perspectives on Psychological Science*, 12(1), 122–137. https://doi.org/10.1177/1745691616657334

Jaarsma, P., & Welin, S. (2012). Autism as a natural human variation: Reflections on the claims of the neurodiversity movement. *Health care analysis*, 20(1), 20–30. https://doi.org/10.1007/s10728-011-0169-9

Jacobsen, M. E. (1999). Arousing the sleeping giant: Giftedness in adult psychotherapy. *Roeper Review*, 22(1), 36–41. https://doi.org/10.1080/02783199909553995

Jager, I. J., Vulink, N. C., Bergfeld, I. O., van Loon, A. J., & Denys, D. A. (2021). Cognitive behavioral therapy for misophonia: A randomized clinical trial. *Depression and anxiety*, 38(7), 708–718. https://doi.org/10.1002/da.23127

Jarosewich, T., Pfeiffer, S. I., & Morris, J. (2002). Identifying gifted students using teacher rating scales: A review of existing instruments. *Journal of Psychoeducational assessment*, 20(4), 322–336. https://doi.org/10.1177/073428290202000401

Jensen, A. R. (2003). Regularities in Spearman's law of diminishing returns. *Intelligence*, 31(2), 95–105. https://doi.org/10.1016/S0160-2896(01)00094-0

Johnson, D., Allison, C., & Baron-Cohen, S. (2013). The prevalence of synesthesia: the consistency revolution. In J. Simner, & Hubbard, E. M. (Hrsg.). *The Oxford Handbook of synesthesia* (S. 3–22). Oxford University Press.

Jung, R. E., & Haier, R. J. (2007). The Parieto-Frontal Integration Theory (P-FIT) of intelligence: Converging neuroimaging evidence. *Behavioral and brain sciences*, 30(2), 135–154. https://doi.org/10.1017/S0140525X07001185

Kaas, T. H., Vinding, R. K., Stokholm, J., Bønnelykke, K., Bisgaard, H., & Chawes, B. L. (2021). Association between childhood asthma and attention deficit hyperactivity or autism spectrum disorders: A systematic review with meta-analysis. *Clinical & Experimental Allergy*, 51(2), 228–252. https://doi.org/10.1111/cea.13750

Kaimer, P. (1999). Lösungsfokussierte Therapie. *Psychotherapie Forum*, 7, 8–20.

Kamp-Becker, I., Stroth, S., & Stehr, T. (2020). Autismus-Spektrum-Störungen im Kindes- und Erwachsenenalter: Diagnose und Differenzialdiagnosen. *Nervenarzt*, 91, 457–470. https://doi.org/10.1007/s00115-020-00901-4

Kanfer, F. H., Reinecker, H., & Schmelzer, D. (2012). *Selbstmanagement-Therapie*. Springer. https://doi.org/10.1007/978-3-642-19366-8

Karpinski, R. I., Kolb, A. M. K., Tetreault, N. A., & Borowski, T. B. (2018). High intelligence: A risk factor for psychological and physiological overexcitabilities. *Intelligence*, *66*, 8–23. https://doi.org/10.1016/j.intell.2017.09.001

Keller, L., Preckel, F., Eccles, J. S., & Brunner, M. (2022). Top-performing math students in 82 countries: An integrative data analysis of gender differences in achievement, achievement profiles, and achievement motivation. *Journal of Educational Psychology*, *114*(5), 966–991. https://doi.org/10.1037/edu0000685

Kerr, B. A., & Multon, K. D. (2015). The development of gender identity, gender roles, and gender relations in gifted students. *Journal of Counseling & Development*, *93*(2), 183–191. https://doi.org/10.1002/j.1556-6676.2015.00194.x

Keupp, H. (2012). *Identität und Individualisierung: Riskante Chancen zwischen Selbstsorge und Zonen der Verwundbarkeit – sozialpsychologische Perspektiven*. In H. G. Petzold (Hrsg.). *Identität* (S. 77–105). VS Verlag für Sozialwissenschaften. https://doi.org/10.1007/978-3-531-93079-4_10

Klinkhammer, M. (2012). Das »Hochstaplersyndrom «bei Promovierenden: Hintergründe, Auswirkungen und Gegenstrategien im Coaching. *Zeitschrift für Beratung und Studium*, *7*(2), 59–64.

Konrad, S. (2015, 08.–09. Oktober). *Validierung einer deutschsprachigen Fassung der High-Sensitive-Person-Scale* [Konferenzbeitrag]. I. Kongress zum Thema Hochsensibilität, Münsingen, Deutschland. https://www.hsp-kongress.ch/images/2015_kongress/downloads/HSP_Kongress_Sandra_Konrad.pdf

Konrad, S., & Herzberg, P. Y. (2017). Psychometric properties and validation of a German High Sensitive Person Scale (HSPS-G). *European Journal of Psychological Assessment*, *35*(3), 364–378. https://doi.org/10.1027/1015-5759/a000411

Koop, C., & Preckel, F. (2015, September). *Beratungsanliegen und -themen im Feld Hochbegabung*. In C. Koop & A. Jacob (Hrsg.). *Psychologische Beratung im Feld Hochbegabung, Heft Nr. 8* (S. 8–18). Karg-Stiftung. https://www.karg-stiftung.de/pdf/Karg-Heft-Nr-8.pdf

Kotov, R., Krueger, R. F., Watson, D., Cicero, D. C., Conway, C. C., DeYoung, C. G., Eaton, N. R., Forbes, M. K., Hallquist, M. N., Latzmann, R. D., Mullins-Sweatt, S. N., Ruggero, C. J., Simms, L. J., Waldman, I. D., Waszczuk, M. A., & Wright, A. G. (2021). The Hierarchical Taxonomy of Psychopathology (HiTOP): A quantitative nosology based on consensus of evidence. *Annual review of clinical psychology*, *17*, 83–108. https://doi.org/10.1146/annurev-clinpsy-081219-093304

Kovacs, K., & Conway, A. R. (2016). Process overlap theory: A unified account of the general factor of intelligence. *Psychological Inquiry*, *27*(3), 151–177. https://doi.org/10.1080/1047840X.2016.1153946

Krampe, H., & van Randenborgh, A. (2023). Hochsensitivität – ein Temperamentsmerkmal bereichert Psychotherapie. *Psychotherapeutenjournal*, *2*, 138–146.

Krapp, A. (2005). Das Konzept der grundlegenden psychologischen Bedürfnisse. Ein Erklärungsansatz für die positiven Effekte von Wohlbefinden und intrinsischer Motivation im Lehr-Lerngeschehen. *Zeitschrift für Pädagogik*, *51*(5), 626–641. https://doi.org/10.25656/01:4772

Kuhl, J., & Kaschel, R. (2004). Entfremdung als Krankheitsursache: Selbstregulation von Affekten und integrative Kompetenz. *Psychologische Rundschau*, *55*(2), 61–71. https://doi.org/10.1026/0033-3042.55.2.61

Kuhn, T., Blades, R., Gottlieb, L., Knudsen, K., Ashdown, C., Martin-Harris, L., Ghahremani, D., Dang, B. H., Bilder, R. M., & Bookheimer, S. Y. (2021). Neuroanatomical differences in the memory systems of intellectual giftedness and typical development. *Brain and Behavior*, *11*(11), e2348. https://doi.org/10.1002/brb3.2348

Kuncel, N. R., Hezlett, S. A., & Ones, D. S. (2004). Academic performance, career potential, creativity, and job performance: Can one construct predict them all? *Journal of personality and social psychology*, *86*(1), 148–161. https://doi.org/10.1037/0022-3514.86.1.148

Landeshauptstadt München Koordinierungsstelle zur Gleichstellung von LGBTIQ* (2021). *Glossar. Begrifflichkeiten und Sprachgebrauch im Bereich sexueller und geschlechtlicher Identitäten*. Abgerufen am 06.06.2022 von https://stadt.muenchen.de/infos/kgl-lgbtiq-glossar.html

Lang, M., Matta, M., Parolin, L., Morrone, C., & Pezzuti, L. (2019). Cognitive profile of intellectually gifted adults: Analyzing the Wechsler Adult Intelligence Scale. *Assessment*, *26*(5), 929–943. https://doi.org/10.1177/1073191117733547

Laux, L. (2008). *Persönlichkeitspsychologie*. Kohlhammer.

Li, Y., Liu, Y., Li, J., Qin, W., Li, K., Yu, C., & Jiang, T. (2009). Brain anatomical network and intelligence. *PLoS computational biology*, *5*(5), e1000395. https://doi.org/10.1371/journal.pcbi.1000395

Limont, W., Dreszer-Drogoróh, J., Bedyńska, S., Śliwińska, K., & Jastrzębska, D. (2014). ›Old wine in new bottles‹? Relationships between overexcitabilities, the Big Five personality traits and giftedness in adolescents. *Personality and Individual Differences*, *69*, 199–204. https://doi.org/10.1016/j.paid.2014.06.003

Lindberg, S. M., Hyde, J. S., Petersen, J. L., & Linn, M. C. (2010). New trends in gender and mathematics performance: A meta-analysis. *Psychological Bulletin*, *136*(6), 1123–1135. https://doi.org/10.1037/a0021276

Linehan, M. M. (1997). *Validation and psychotherapy*. In A. C. Bohart & L. S. Greenberg (Hrsg.). *Empathy reconsidered: New directions in psychotherapy* (S. 353–392). American Psychological Association. https://doi.org/10.1037/10226-016

Linehan, M. M. (2006). *Trainingsmanual zur Dialektisch-Behavioralen Therapie der Borderline-Persönlichkeitsstörung*. CIP-Medien.

Lipsius, M., Petermann, F., & Daseking, M. (2008). Wie beeinflussen Testleiter die HAWIK-IV-Befunde? *Kindheit und Entwicklung*, *17*(2), 107–117. https://doi.org/10.1026/0942-5403.17.2.107

Liu, R. T., Sheehan, A. E., Walsh, R. F., Sanzari, C. M., Cheek, S. M., & Hernandez, E. M. (2019). Prevalence and correlates of non-suicidal self-injury among lesbian, gay, bisexual, and transgender individuals: A systematic review and meta-analysis. *Clinical psychology review*, *74*, 101783. https://doi.org/10.1016/j.cpr.2019.101783

Lo, C. O., Hu, S.-F., Sungur, H., & Lin, C.-H. (2022). Giftedness, gender identities, and self-acceptance: A retrospective study on LGBTQ+ postsecondary students. *Gifted Child Quarterly*, *66*(3), 171–187. https://doi.org/10.1177/00169862211029681

Lo, C. O., & Porath, M. (2017). Paradigm shifts in gifted education: An examination vis-à-vis its historical situatedness and pedagogical sensibilities. *Gifted Child Quarterly*, *61*(4), 343–360. https://doi.org/10.1177/0016986217722840

Lohman, D. F. (2005). The role of nonverbal ability tests in identifying academically gifted students: An aptitude perspective. *Gifted child quarterly*, *49*(2), 111–138. https://doi.org/10.1177/001698620504900203

Lohman, D. F., Gambrell, J., & Lakin, J. (2008). The commonality of extreme discrepancies in the ability profiles of academically gifted students. *Psychology Science Quarterly*, *50*(2), 269–282.

Lorenz, T., & Algner, M. (2021). Lost in translation or just too pragmatic? Validation of the German Broader Autism Phenotype Questionnaire (BAPQ-G). *Psychological Test Adaptation and Development*.

Lovecky, D. V. (1994). Exceptionally gifted children: Different minds. *Roeper Review*, *17*(2), 116–120. https://doi.org/10.1080/02783199409553637

Lubinski, D. (2016). From Terman to today: A century of findings on intellectual precocity. *Review of Educational Research*, *86*(4), 900–944. https://doi.org/10.3102/0034654316675476

Lubinski, D., Webb, R. M., Morelock, M. J., & Benbow, C. P. (2001). Top 1 in 10,000: a 10-year follow-up of the profoundly gifted. *Journal of applied Psychology*, *86*(4), 718–729. https://doi.org/10.1037/0021-9010.86.4.718

Mabe, P. A., & West, S. G. (1982). Validity of self-evaluation of ability: A review and meta-analysis. *Journal of Applied Psychology*, *67*(3), 280–296. https://doi.org/10.1037/0021-9010.67.3.280

Machts, N., Kaiser, J., Schmidt, F. T., & Moeller, J. (2016). Accuracy of teachers' judgments of students' cognitive abilities: A meta-analysis. *Educational Research Review*, *19*, 85–103. https://doi.org/10.1016/j.edurev.2016.06.003

Makel, M. C., Kell, H. J., Lubinski, D., Putallaz, M., & Benbow, C. P. (2016). When lightning strikes twice: Profoundly gifted, profoundly accomplished. *Psychological Science, 27*(7), 1004–1018. https://doi.org/10.1177/0956797616644735

Manor-Bullock, R., Look, C., & Dixon, D. N. (1995). Is giftedness socially stigmatizing? The impact of high achievement on social interactions. *Journal for the Education of the Gifted, 18*(3), 319–338. https://doi.org/10.1177/016235329501800307

Martin, L. T., Burns, R. M., & Schonlau, M. (2010). Mental disorders among gifted and nongifted youth: A selected review of the epidemiologic literature. *Gifted Child Quarterly, 54*(1), 31–41. https://doi.org/10.1177/0016986209352684

Martino, G., & Marks, L. E. (2001). Synesthesia: Strong and weak. *Current Directions in Psychological Science, 10*(2), 61–65. https://doi.org/10.1111/1467-8721.00116

Mason, M. F., Norton, M. I., Van Horn, J. D., Wegner, D. M., Grafton, S. T., & Macrae, C. N. (2007). Wandering minds: The default network and stimulus-independent thought. *Science, 315*(5810), 393–395. https://doi.org/10.1126/science.1131295

McCullough, J. P. (2006). *Psychotherapie der chronischen Depression. Cognitive Behavioral Analysis System of Psychotherapy – CBASP*. Urban & Fischer.

McPherson, G. E., Blackwell, J., & Hallam, S. (2022). *Musical potential, giftedness, and talent development*. In McPherson, G. E. (Hrsg.). *The Oxford Handbook of music performance* (S. 31–55). Oxford University Press.

Mendaglio, S. (2010). *Overexcitabilities und Dabrowskis Theorie der positiven Desintegration*. In F. Preckel, W. Schneider & H. Holling (Hrsg.). *Diagnostik von Hochbegabung* (S. 169–195). Hogrefe.

Mendaglio, S. (2012). Overexcitabilities and giftedness research: A call for a paradigm shift. *Journal for the Education of the Gifted, 35*(3), 207–219. https://doi.org/10.1177/0162353212451704

Meier, E., Vogl, K., & Preckel, F. (2014). Motivational characteristics of students in gifted classes: The pivotal role of need for cognition. *Learning and Individual Differences, 33*, 39–46. https://doi.org/10.1016/j.lindif.2014.04.006

Meyer, I. H. (2003). Prejudice, social stress, and mental health in lesbian, gay, and bisexual populations: Conceptual issues and research evidence. *Psychological Bulletin, 129*(5), 674–697. https://doi.org/10.1037/0033-2909.129.5.674

Miller, L. J., Anzalone, M. E., Lane, S. J., Cermak, S. A., & Osten, E. T. (2007). Concept evolution in sensory integration: A proposed nosology for diagnosis. *American Journal of Occupational Therapy, 61*(2), 135–140. https://doi.org/10.5014/ajot.61.2.135

Miller, S. D., Duncan, B. L., Brown, J., Sorrell, R., & Chalk, M. B. (2006). Using formal client feedback to improve retention and outcome: Making ongoing, real-time assessment feasible. *Journal of Brief Therapy, 5*(1), 5–22.

Mitmansgruber, H., Fahlböck, A., Fink, A., Kogler, L. M., Müller, I., Painold, A., Streicher-Pehböck, C., & Gatterer, G. (2020). »Pain is inevitable, suffering is optional «: Fallkonzeption in der Kognitiven Verhaltenstherapie. *Psychotherapie Forum (24)*, 16–25. https://doi.org/10.1007/s00729-020-00134-5

Mofield, E., & Parker Peters, M. (2019). Understanding underachievement: Mindset, perfectionism, and achievement attitudes among gifted students. *Journal for the Education of the Gifted, 42*(2), 107–134. https://doi.org/10.1177/0162353219836737

Müller-Oppliger, V. (2021). *Begabungsmodelle*. In V. Müller-Oppliger & G. Weigand (Hrsg.). *Handbuch Begabung* (S. 204–222). Beltz.

Neihart, M., Pfeiffer, S. I., & Cross, T. L. (Hrsg.). (2021). *The social and emotional development of gifted children*. Routledge. https://doi.org/10.4324/9781003238928

Neubauer, A. C., & Fink, A. (2009). Intelligence and neural efficiency. *Neuroscience & Biobehavioral Reviews, 33*(7), 1004–1023. https://doi.org/10.1016/j.neubiorev.2009.04.001

Newheiser, A. K., & Barreto, M. (2014). Hidden costs of hiding stigma: Ironic interpersonal consequences of concealing a stigmatized identity in social interactions. *Journal of Experimental Social Psychology, 52*, 58–70. https://doi.org/10.1016/j.jesp.2014.01.002

Niehues, F. (2021). Können macht Spaß! Ein Therapie- und Beratungskonzept für Hoch- und Höchstbegabte. *Fachzeitschrift Psychologie in Österreich, 41*, 124–133.

Nisbett, R. E., Aronson, J., Blair, C., Dickens, W., Flynn, J., Halpern, D. F., & Turkheimer, E. (2012). Intelligence: New findings and theoretical developments. *American psychologist*, 67(2), 130–159. https://doi.org/10.1037/a0026699

Nobel Prize (2023, 8. Dezember). *2023 Nobel Prize lectures in physics | Pierre Agostini, Ferenc Krausz and Anne L'Huillier* [Video]. Youtube. https://www.youtube.com/watch?v=xVXjFBW-2kI

Ogurlu, U. (2020). Are gifted students perfectionistic? A meta-analysis. *Journal for the Education of the Gifted*, 43(3), 227–251. https://doi.org/10.1177/0162353220933006

Olszewski-Kubilius, P., & Corwith, S. (2018). Poverty, academic achievement, and giftedness: A literature review. *Gifted Child Quarterly*, 62(1), 37–55. https://doi.org/10.1177/0016986217738015

Pascoe, E. A., & Smart Richman, L. (2009). Perceived discrimination and health: A meta-analytic review. *Psychological Bulletin*, 135(4), 531–554. https://doi.org/10.1037/a0016059

Pellicano, E., & den Houting, J. (2022). Annual Research Review: Shifting from ›normal science‹to neurodiversity in autism science. *Journal of Child Psychology and Psychiatry*, 63(4), 381–396. https://doi.org/10.1111/jcpp.13534

Perleth, C. (2010). Checklisten in der Hochbegabungsdiagnostik. In F. Preckel, W. Schneider & H. Holling (Hrsg.). *Diagnostik von Hochbegabung* (S. 65–87). Hogrefe.

Persson, R. S. (2009). *The elusive muse: understanding musical giftedness*. In L. V. Shavinina (Hrsg.). *International handbook of giftedness, part one* (S. 727–749). Springer. https://doi.org/10.1007/978-1-4020-6162-2_36

Petersen, J. (2013). Gender differences in identification of gifted youth and in gifted program participation: A meta-analysis. *Contemporary Educational Psychology*, 38(4), 342–348. https://doi.org/10.1016/j.cedpsych.2013.07.002

Phillips, N., & Lindsay, G. (2006). Motivation in gifted students. *High ability studies*, 17(1), 57–73. https://doi.org/10.1080/13598130600947119

Phillipson, S. N., & Callingham, R. (2009). *Understanding mathematical giftedness: integrating self, action repertoires and the environment*. In L. V. Shavinina (Hrsg.). *International handbook of giftedness, part one* (S. 671–698). Springer. https://doi.org/10.1007/978-1-4020-6162-2_33

Piechowski, M. M., & Wells, C. (2021). Reexamining Overexcitability: A framework for understanding intense experience. In T. L. Cross & J. R. Cross (Hrsg.). *Handbook for counselors serving students with gifts & talents* (S. 63–83). Routledge. https://doi.org/10.4324/9781003235415

Posthuma, D., De Geus, E. J. C., & Boomsma, D. I. (2001). Perceptual speed and IQ are associated through common genetic factors. *Behavior genetics*, 31(6), 593–602. https://doi.org/10.1023/A:1013349512683

Preckel, F. (2010). Intelligenztests in der Hochbegabungsdiagnostik. In F. Preckel, W. Schneider & H. Holling (Hrsg.). *Diagnostik von Hochbegabung* (S. 19–43). Hogrefe.

Preckel, F. (2021). *Das TAD-Framework. Ein Rahmenmodell zur Beschreibung von Begabung und Leistung unter einer Talententwicklungsperspektive*. In V. Müller-Oppliger & G. Weigand (Hrsg.). *Handbuch Begabung* (S. 274–287). Beltz.

Preckel, F., & Baudson, T. G. (2013). *Hochbegabung*. C.H. Beck.

Preckel, F., Baudson, T. G., Krolak-Schwerdt, S., & Glock, S. (2015). Gifted and maladjusted? Implicit attitudes and automatic associations related to gifted children. *American Educational Research Journal*, 52(6), 1160–1184. https://doi.org/10.3102/0002831215596413

Preckel, F., & Eckelmann, C. (2004). Beratung bei (vermuteter) Hochbegabung: Was sind die Anlässe und wie hängen sie mit Geschlecht, Ausbildungsstufe und Hochbegabung zusammen? *Psychologie in Erziehung und Unterricht*, (1), 16–26.

Preckel, F., Golle, J., Grabner, R., Jarvin, L., Kozbelt, A., Müllensiefen, D., Olszewski-Kubilius, P., Schneider, W., Subnotik, R., Vock, M., & Worrell, F. C. (2020). Talent development in achievement domains: A psychological framework for within-and cross-domain research. *Perspectives on Psychological Science*, 15(3), 691–722. https://doi.org/10.1177/1745691619895030

Preckel, F., Götz, T., & Frenzel, A.C. (2010). Ability grouping of gifted students: Effects on academic self-concept and boredom. *British Journal of Educational Psychology*, 80, 451–472. http://dx.doi.org/10.1348/000709909X480716

Preckel, F., & Krampen, G. (2016). Entwicklung und Schwerpunkte in der psychologischen Hochbegabungsforschung. Ergebnisse einer szientometrischen Analyse von Publikationen zwischen 1980 und 2014. *Psychologische Rundschau, 67*(1), 1–14. https://doi.org/10.1026/0033-3042/a000289

Preckel, F., & Vock, M. (2021). *Hochbegabung.* Hogrefe. https://doi.org/10.1026/02850-000

Preß, H. (2013). *»Therapeutische Haltung«. Zur Explikation eines psychotherapeutischen Begriffs auf Basis qualitativer und quantitativer Inhaltsanalysen.* [Dissertation, Otto-Friedrich-Universität Bamberg]. https://opus4.kobv.de/opus4-bamberg/files/5878/dissPressThHseA2.pdf

Preß, H., Gmelch, M. (2012). Der Klient als Experte! Eine therapeutische Haltung, die Selbstmanagement ernst nimmt. In J. Siegl, D. Schmelzer & H. Mackinger (Hrsg.). *Horizonte der Klinischen Psychologie und Psychotherapie. Festschrift für Hans Reinecker* (S. 254–268). Pabst.

Preß, H., & Gmelch, M. (2014). Die »therapeutische Haltung« – Vorschlag eines Arbeitsbegriffs und einer klientenorientierten Variante. *Psychotherapeutenjournal, 4,* 358–368.

Quaiser-Pohl, C. (2012). *Mädchen und Frauen in MINT: Ein Überblick.* In H. Stöger, A. Ziegler & M. Heilemann (Hrsg.). *Mädchen und Frauen in MINT* (S. 13–40). Lit Verlag.

Raichle, M. E., MacLeod, A. M., Snyder, A. Z., Powers, W. J., Gusnard, D. A., & Shulman, G. L. (2001). A default mode of brain function. *Proceedings of the National Academy of Sciences, 98*(2), 676–682. https://doi.org/10.1073/pnas.98.2.676

Reinecker, H. (2005). *Grundlagen der Verhaltenstherapie.* Beltz.

Reinecker, H. (2015). *Verhaltensanalyse.* Hogrefe.

Reis, S. M., Baum, S. M., & Burke, E. (2014). An operational definition of twice-exceptional learners: Implications and applications. *Gifted Child Quarterly, 58*(3), 217–230. https://doi.org/10.1177/0016986214534976

Reis, S. M., & McCoach, D. B. (2000). The underachievement of gifted students: What do we know and where do we go? *Gifted child quarterly, 44*(3), 152–170. https://doi.org/10.1177/001698620004400302

Reis, S. M., & Sullivan, E. E. (2009). *A theory of development in women of accomplishments.* In L. V. Shavinina (Hrsg.). *International handbook of giftedness, part one* (S. 487–504). Springer. https://doi.org/10.1007/978-1-4020-6162-2_22

Rice, K. (2015). Pansexuality. *The international encyclopedia of human sexuality,* 861–1042. https://doi.org/10.1002/9781118896877.wbiehs328

Ridolfo, R., & Nauta, N. (2017). *HighIQ Medical Survey.* IHBV. https://ihbv.nl/wp-content/uploads/2017/06/HighIQMedicalSurvey.pdf

Riedel, A., Biscaldi, M., & van Elst, L. T. (2016). Autismus-Spektrum-Störungen und ihre Bedeutung in der Erwachsenenpsychiatrie und Psychotherapie. Zeitschrift für Psychiatrie, Psychologie und Psychotherapie, 64(4), 233–245. https://doi.org/10.1024/1661-4747/a000285

Riedel, A., & Clausen, J. J. (2023). *Autismus-Spektrum-Störungen bei Erwachsenen.* Psychiatrie-Verlag.

Rinn, A. N., & Bishop, J. (2015). Gifted adults: A systematic review and analysis of the literature. *Gifted Child Quarterly, 59*(4), 213–235. https://doi.org/10.1177/0016986215600795

Rinn, A. N., Mullet, D. R., Jett, N., & Nyikos, T. (2018). Sensory processing sensitivity among high-ability individuals: A psychometric evaluation of the highly sensitive person scale. *Roeper Review, 40*(3), 166–175. https://doi.org/10.1080/02783193.2018.1466840

Robinson, A., & Clinkenbeard, P. R. (2008). *History of giftedness: Perspectives from the past presage modern scholarship.* In S. I. Pfeiffer (Hrsg.). *Handbook of Giftedness in Children* (S. 13–31). Springer. https://doi.org/10.1007/978-0-387-74401-8_2

Rohrmann, S., Leonhardt, M., & Klug, K. (2020). *Impostor-Selbstkonzept-Fragebogen (ISF).* Hogrefe.

Rösler, M., Retz-Junginger, P., Retz, W., & Stieglitz, R.-D. (2021). *Homburger ADHS-Skalen für Erwachsene (HASE).* Hogrefe.

Rost, D. H. (2008). Multiple Intelligenzen, multiple Irritationen. *Zeitschrift für Pädagogische Psychologie, 22*(2), 97–112. https://doi.org/10.1024/1010-0652.22.2.97

Rost, D. H. (2010). Stabilität von Hochbegabung. In F. Preckel, W. Schneider & H. Holling (Hrsg.). *Diagnostik von Hochbegabung* (S. 233–266). Hogrefe.

Rost, D. H. & Hanses, P. (2009). *Selbstkonzept.* In D. H. Rost (Hrsg.). *Hochbegabte und hochleistende Jugendliche* (S. 211–278). Waxmann.
Rost, D. H., Sparfeldt, J. R., & Schilling, S. R. (2006). *Hochbegabung.* In K. Schweizer (Hrsg.). *Leistung und Leistungsdiagnostik* (S. 187–222). Springer. https://doi.org/10.1007/3-540-33020-8_12
Rost, D. H., Wirthwein, L., & Steinmayr, R. (2014). Wie brauchbar ist der »Overexcitability Questionnaire-Two (OEQII)«? Entwicklung und psychometrische Analyse einer reduzierten deutschsprachigen Version (Übersensibilitätsfragebogen OEQ-D). *Diagnostica, 60*(4), 211–228. https://doi.org/10.1026/0012-1924/a000102
Roth, B., Becker, N., Romeyke, S., Schäfer, S., Domnick, F., & Spinath, F. M. (2015). Intelligence and school grades: A meta-analysis. *Intelligence, 53*, 118–137. https://doi.org/10.1016/j.intell.2015.09.002
Rudasill, K. M., Foust, R. C., & Callahan, C. M. (2007). The Social Coping Questionnaire: An examination of its structure with an American sample of gifted adolescents. *Journal for the Education of the Gifted, 30*(3), 353–371. https://doi.org/10.1177/016235320703000304
Rutkovsky, J. (2021, November). Understanding the intersection of queerness and twice-exceptionality. *SENG – Supporting the emotional needs of the gifted.* Abgerufen am 21.05.2022 von https://www.sengifted.org/post/understanding-the-intersection-of-queerness-and-twice-exceptionality
Sachse, R. (2016a). *Klärungsprozesse in der Klärungsorientierten Psychotherapie.* Hogrefe. https://doi.org/10.1026/02726-000
Sachse, R. (2016b). *Therapeutische Beziehungsgestaltung.* Hogrefe. https://doi.org/10.1026/02718-000
Sachse, R. (2017). *Therapeutische Informationsverarbeitung.* Hogrefe. https://doi.org/10.1026/02828-000.
Sachse, R. (2019). *Persönlichkeitsstörungen.* Hogrefe. https://doi.org/10.1026/02906-000
Sachse, R. (2022). *Komplexität in der Psychotherapie.* Hogrefe. https://doi.org/10.1026/03127-000
Sachse, R., Sachse, M., & Fasbender, J. (2016). *Grundlagen Klärungsorientierter Psychotherapie.* Hogrefe. https://doi.org/10.1026/02789-000
Sachse, R., Schirm, S., & Kramer, U. (2015). *Klärungsorientierte Psychotherapie systematisch dokumentieren.* Hogrefe. https://doi.org/10.1026/02654-000
Sakulku, J., & Alexander, J. (2011). The impostor phenomenon. *The Journal of Behavioral Science, 6*(1), 75–97. https://doi.org/10.14456/ijbs.2011.6
Salthouse, T. A. (2004). Localizing age-related individual differences in a hierarchical structure. *Intelligence, 32*(6), 541–561. https://doi.org/10.1016/j.intell.2004.07.003
Saring, B. (2020). Das Achievement-Orientation Model (Modell der Leistungsorientierung). *Labyrinth, 141*, 8–9.
Satow, L. (2022). *HSP. HSP-Test für Hochsensibilität* [Verfahrensdokumentation, Fragebogen in Lang- und Kurzform, Testdokumentation]. In Leibniz-Institut für Psychologie (ZPID) (Hrsg.), Open Test Archive. ZPID. https://doi.org/10.23668/psycharchives.5419
Savi, A. O., Marsman, M., van der Maas, H. L., & Maris, G. K. (2019). The wiring of intelligence. *Perspectives on Psychological Science, 14*(6), 1034–1061. https://doi.org/10.1177/1745691619866447
Schilling, S. R. (2009). *Peer-Beziehungen.* In D. H. Rost (Hrsg.). *Hochbegabte und hochleistende Jugendliche* (S. 367–422). Waxmann.
Schlegler M. (2022). Systematic Literature Review: Professional Situation of Gifted Adults. *Frontiers in psychology, 13*, 736487. https://doi.org/10.3389/fpsyg.2022.736487
Schneider, M., & Preckel, F. (2017). Variables associated with achievement in higher education: A systematic review of meta-analyses. *Psychological bulletin, 143*(6), 565–600. https://doi.org/10.1037/bul0000098
Schneider, W., & Freyberger, H. J. (2014). Diagnostik in der Psychotherapie. *Psychotherapeut, 59*(6), 439–447. https://doi.org/10.1007/s00278-014-1080-2
Schnell, T. (2018). *Das Ende in der Psychotherapie erfolgreich gestalten.* Springer. https://doi.org/10.1007/978-3-662-54845-5

Schöttle, D., Schimmelmann, B. G., & van Elst, L. T. (2019). ADHS und hochfunktionale Autismus-Spektrum-Störungen. *Nervenheilkunde*, *38*(09), 632–644. https://doi.org/10.1055/a-0959-2034

Schröder, A., Vulink, N., & Denys, D. (2013). Misophonia: Diagnostic criteria for a new psychiatric disorder. *PloS one*, *8*(1), e54706. https://doi.org/10.1371/journal.pone.0054706

Schütz, C. (2009). Leistungsbezogene Kognitionen. In D. H. Rost (Hrsg.). *Hochbegabte und hochleistende Jugendliche* (S. 303–337). Waxmann.

Schweizer, K. (2006a). *Intelligenz*. In K. Schweizer (Hrsg.). *Leistung und Leistungsdiagnostik* (S. 2–15). Springer. https://doi.org/10.1007/3-540-33020-8_1

Schweizer, K. (2006b). *Intelligenzdiagnostik*. In K. Schweizer (Hrsg.). *Leistung und Leistungsdiagnostik* (S. 70–83). Springer. https://doi.org/10.1007/3-540-33020-8_5

Schwiebert, A. (2015). *Kluge Köpfe, krumme Wege?* Junfermann.

Sedillo, P. J. (2022). The why, who, what, where, and how for this under-identified underserved Population. In J. A. Castellano, & K. L. Chandler (Hrsg.). *Identifying and serving diverse gifted learners: meeting the needs of special populations in gifted education* (S. 68–90). Routledge. https://doi.org/10.4324/9781003265412

Segerstrom, S. C., Reed, R. G., & Scott, A. B. (2017). Intelligence and interleukin-6 in older adults: the role of repetitive thought. *Psychosomatic medicine*, *79*(7), 757–762. https://doi.org/10.1097/PSY.0000000000000479

Siegle, D., & McCoach, D. B. (2005). Making a difference: Motivating gifted students who are not achieving. *Teaching exceptional children*, *38*(1), 22–27. https://doi.org/10.1177/004005990503800104

Siegle, D., McCoach, D. B., & Shea, K. (2014). Applying the achievement orientation model to the job satisfaction of teachers of the gifted. *Roeper Review*, *36*(4), 210–220. https://doi.org/10.1080/02783193.2014.945219

Silberschatz, G., Curtis, J. T., & Nathans, S. (1989). Using the patient's plan to assess progress in psychotherapy. *Psychotherapy: Theory, Research, Practice, Training*, *26*(1), 40–46. https://doi.org/10.1037/h0085403

Silverman, L. K. (2007). Perfectionism: The crucible of giftedness. *Gifted Education International*, *23*(3), 233–245. https://doi.org/10.1177/026142940702300304

Singer, J. (2017). *NeuroDiversity. The birth of an idea*.

Singer, F. M., Sheffield, L. J., Freiman, V., & Brandl, M. (2016). *Research on and activities for mathematically gifted students*. Springer Nature. https://doi.org/10.1007/978-3-319-39450-3

Sisk, D. (2021). Managing the emotional intensities of gifted students with mindfulness practices. *Education Sciences*, *11*(11), 731. https://doi.org/10.3390/educsci11110731

Smit, D. J., Stam, C. J., Posthuma, D., Boomsma, D. I., & De Geus, E. J. (2008). Heritability of »small-world« networks in the brain: A graph theoretical analysis of resting-state EEG functional connectivity. *Human brain mapping*, *29*(12), 1368–1378. https://doi.org/10.1002/hbm.20468

Snyder, K. E., Fong, C. J., Painter, J. K., Pittard, C. M., Barr, S. M., & Patall, E. A. (2019). Interventions for academically underachieving students: A systematic review and meta-analysis. *Educational Research Review*, *28*, 100294. https://doi.org/10.1016/j.edurev.2019.100294

Sommer, U., Fink, A., & Neubauer, A. C. (2008). Detection of high ability children by teachers and parents: Psychometric quality of new rating checklists for the assessment of intellectual, creative and social ability. *Psychology Science Quarterly*, *50*(2), 189–205.

Sparfeldt, J. R., Schilling, S. R., & Rost, D. H. (2006). Hochbegabte Underachiever als Jugendliche und junge Erwachsene: Des Dramas zweiter Akt? *Zeitschrift für Pädagogische Psychologie*, *20*(3), 213–224. https://doi.org/10.1024/1010-0652.20.3.213

Spearman, C. (1904). ›General intelligence,‹ objectively determined and measured. *The American Journal of Psychology*, *15*(2), 201–293. https://doi.org/10.2307/1412107

Stangier, U. (2015). Psychotherapeutische Kompetenzen in der kognitiven Verhaltenstherapie. *Psychotherapeut*, *60*(3), 193–198. https://doi.org/10.1007/s00278-015-0022-y

Stapf, A. (2010). *Hochbegabte Kinder. Persönlichkeit, Entwicklung, Förderung*. C.H. Beck.

Steenbergen-Hu, S., Olszewski-Kubilius, P., & Calvert, E. (2020). The effectiveness of current interventions to reverse the underachievement of gifted students: Findings of a meta-analysis and systematic review. *Gifted Child Quarterly*, *64*(2), 132–165. https://doi.org/10.1177/0016986220908601

Stern, E., & Neubauer, A. (2016). Intelligenz: kein Mythos, sondern Realität. *Psychologische Rundschau*, *67*(1), 1–13. https://doi.org/10.1026/0033-3042/a000290

Sternberg, R. J. (2017). ACCEL: A new model for identifying the gifted. *Roeper Review*, *39*(3), 152–169. https://doi.org/10.1080/02783193.2017.1318658

Sternberg, R. J. (2022). Identify transformational, not just transactional giftedness! *Gifted Child Quarterly*, *66*(2), 159–160. https://doi.org/10.1177/00169862211037950

Sternberg, R. J., Chowkase, A., Desmet, O., Karami, S., Landy, J., & Lu, J. (2021). Beyond transformational giftedness. *Education Sciences*, *11*(5), 192, 1–9. https://doi.org/10.3390/educsci11050192

Sternberg, R. J., & Zhang, L. F. (1995). What do we mean by giftedness? A pentagonal implicit theory. *Gifted Child Quarterly*, *39*(2), 88–94. https://doi.org/10.1177/001698629503900205

Stöcker, W., & Krüger, C. (2019). Elektronenmikroskop. In A. M. Gressner, & T. Arndt (Hrsg.). *Lexikon der Medizinischen Laboratoriumsdiagnostik* (S. 767–768). Springer. https://doi.org/10.1007/978-3-662-48986-4_987

Strauß, B. (2018). Verlorene Befunde der Psychotherapie(forschung): Hintergründe einer Psychotherapiegeschichtsvergessenheit. *Psychotherapeut*, *63*(1), 13–21. https://doi.org/10.1007/s00278-017-0254-0

Stricker, J., Buecker, S., Schneider, M., & Preckel, F. (2020). Intellectual giftedness and multidimensional perfectionism: A meta-analytic review. *Educational Psychology Review*, *32*(2), 391–414. https://doi.org/10.1007/s10648-019-09504-1

Su, R., & Rounds, J. (2015). All STEM fields are not created equal: People and things interests explain gender disparities across STEM fields. *Frontiers in psychology*, *6*, 189. https://doi.org/10.3389/fpsyg.2015.00189

Su, R., Rounds, J., & Armstrong, P. I. (2009). Men and things, women and people: A meta-analysis of sex differences in interests. *Psychological Bulletin*, *135*(6), 859–884. https://doi.org/10.1037/a0017364

Subotnik, R. F., Olszewski-Kubilius, P., & Worrell, F. C. (2011). Rethinking giftedness and gifted education: A proposed direction forward based on psychological science. *Psychological science in the public interest*, *12*(1), 3–54. https://doi.org/10.1177/1529100611418056

Swiatek, M. A. (1995). An empirical investigation of the social coping strategies used by gifted adolescents. *Gifted Child Quarterly*, *39*(3), 154–160. https://doi.org/10.1177/001698629503900305

Szymanski, A., & Wrenn, M. (2019). Growing up with intensity: Reflections on the lived experiences of intense, gifted adults. *Roeper Review*, *41*(4), 243–257. https://doi.org/10.1080/02783193.2019.1661054

Thaler, H., & Falter-Wagner, C. (2023). Autismus-Spektrum-Störung im Erwachsenenalter. *Fortschritte der Neurologie· Psychiatrie*, *91*(11), 466–478. https://doi.org/10.1055/a-1898-5347

Taylor, S. (2017). Misophonia: A new mental disorder? *Medical Hypotheses*, *103*, 109–117. https://doi.org/10.1016/j.mehy.2017.05.003

Terman, L. M. & Oden, M. H. (1959). *The gifted group at mid-life. Genetic studies of the genius (Vol. 5)*. Stanford University Press.

Tideman, E., & Gustafsson, J. E. (2004). Age-related differentiation of cognitive abilities in ages 3–7. *Personality and Individual Differences*, *36*(8), 1965–1974. https://doi.org/10.1016/j.paid.2003.09.004

Treat, A. R., & Whittenburg, B. (2006). Gifted gay, lesbian, bisexual, and transgender annotated bibliography: A resource for educators of gifted secondary GLBT students. *Journal of Secondary Gifted Education*, *17*(4), 230–243. https://doi.org/10.4219/jsge-2006-404

Tuite, J., Rubenstein, L. D., & Salloum, S. J. (2021). The coming out experiences of gifted, LGBTQ students: When, to whom, and why not? *Journal for the Education of the Gifted*, *44*(4), 366–397. https://doi.org/10.1177/01623532211044538

Ullmer, L. (2022). *Klientenzufriedenheit bei hochbegabten Psychotherapiepatient*innen – eine empirische Untersuchung*. [Unpublizierte Bachelorarbeit]. Hochschule Fresenius Heidelberg.

Vaivre-Douret, L. (2011). Developmental and cognitive characteristics of »high-level potentialities« (highly gifted) children. *International Journal of Pediatrics*, Article ID 420297. https://doi.org/10.1155/2011/420297

van den Heuvel, M. P., Stam, C. J., Kahn, R. S., & Pol, H. E. H. (2009). Efficiency of functional brain networks and intellectual performance. *Journal of Neuroscience, 29*(23), 7619–7624. https://doi.org/10.1523/JNEUROSCI.1443-09.2009

van der Maas, H. L. J., Dolan, C. V., Grasman, R. P. P. P., Wicherts, J. M., Huizenga, H. M., & Raijmakers, M. E. J. (2006). A dynamical model of general intelligence: The positive manifold of intelligence by mutualism. *Psychological Review, 113*(4), 842–861. https://doi.org/10.1037/0033-295X.113.4.842

van Elst, L. T. (2019). Hochfunktionaler Autismus bei Erwachsenen. *PSYCH up2date, 13*(02), 155–172. https://doi.org/10.1055/a-0647-3175

van Leeuwen, T. M., Neufeld, J., Hughes, J., & Ward, J. (2020). Synaesthesia and autism: Different developmental outcomes from overlapping mechanisms? *Cognitive Neuropsychology, 37*(7–8), 433–449. https://doi.org/10.1080/02643294.2020.1808455

van Leeuwen, T. M., Wilsson, L., Norrman, H. N., Dingemanse, M., Bölte, S., & Neufeld, J. (2021). Perceptual processing links autism and synesthesia: A co-twin control study. *Cortex, 145*, 236–249. https://doi.org/10.1016/j.cortex.2021.09.016

van Rooy, D. L., Dilchert, S., Viswesvaran, C., & Ones, D. S. (2006). *Multiplying intelligences: Are general, emotional, and practical intelligences equal?* In K. R. Murphy (Hrsg.). *A critique of emotional intelligence: What are the problems and how can they be fixed?* (S. 235–262). Lawrence Erlbaum Associates Publishers.

Vock, M., & Jurczok, A. (2019). *Hochbegabte Kinder erkennen und fördern – Was sagt die Forschung?* In Deutsche Gesellschaft für das hochbegabte Kind (Hrsg.). *Gesichter von Hochbegabung* (S. 13–46). Info3-Verlag.

Wampold, B. E., Imel, Z. E., & Flückiger, C. (2018). *Die Psychotherapie-Debatte*. Hogrefe. https://doi.org/10.1024/85681-000

Ward, J. (2013). Synesthesia. *Annual review of psychology, 64*, 49–75. https://doi.org/10.1146/annurev-psych-113011-143840

Ward, J., Field, A. P., & Chin, T. (2019). A meta-analysis of memory ability in synaesthesia. *Memory, 27*(9), 1299–1312. https://doi.org/10.1080/09658211.2019.1646771

Warrier, V., Greenberg, D. M., Weir, E., Buckingham, C., Smith, P., Lai, M. C., Allison, C., & Baron-Cohen, S. (2020). Elevated rates of autism, other neurodevelopmental and psychiatric diagnoses, and autistic traits in transgender and gender-diverse individuals. *Nature communications, 11*(1), 1–12. https://doi.org/10.1038/s41467-020-17794-1

Watzlawick, P., Weakland, J. H., & Fisch, R. (2020). *Lösungen. Zur Therapie und Praxis menschlichen Wandels*. Hogrefe. https://doi.org/10.1024/86030-000

Webb, J. T. (2017). *Hochbegabte Kinder*. Hogrefe. https://doi.org/10.1024/85758-000

Webb, J. T. (2020). *Die Suche nach dem Sinn*. Hogrefe. https://doi.org/10.1024/85977-000

Webb, J. T., Amend, E. R., Beljean, P., Webb, N. E., Kuzujanakis, M., Olenchak, F. R., & Goerss, J. (2020). *Doppeldiagnosen und Fehldiagnosen bei Hochbegabung*. Hogrefe. https://doi.org/10.1024/86048-000

Weinberger, S. (2013). *Klientenzentrierte Gesprächsführung*. Beltz Juventa.

Wexelbaum, R., & Hoover, J. (2014). Gifted and LGBTQ: A comprehensive research review. *International Journal for Talent Development and Creativity, 2*(1), 73–86.

White, S. L., Graham, L. J., & Blaas, S. (2018). Why do we know so little about the factors associated with gifted underachievement? A systematic literature review. *Educational Research Review, 24*, 55–66. https://doi.org/10.1016/j.edurev.2018.03.001

Wieczerkowski, W., & Prado, T. M. (1993). Spiral of disappointment: Decline in achievement among gifted adolescents. *European Journal of High Ability, 4*(2), 126–141. https://doi.org/10.1080/0937445930040202

Williams, C., Peyre, H., Labouret, G., Fassaya, J., Guzmán García, A., Gauvrit, N., & Ramus, F. (2022). High intelligence is not associated with a greater propensity for mental health disorders. *European Psychiatry, 66*(1), E3. https://doi.org/10.1192/j.eurpsy.2022.2343

Willutzki, U., & Teismann, T. (2013). *Ressourcenaktivierung in der Psychotherapie*. Hogrefe.

Winkler, D., & Voight, A. (2016). Giftedness and overexcitability: Investigating the relationship using meta-analysis. *Gifted Child Quarterly*, 60, 243–257. https://doi.org/10.1177/0016986216657588

Wirthwein, L. (2010). *Mehr Glück als Verstand?: zum Wohlbefinden Hochbegabter* [Dissertation, Universität Marburg]. http://archiv.ub.uni-marburg.de/diss/z2010/0630/pdf/dlw.pdf

Wittchen, H.-U. (2011). *Diagnostische Klassifikation psychischer Störungen.* In H.-U. Wittchen & Hoyer, J. (Hrsg.). *Klinische Psychologie & Psychotherapie* (S. 27–56). Springer. https://doi.org/10.1007/978-3-642-13018-2_2

Wittmann, M. (2019). *Über das Erleben einer Hochbegabung – eine qualitative Interviewstudie über möglich Zusammenhänge zwischen niedriger Sinnerfüllung und geringen sozialen Kompetenzen hochbegabter Personen.* [Masterarbeit, Leopold-Franzens Universität Innsbruck]. https://diglib.uibk.ac.at/ulbtirolhs/download/pdf/3389838?originalFilename=true

Wu, M. S., Lewin, A. B., Murphy, T. K., & Storch, E. A. (2014). Misophonia: incidence, phenomenology, and clinical correlates in an undergraduate student sample. *Journal of clinical psychology*, 70(10), 994–1007. https://doi.org/10.1002/jclp.22098

Zandt, F. (2022, Mai). *Wer sich in Deutschland als LGBTQ+ identifiziert.* Statista. Abgerufen am 06.06.2022 von https://de.statista.com/infografik/27440/anteil-der-befragten-die-ihre-sexuelle-orientierung-wie-folgt-angeben-nach-geburtsjahr/

Zaudig, M., & Trautmann, R. D. (Hrsg.). (2006). *Therapielexikon Psychiatrie, Psychosomatik, Psychotherapie.* Springer.

Zeidner, M., & Shani-Zinovich, I. (2011). Do academically gifted and nongifted students differ on the Big-Five and adaptive status? Some recent data and conclusions. *Personality and Individual Differences*, 51(5), 566–570. https://doi.org/10.1016/j.paid.2011.05.007

Ziegler, S. (2018). *Hochbegabung.* utb.

Zirbes-Domke, S., & Liebert-Cop, I. (2018). Die vier häufigsten psychischen Fehldiagnosen bei hochbegabten Kindern (Teil 1), *Labyrinth*, 135, 16–19.

Stichwortverzeichnis

A

Abstraktionsfähigkeit 68
Abwechslung 71
Achievement Orientation Model 48, 166
Akzeleration 52, 169
Akzeptanz 29, 37, 53, 55, 91, 103, 105, 135, 152, 161, 167
Alienation 99, 146
Anamneseerhebung 17, 43, 50, 74, 90, 92, 96, 152, 159
Anderssein 58, 61, 82, 95, 121
Angststörungen 40
Annäherungsziele 158
Asynchrone Entwicklung 54, 57
Attributionsstil 51
Aufmerksamkeit 54, 66
Aufmerksamkeitsdefizit-/Hyperaktivitätsstörung (ADHS) 40, 46, 54–56, 112, 116, 140–142, 152, 160, 166, 180, 181
Autismus-Spektrum-Störung (ASS) 40, 54–56, 73, 112, 116, 141, 142, 152, 166, 180, 181
Autoimmunerkrankung 40
Autonomie 5, 84, 85, 127, 165, 175

B

Bedürfnisbefriedigung 83, 92, 94, 98, 154
Bedürfnisfrustration 151, 154
Begabung 16, 23, 25, 26, 34, 37, 58, 72, 87, 98, 102, 121, 163, 191
– Begabungsentwicklung 25
– Begabungsförderung 25, 185
– Begabungsprofil 26–28, 162
– Begabungsschwerpunkt 26, 27
– Domänspezifisch 72, 189
Behandlungsplan 114, 159, 164–167, 169, 170, 175, 176, 178
Beratung 16, 50, 184, 185
– Beratungsangebot 52, 184
– Beratungsstelle 52, 122, 183–185
Beurteilungsfehler 111

Beziehungsgestaltung 100, 118, 124, 127, 129, 132, 134, 135, 137, 139, 140, 156, 158, 165, 168, 173, 174, 177
Big-Five-Modell 35
Bindung 84, 85, 154, 156–158
Bore-out 81
Burn-out 81

C

Checkliste 26, 29, 63, 141
Copingstrategie 47, 87, 97–99, 106, 107, 153, 156, 167

D

Deckeneffekt 27
Default-Mode-Network 31
Deliberate Practice 24
Demoralisierung 146
Denkstil 67, 68, 70, 169
– Akustisch-sequenziell 67
– Visuell-räumlich 67, 70, 72
Depression 5, 39, 40, 46, 50, 53, 55, 109, 160, 165, 181
Desillusionierung 41, 191
Detailwahrnehmung 67, 73
Diagnostik 25, 26, 29, 55, 111, 114, 141, 171, 172, 181, 183, 185
Differenzialdiagnostik 55, 62
Differenzielle Psychologie 21
Disharmoniehypothese 33, 111
Diskordanz 156, 158
Domäne 25, 29
Durchführungsobjektivität 27
Dyskalkulie 56
Dyslexie 54, 56
Dyspraxie 56

E

Eindimensionale Definition 24
Einsamkeitsgefühl 105–107, 163

Eltern 24, 29, 33, 49, 50, 53, 57, 91, 92, 154, 155, 184
Emotionale Stabilität 35
Emotionalität 67, 93
Emotionsregulation 154, 163, 167, 168
Empathie 43, 135
Energielevel 66, 77, 78, 98, 100, 153
Enrichment 52, 136
Entscheidungsschwierigkeiten 79, 162, 164
Entwicklungsaufgabe 88, 89, 154
Entwicklungspotenzial 23, 24
Erregbarkeit 39, 42
Erwartungsdruck 51, 190
Expertise 16, 109, 134
Extraversion 35
Exzellenz 23, 72, 97

F

Fallkonzeption 16, 19, 59, 61, 117, 124, 129, 156, 159, 161, 164, 166, 168, 172, 173, 178
Fehldiagnose 16, 17, 62, 108, 109
Feinfühligkeit 66, 77
Flexibilität 127, 144, 155, 169, 170
Forced-choice-Dilemma 97
Förderung 16, 25, 50, 52, 54, 55, 57, 58, 72, 93, 127, 152, 167, 183, 184, 190
Fragebogen 41–43, 52, 57, 115, 141, 142, 171, 178
Freundschaftskonzept 35
Frühstudium 52

G

Gedächtnis 30, 68, 69, 72, 79, 81
- Arbeitsgedächtnis 21
- Gedächtnisleistung 73, 79
- Langzeitgedächtnis 73
Gehirn 21, 31, 32, 56, 73
- Funktionelle Merkmale 21, 30–32
- Gehirnstrukturen 31
- Hirnvolumen 31
- Kortikal 30
- Strukturelle Merkmale 21, 29, 31
- Subkortikal 31
Gender-Similarity-Hypothese 43
Genderrolle 45
Generalisierte Angststörung (GAS) 40, 149
Genie 15, 33
Gerechtigkeitsempfinden 65, 70, 77, 78, 109, 191
Geschlechtsunterschiede 31, 43, 44

Gestaltungsmotivation 71, 167
Gewissenhaftigkeit 35, 36
Greater-Male-Variability-Hypothese 44
Grenzen 77, 78, 129, 134, 138, 141, 144, 162, 189
Grundannahmen 124, 155, 160, 163, 189, 190
Grundbedürfnisse 83–85, 90, 99, 156–158

H

Handlungsregulation 90, 91, 94, 106, 166
Harmoniehypothese 33, 101, 111
Heritabilität 31
HEXACO-Modell 35
Highperformance 24
Hochbegabung
- Hochbegabtenförderung 16, 189
- Hochbegabtenklasse 52
- Hochbegabungsdefinition 23
- Hochbegabungsforschung 15, 21, 84
- Höchstbegabung 57–59, 70, 73, 78, 79, 82, 107, 120, 184
Hochsensibilität 17, 38, 41–43, 77, 89, 93, 94, 115, 142, 152, 154, 162, 163, 165–167, 184, 186
Hyper Brain/Hyper Body Theory 40
Hypersensitivität 73

I

Identität 16, 43, 45–47, 56, 87, 89, 98, 102–105, 117, 153, 162
- Geschlechtsidentität 45, 46
- Identitätsbildung 83
- Identitätsentwicklung 89, 101, 105, 107, 161, 163, 166, 167, 179
- Identitätskonzept 16, 102, 103
- Identitätsteilaspekt 150
Impostor-Selbstkonzept 50–52, 142, 162, 163, 166, 167
Indikation 130
Individualität 25, 87–89, 121, 129, 168, 171, 191
Informationsübertragung 31
Informationsverarbeitungsgeschwindigkeit 21
Inkongruenz 104, 105, 156, 158
Innere Differenzierung 52
Intelligenz 15, 21, 22, 24, 26–31, 44, 50, 51, 70, 166, 181, 183, 184
- Fluide Intelligenz 22
- g-Faktor 22, 27, 30, 40, 73
- Intelligenzmodell 21
- Intelligenzstruktur 22

- Intelligenztest 24, 26, 27, 30
- IQ 16, 21, 22, 24–29, 31, 32, 36, 37, 40, 44, 49, 53, 55, 57, 58, 73, 80, 105, 106, 111, 129, 131, 141, 143, 152, 179–181, 183–185, 187, 189
- Kristalline Intelligenz 22
- Multiple Intelligenz 22

Intensität 39, 41, 65, 69, 82, 83, 93, 100, 109, 152, 153, 162, 163, 167, 172
Interesse 15, 24, 25, 44, 66, 67, 78–81, 85, 92, 96, 98, 104, 133, 134, 146, 153, 158, 160, 162–164, 167, 168
Internalisierte Negativität 103–105, 138, 167, 177
Invalidierung 92–94, 167

K

Kognitive Psychologie 21
Kognitive Umstrukturierung 167
Komorbidität 54, 116
Kompetenz 5, 32, 33, 37, 51, 64, 68–70, 72, 76, 77, 84, 85, 90, 96–98, 106, 110, 119, 125, 126, 134, 136, 150–152, 154, 155, 157, 158, 161–163, 165, 166, 168, 172, 191
Kompetenzdefinition 24
Komplexes Denken 64, 78, 93, 150
Kongruenz 135
Konsistenz 84, 125
Kontinuum der Sichtbarkeit 98, 106, 153, 167
Kontrolle 35, 84, 85, 145, 149, 150, 154, 157, 171, 173
Kontrollierte Selbstöffnung 138, 143
Kreativität 24, 43, 53, 70, 139, 148, 150, 164, 189
Kritisches Denken 64, 75, 79

L

Label 53, 54, 61, 87, 88, 91, 98, 101, 103
Laientheorie 32, 187
Langeweile 39, 58, 79–81, 158, 159
Längsschnittstudie 34, 53
Law of diminishing returns 27
Lebensspanne 47, 87–89, 91, 92, 94, 95, 99, 101, 105, 135
Lehrer 8, 24, 53, 91
Leistung 23, 24, 27, 29, 34–36, 45, 47–51, 55, 69, 92, 93, 96–98, 101, 106, 135, 154, 165, 190
- Leistungsentwicklung 26
- Leistungsexzellenz 24, 72

- Leistungsfähigkeit 61, 154, 155, 162, 164
- Leistungsmotivation 35
- Leistungspotenzial 32, 45
- Leistungssituation 22, 23

Lernen 23, 54, 68, 85, 116, 146, 154
Lernstrategie 49, 50, 164
Lernumwelt 24, 25
LGBTQ 43, 45–47, 101, 107, 152, 163, 166
Logisches Denken 30
Lösungsorientierung 127

M

Makroanalyse 148, 153, 165
Marburger Hochbegabtenstudie 35
masking 98
Medien 34, 37, 45, 186
Mensa 15, 35, 58, 66, 85, 102, 104, 106, 107, 119, 183, 185
Messungenauigkeit 28
Meta-Konzept 130, 176, 182
Metaebene 68, 77
Mind wandering 31
Minderleistung 48
Mindset 49
Minorität 47, 53, 101–107, 166
- Minoritätenstatus 103, 104, 106
- Minoritätenstress 102, 105, 107

MINT-Disziplin 44, 45, 48, 51
Misophonie 115
Mobbing 123, 162, 163
Modulare Psychotherapie 168
Motivation 24, 36, 48, 66, 72, 78, 80–82, 84, 85, 128, 131, 139, 145, 155, 162, 168, 169, 179
Motivationsanalyse 146, 159
Motive 36, 65, 68, 83–86, 90, 92, 94, 97, 99, 128, 135–137, 146, 154–157, 160, 162, 163, 165, 167, 172, 175
Multidimensionales Modell 24
Multipotenzialität 27
Mustersuche 68
Mutualismus 30

N

Need for Cognition 36, 65, 81, 142, 150, 151, 164, 167
Netzwerk 30–32, 95, 110, 183–185
Neurodivergent 56, 74, 160, 162, 177
Neurodiversität 17, 55, 56, 160, 167
Neuropsychologie 21
Neurotizismus 35, 36

215

Neurotypisch   46, 56, 73, 74, 112, 135, 142, 160
Neurowissenschaft   29
Nicht-Passung   93, 95, 97, 107, 111, 153, 160
Norm   27, 45, 56, 88, 91, 168, 187
Normierung   27
Noten   34, 55

O

Offenheit für Erfahrungen   35
Operante Konditionierung   97
Overexcitability   38–43, 77, 115, 117, 142, 152, 163, 166

P

Paradigmenwechsel   17, 189
Peers   24, 45, 46, 89, 91
People-versus-Things-Dimension   44
Perfektionismus   36, 51, 69, 149, 150, 162, 164, 167
Performanzdefinition   23
Persönlichkeitsentwicklung   38, 39
Plananalyse   83, 136, 156, 157
Populärwissenschaftlich   15, 36, 61, 74, 82, 83
Positive Desintegration   38, 53
Positive Mannigfaltigkeit   30
Potenzial   32, 41, 45, 47, 48, 58, 172, 189, 190
Potenzialentwicklung   25
Prägung   61, 155
Prävalenz   36, 41, 46, 48, 73, 102, 108
Problemlösen   23, 36, 65, 127, 149
Problemlöseprozess   136, 139
Prognose   26, 27
Prokrastination   36, 51, 79
Prozessgestaltung   128, 132
Prozesssteuerung   127, 130, 134, 165, 171, 174, 182
Psychische Störung   15, 36, 51, 102, 108, 109, 112, 116
Psychoedukation   165, 166, 179, 180

R

Räumliches Vorstellungsvermögen   30
Reizüberflutung   77, 162, 163, 167
Rekursivität   176
Responsiveness   130

Ressource   17, 58, 64, 72–74, 81, 106, 110, 127, 128, 136, 137, 146, 150, 155, 160, 161, 163, 167, 179
Rollenkongruenz   44
Rollenstrukturierung   134
Rückfallprophylaxe   166, 174

S

Schemata   83, 87, 90, 92, 94–99, 106, 151, 153, 155, 167, 173, 175
Schüler   15, 34, 44, 48, 52–54
Screening   43, 142, 181
Selbstbestimmung   5, 84, 85, 127, 128, 175
Selbstbild   25, 56, 82
Selbstkonzept   16, 17, 26, 29, 35, 50, 51, 54, 87, 89, 90, 92, 95, 102, 103, 119, 138, 142, 163, 167, 178, 179
Selbstmanagement   5, 8, 17, 130, 131, 175
Selbstnominierung   29
Selbstwahrnehmung   45, 81–83, 89, 105
Selbstwert   85, 158, 162, 163
Selbstwertgefühl   55, 146
Selbstwirksamkeit   35, 145
Selbstwirksamkeitserwartung   55, 145
Sensorische Verarbeitungsstörung   115, 116
Sinnkrise   123, 163
Sitzungsfrequenz   144
Small-World-Network   31
SORK-Modell   43, 148, 151
Sozial-emotionale Fähigkeiten   35
Sozial-emotionale Probleme   55
Soziale Definition   23
Soziale Kompetenz   34, 68
Spät erkannte Hochbegabte   52–54, 58, 61, 93, 98, 104, 161, 163, 166
Standardnormalverteilung   28
STEM-Disziplin   44
Stereotyp   15, 32–34, 37, 45, 101, 102, 105, 137, 183, 187
– Geschlechterstereotyp   29
– Stereotype Content Model   32, 33
Stigmatisiert   47, 101
Stimulation   58
Störfall-Analyse   177, 179
Stressoren   102, 103, 105, 154
Strukturstabilität   26
Supervision   177
Synästhesie   56, 73, 74
Systemtheoretisches Modell   24

T

Talententwicklung 25
Testdiagnostik 16
Testergebnis 26, 106, 107, 152, 162, 179, 180
Testrezension 26, 185
Teufelskreis 51, 166
Therapeutische Allianz 131, 140, 173
Therapeutische Grundhaltung 17, 56, 124, 125, 145, 148, 177
Transfer 118, 168, 174
Transparenz 125, 145, 165
Trauerphasen 53, 166
Triple Nine Society (TNS) 107, 184
Twice exceptional (2e) 54, 55, 111, 116, 133, 137, 140, 144, 162, 163, 167, 181

U

Überforderung 77, 79, 152
Überkompensation 51
Umwelteinfluss 25
Underachievement 17, 48, 50, 57, 133, 143, 161–164, 166
Underachiever 34, 47, 48, 190
Ungeduld 78
Unterforderung 50, 58, 77, 81, 123, 136, 151

V

Validierung 91, 95, 179
Veränderungsmotivation 146–148
Verantwortung 39, 78, 127, 128, 132, 136, 145, 175
Verarbeitungsgeschwindigkeit 30–32, 57, 66, 68, 78, 153
Vermeidungsziele 97, 156, 158
Verträglichkeit 35
Vertrauensintervall 28
Vorurteil 15, 37, 101

W

Wirkfaktoren 173
Wirksamkeit 84, 116
Wissensdurst 36, 39, 78
Wortschatz 29, 30, 69

Z

Ziel-Wert-Klärung (ZWK) 146
Zielanalyse 159, 177
Zielorientierung 127
Zugehörigkeit 35, 84, 85, 89, 99, 102, 104, 106, 107, 160, 162, 163
Zwangsstörung 46, 181